MAREILE PFANNEBECKER, geboren 1981, ist Literaturwissenschaftlerin und Übersetzerin in Manchester. Sie schreibt zu Shakespeare sowie zur Gegenwartskultur und den Themen Arbeit und Feminismus.

JAMES A. SMITH, geboren 1985, lehrt Literatur und Theorie an der Royal Holloway University of London. Sein letztes Buch ist *Other People's Politics. Populism to Corbynism.* Er kommentiert Politik und Kultur in englischen Medien und in seinem Podcast »The Popular Show«.

MAREILE PFANNEBECKER
UND JAMES A. SMITH

ALLES IST ARBEIT

MÜHE UND LUST AM ENDE DES KAPITALISMUS

AUS DEM ENGLISCHEN ÜBERSETZT VON MAREILE PFANNEBECKER

EDITION NAUTILUS

Die Originalausgabe des vorliegenden Buches erschien 2020 unter dem Titel *Work Want Work. Labour And Desire At The End Of Capitalism* bei Zed Books.

Diese Übersetzung wurde in Übereinstimmung mit Bloomsbury Publishing Plc. publiziert.

Edition Nautilus GmbH
Schützenstraße 49 a
D - 22761 Hamburg
www.edition-nautilus.de

Deutsche Erstausgabe März 2022
von den Autor*innen aktualisiert
und durch ein neues Vorwort ergänzt

Umschlaggestaltung: Maja Bechert
www.majabechert.de

Satz: Corinna Theis-Hammad
www.cth-buchdesign.de

Porträts der Autor*innen
auf Seite 2: © privat

FSC www.fsc.org MIX Papier aus verantwortungsvollen Quellen FSC® C083411

Druck und Bindung:
CPI – Clausen & Bosse, Leck
1. Auflage
ISBN 978-3-96054-290-2

Inhalt

Vorwort zur deutschen Ausgabe

Die englische Erstausgabe unseres Buches wurde Mitte März 2020 veröffentlicht, genau zu dem Zeitpunkt, als Länder auf der ganzen Welt weitreichende Lockdowns verkündeten. Jede Autorin und jeder Autor, die oder der das Pech hatte, in dieser Anfangsphase der Covid-19-Pandemie ein politisches Sachbuch neu herauszubringen, war zu der gleichen Aussage verdammt: »Die Pandemie hat die Trends, die in diesem Buch beschrieben werden, nur noch verstärkt und beschleunigt!« Das mag nach eigennütziger Berechnung klingen, und dennoch ist die Behauptung in den meisten Fällen gerechtfertigt. Wie der französische Schriftsteller Michel Houellebecq zu Beginn der Pandemie bemerkte: »Wir werden nach dem Lockdown nicht in einer neuen Welt aufwachen. Sie wird dieselbe sein, nur ein bisschen schlimmer.«[1] Die Pandemie kam Houellebecq zufolge den großen kulturellen und wirtschaftlichen Trends westlicher Gesellschaften zu Beginn des Jahres 2020 gerade recht.

Wir schrieben *Alles ist Arbeit* als hoffnungsvolle Beobachter des linken Aufwinds, der in den 2010er Jahren in Europa und den USA eine wachsende Wählerschaft fand, und in Opposition zur Sparpolitik nach der Finanzkrise von 2008. Das Buch begrüßt die Wiederbelebung linker utopischer Ideen, die zu dieser Zeit ihren Anfang nahm, und übt zugleich konstruktive Kritik an ihnen. Unser besonderes Interesse galt der Anti-Arbeits-Literatur, deren Ziel es ist, sich dem von uns beschriebenen Phänomen, bei dem jeder Teil unserer Existenz zu Arbeit gemacht wird, zu widersetzen. Als unser Buch dann erschien, war Jeremy Corbyn in Großbritannien erledigt und Bernie Sanders pfiff in den USA aus dem letzten Loch. Zu dieser Zeit des herben Erwachens hofften trotz allem einige Linke, dass die Pandemie ihre siegreichen Gegner dazu zwingen würde, die Rolle des Staates in der Wirtschaft, die Notwendigkeit sozialer Absicherung und den Wert der Arbeit anzuerkennen, ähnlich wie es ihre eigenen Projekte und Wahlprogramme gefordert hatten. Wir riefen damals in der britischen Zeitung *The Independent* zu mehr Skepsis auf. Die Anleihen, die Staaten zur Pandemiebekämpfung aufnahmen, sahen vielleicht wie eine Umkehr der harten Sparpolitik nach 2008 aus. Wir warnten jedoch, dass ein Staat, der mehr Geld ausgibt, durchaus in der Lage ist, gleichzeitig die im Rezessionsjahrzehnt entstandenen Formen der Marginalisierung und Ausbeutung weiter voranzutreiben.[2] In der Tat zeigte sich das Covid-Regime in der Folge als »dasselbe wie vorher, nur ein bisschen schlimmer«.

Wenn die Pandemie auch nur Entwicklungen verstärkte, die bereits im Gange waren, hat sie doch manche der Bruchlinien unserer Arbeitswelt, um die es in diesem Buch geht, ins Licht gerückt. Während des ersten Lockdowns wurde der Applaus zu Ehren des Krankenhaus- und Pflegepersonals in vielen Ländern der Welt zu einer einstudierten Geste. Im Vereinigten Königreich wurden Momente des politischen Zorns, ausgelöst durch den Skandal mangelnder Schutzkleidung sowie die Forderungen nach besserer Bezahlung für Pflegepersonal, bald durch ein besonders ernsthaft und ausdauernd betriebenes wöchentliches Ritual des Applauses für den Nationalen Gesundheitsdienst (NHS) ersetzt – pünktlich um acht Uhr jeden Donnerstagabend, mit blauen NHS-Fähnchen in vielen Fenstern und NHS-Herzgraffiti an jeder Straßenecke. Auf Facebook wurden prompt diejenigen an den Pranger gestellt, die nach Ansicht ihrer Nachbar*innen nicht kräftig genug geklatscht hatten. Warum applaudierten wir nicht den Supermarktarbeiter*innen und Lieferant*innen, oder gar den Arbeiter*innen in der Lebensmittelproduktion, die ähnliche Risiken eingingen, um nicht minder systemrelevante Arbeit zu verrichten? Schließlich hatte die Prekarität von Gig-Economy-Beschäftigten wie denen von Uber, Lieferando und Amazon sowie von Saison- und Gelegenheitsarbeiter*innen in der Landwirtschaft und in der Lebensmittelverarbeitung in einer Welt der Masseninfektion eine erschreckend physiologische Dimension angenommen. Vielleicht liegt der Unterschied darin, dass wir den *Glauben* daran brauchen, dass Krankenpfleger*innen, Ärzte und Ärztinnen nicht einfach des Geldes wegen arbeiten. Anderen zu helfen ist ihr *Traumberuf*. Es war daher leicht, der Vorstellung zu verfallen, dass die neuen Risiken im Gesundheitswesen eine Art heroisches Opfer darstellten. Im Gegensatz dazu ist die sogenannte niedrigqualifizierte Arbeit in vielen anderen systemrelevanten Bereichen, wie wir stillschweigend annehmen, selten etwas anderes als eine Verdienstquelle. Die Tatsache, dass diese Arbeitnehmer*innen nun ähnliche Risiken eingingen, um miese Arbeit zu einem erbärmlichen Lohn zu verrichten, war einfach zu ungeheuerlich, um sie uns selbst einzugestehen. Für das britische Gesundheitspersonal an der Covid-19-Front, das ohne ausreichende Schutzkleidung in einer Gesundheitsinfrastruktur am Rande des Abgrunds zu kämpfen hatte, war der Traumjob inzwischen zum schlimmsten aller Albträume geworden. Wie eine Krankenschwester in einem Interview bemerkte: »Uns als Helden zu bezeichnen heißt nur, dass es okay ist, wenn wir sterben.«[3]

Zur gleichen Zeit erlebten jene, die den Lockdown zuhause verbrachten und versuchten, mit Kindern in der Wohnung zu arbeiten, dass Hausarbeit und Kinderbetreuung wahre Arbeit sind – und das eindrucksvoller als in den feministischen Traktaten, die wir in diesem Buch besprechen. Wer das Glück hatte – in Kurzarbeit oder ähnlichen Regierungsprogrammen –, bezahlt von der Arbeit freigestellt und gleichzeitig ohne Betreuungsaufgaben zu sein, lernte indessen aus erster Hand ein grundlegendes philosophisches Problem kennen, das wir in diesem Buch ansprechen: Wie kann man seine Existenz organisieren, wenn sie nicht länger entlang der kommodifizierten Arbeit strukturiert ist? Auch wenn die kurze, von Sorge und Einschränkungen durchwachsene Pause keine Utopie darstellte, ist eines unbestreitbar: Menschen auf der ganzen Welt verbrachten plötzlich viel Zeit damit, die gleichen Fernsehsendungen zu sehen. Eine der Serien, die uns gleich zu Beginn der Pandemie von den digitalen Medienplattformen aufgedrängt wurde und in vielen Ländern Rekordzuschauerzahlen brachte, handelte dann doch wieder von unserem Verhältnis zur Arbeit. Die Netflix-Doku-Serie *Tiger King* (2020) zeigte uns Arbeiter*innen in dem kaum regulierten Sektor der kleinen Zoos und Gnadenhöfe für Großkatzen im US-amerikanischen Süden. Wir folgen diesen Tierpfleger*innen durch lange Arbeitstage zu niedriger Entlohnung und erfahren von bei der Arbeit erzwungenem Drogenkonsum, von sexueller Ausbeutung und von Verbrechen, bei denen die Beschäftigten zu Mittäter*innen werden. Die Show bot zugespitzte Versionen von Arbeitserfahrungen, von denen viele ihrer Zuschauer*innen durch Kurzarbeit vorläufig befreit waren. In *Tiger King* ist Joe Exotic der albtraumhafte Chef eines Tigerreservats, ein Angeber und Schwaller, der Musikvideos dreht, wie eine Vokuhila-Version von Michael Scott in *The Office* (US), während seine Angestellten und die Tiger, in unheimlicher Verschmelzung der ausgebeuteten Tier- und Menschenkörper, von der gleichen Ladung abgelaufenen, aus Walmart-

Mülltonnen gestohlenen Fleisches essen. In einer bizarren Kristallisierung aller #MeToo-Erfahrungen am Arbeitsplatz werden weiblichen Angestellten eines rivalisierenden Zoos ungefragt Termine zur Brustvergrößerung zugeteilt, und wir erfahren, dass ihre beruflichen Aufstiegschancen davon abhängen, ob sie bereit sind, sich dem polygamen Haushalt des Besitzers anzuschließen. Doch wo der Zoo Zuschauer*innen im Lockdown nicht nur karikativ-überzeichnete Auswüchse der Arbeitswelt präsentierte, die sie vorübergehend hinter sich gelassen hatten, enthielt er gleichzeitig auch den Keim einer Post-Arbeits-Fantasie. Joe Exotic versprach arbeitslosen Obdachlosen in ihrem Kampf durch die Rezession der 2010er Jahre Erlösung. Immer wieder hören wir von Exotics Angestellten, dass die Arbeit mit den schönen Tigern ein »Traumjob« sei, eher eine Lebensaufgabe als kommerzielle Arbeit. Nachdem er von einem Tiger angegriffen wurde, lehnt ein Arbeiter sogar eine Behandlung im Krankenhaus ab, die seinen Arm vor der Amputation hätte retten können, um dem Zoo schlechte Presse zu ersparen und wieder mit den geliebten Tieren arbeiten zu können. Letztlich war die zentrale Frage, die von der Sendung aufgeworfen wurde, derjenigen nicht unähnlich, die dem Beifall für die Krankenpfleger*innen zugrunde lag: Wie kann eine Arbeit, die so gefährlich ist und sich so absolut von den bedeutungslosen *Bullshit-Jobs* unterscheidet, denen viele der Zuschauer*innen der Sendung nachgehen, überhaupt als Arbeit angesehen werden? Die Realitätsflucht, mit der *Tiger King* Menschen im Lockdown massenweise anzog, war eigenartig und bedrückend. Eine Post-Arbeits-Utopie/Dystopie, welche die Vorstellung, dass wir unserer defekten Arbeitswelt entkommen könnten, gleichzeitig ausmalt und im Keim erstickt.

Einen Moment lang hat die Pandemie sowohl soziale Ungerechtigkeit am Arbeitsplatz als auch die Unzufriedenheit vieler mit ihrer Arbeit selbst sichtbar gemacht. Einige scheinen es nun sogar zu schaffen, all dem zu entkommen. Im ersten Kapitel gehen wir auf eine der hoffnungsvolleren Reaktionen auf eine zunehmend erniedrigende Arbeitswelt ein, auf die Subkultur der Arbeitsverweigerer. Diese scheinen im Jahr 2021 eine beträchtliche Erweiterung gefunden zu haben: In der »Great Resignation«, der größten Kündigungswelle seit zwanzig Jahren, schmissen vor allem amerikanische, aber auch europäische Arbeitnehmer*innen ihren Job hin. Zu den angegebenen Gründen zählen Angst vor dem Virus, Frustration über unzuverlässige Schulöffnungen und Kinderbetreuung, Ersparnisse aus der Lockdown-Zeit, die einen Neustart ermöglichen, und eine erhöhte Nachfrage nach Arbeitskräften in verschiedenen Bereichen. Sind dies die Anfänge eines breiteren Anti-Arbeits-Bewusstseins? Einige Kommentator*innen ziehen den Schluss, dass die pandemische Unterbrechung es endlich ermöglicht hat, die zentrale Bedeutung der Arbeit für unser Leben und unsere Identität zu hinterfragen. Diese Entwicklung passt in das historische Muster, das wir in *Alles ist Arbeit* aufzeigen: Post-Arbeits-Utopien machen sich in Zeiten großer Not und Ausbeutung am stärksten bemerkbar. Aber eben weil die Zeiten schlecht sind, besteht die Gefahr, die dunkleren Seiten des Verschwindens aus der Arbeit während der Pandemie aus dem Blick zu verlieren.

Im Buch definieren wir *Missbeschäftigung* als Arbeit, die keine ausreichende Lebensgrundlage schafft oder das Wohlbefinden der Arbeitenden auf andere Art schädigt, und beschreiben *Entschäftigung* als eine Strategie, bei der Regierungen den Beschäftigungsstatus als Hebel einsetzen, um Teile der Bevölkerung aus den wirtschaftlichen Statistiken herauszuhalten und sogar aus der Staatsbürgerschaft, wie wir sie kennen, auszuschließen. Zu den *Missbeschäftigten* der Pandemie zählen Migrant*innen, die in wirtschaftsstarken Ländern die Mehrheit systemrelevanter Arbeitskräfte in den Bereichen Lebensmittelverarbeitung, Reinigung und Pflege ausmachen. In Deutschland, dem europäischen Spitzenreiter im Niedriglohnsektor, erlangten sie im Skandal um den industriellen Fleischproduzenten Tönnies 2020 einen Moment medialer Aufmerksamkeit. Hohe Covid-19-Infektionsraten in den Schlachtfabriken führten zur Aufdeckung unwürdiger Arbeits- und Lebensbedingungen sowie ausbeuterischer Leiharbeitsverhältnisse, und letztendlich sogar zu einem Verbot von Leiharbeit in der Branche im Januar 2021. Das öffentliche Interesse reichte allerdings nicht für eine Kritik an dem Trend aus, der dem Skandal zugrunde lag: die Tendenz wirtschaftsstarker Länder seit den 2010er Jahren, zunehmend Aufenthaltsgenehmigungen gesetzlich an die Bereitschaft zu Arbeit jeder Art zu binden (wie im deutschen Integrationsgesetz von 2016), und die gleichzeitige Entwicklung, auch innerhalb der EU, den Zugang zu sozialem Schutz für Nicht-Staatsbürger*innen immer weiter einzuschränken. Die überwiegend weiblichen Migrant*innen, die weiterhin die Massenschlachtungs- und Fleischverarbeitungsanlagen in Deutschland sauberschrubben, bleiben von dem neuen Gesetz gegen Leiharbeit ungeschützt und sind vorläufig weiterhin Teil des meist unsichtbaren Puffers zwischen einem Großteil der Staatsbürger*innen in den wohlhabendsten Ländern Europas und einem wachsenden Sektor unmenschlicher Arbeitsbedingungen.[4]

Ein Beispiel für *Entschäftigung* findet sich bei den Bewohner*innen von Alten- und Pflegeheimen. Schon vor der Pandemie waren Pflegeheime in vielen Ländern unterfinanzierte, schlecht organisierte Stätten der gröbsten privatisierungsbedingten Ausbeutung. Durch die Pandemie wurden sie vollständig zu Opferzonen: Fast ein Drittel der Covid-19-

Todesfälle in 25 Ländern ereignete sich in diesen Einrichtungen.[5] Anstatt Ressourcen gezielt für den Schutz der am stärksten gefährdeten Menschen einzusetzen, nutzten Boris Johnson in Großbritannien, Andrew Cuomo in New York und viele andere Entscheidungsträger*innen Pflegeheime, um kranke, aber ungetestete ältere Patient*innen zum Sterben in die Isolation zu schicken, während sie gleichzeitig andere Bewohner*innen und das Pflegepersonal infizierten. Dass sie nicht mehr Teil der Arbeitswelt waren, machte diese Menschen sowohl entbehrlich als auch unsichtbar; unterdessen bedeutete die *Missbeschäftigung* ihrer von Subunternehmen angestellten Pfleger*innen, dass diese, je nach Schichtplan, das Virus von Pflegeheim zu Pflegeheim weitergaben.

Wenn *Entschäftigung* bedeutet, dass Regierungsbehörden Arbeit oder deren Mangel einsetzen, um den normalerweise durch Bürgerrechte gegebenen Schutz auszuhebeln, dann gilt unsere Kategorie auch für das schwarze Schaf der Pandemie. Während wir dieses Vorwort schreiben, werden Impfverweigerer weltweit auf unterschiedliche Art und Weise ausgesondert, durch den Entzug der Bewegungsfreiheit, des Krankengelds und der Krankenversicherung, aber auch durch den Entzug des Rechts auf Arbeit oder sogar des Aufenthaltsrechts ohne Zahlung monatlicher Strafgelder. Es ist eine bemerkenswerte Tatsache, dass in kürzester Zeit und auf globaler Ebene eine neue ethisch-rechtliche Kategorie geschaffen wurde, mit äußerst wenig demokratischer Prüfung. Ganz abgesehen von größeren Fragen – so wie jene nach dem Misstrauen in staatliche Medizin oder dem materiellen Problem einer Impfstrategie auf globaler Ebene – zeichnen sich aus dem Blickwinkel der Arbeit schon jetzt Folgeerscheinungen ab. Im zweiten Jahr der Pandemie hat eine weithin politisch polarisierende Debatte es ermöglicht, den Fokus von der Rolle der vielen strukturellen Schwächen einer globalisierten kapitalistischen Wirtschaft und schlecht auf Krisen vorbereiteter staatlicher Infrastrukturen auf den alleinigen Sündenbock der Ungeimpften zu lenken. *Alles ist Arbeit* argumentiert, dass Staaten wie Großbritannien nach 2008 mit experimentellen Sozialhilfesanktionen einen neuen Präzedenzfall für Methoden zum endgültigen wirtschaftlichen Ausschluss eines Anteils ihrer Bürger*innen geschaffen haben. Die Sanktionen und der Entzug von Rechten, die durch eine »Pandemie der Ungeimpften« (so die übliche Formulierung der Biden-Administration) ermöglicht werden, drohen dieses Projekt voranzutreiben, diesmal durch Schaffung einer zusätzlichen Ebene der biopolitischen Kontrolle. Nach ersten Untersuchungen der Kaiser Family Foundation in den USA haben 5 % der ungeimpften Arbeitnehmer*innen ihren Arbeitsplatz gekündigt, um sich nicht den Impfvorschriften beugen zu müssen.[6] Eine nicht ganz unbedeutende Minderheit der »Great Resignation« scheint ihren Arbeitsplatz also nicht im Geiste einer utopischen antikapitalistischen Revolte verlassen zu haben, sondern weil sie effektiv gefeuert wurden.

Wir haben dieses Buch geschrieben, weil uns die Art und Weise, wie sich die Arbeit fast überall, von den elendsten bis hin zu den privilegiertesten Arbeitsplätzen, immer weiter verschlechtert, nicht mehr losließ. Wir sind davon überzeugt, dass sich aus den Details dieser verschiedenen Schauplätze ein Gesamtbild der Arbeit zusammenfügt, das weiterhin eines der besten Instrumente ist, um die Fahrtrichtung unserer Kultur, unserer Politik und unserer Wirtschaft anzuzeigen. In der Pandemie war Arbeit für niemanden mehr genauso wie früher – wenn sich auch nicht alles ändert, so schärft dies doch den Blick dafür, was die Arbeit aus uns macht.

Manchester, im Januar 2022

Einleitung: Alles wird zu Arbeit

Das ist das neue Regime der *Lebensarbeit* in der westlichen Welt: Du arbeitest immer, und alles, was du tust, kann sich zu Arbeit wandeln. Wenn du für Geld arbeitest, wird mehr von *dir* zu Geld gemacht, auf vielfältigere und effizientere Art und Weise als je zuvor. Sie kriegen dich in der Pause, sie kriegen dich auf der Toilette, sie kriegen dein Lächeln, deinen Charme, dein *Selbstständig arbeiten, aber als Teil eines Teams*, und sie kriegen dein Mitarbeiter*innenwohlbefinden. Du machst Sachen, die nicht dein Job sind, nicht Teil deiner Tätigkeitsbeschreibung, für die du nicht qualifiziert bist, und du tust Dinge, die früher der Job anderer Kolleg*innen waren. Wenn du arbeitslos bist, lassen sie dich weiter schuften, und jemand anderes wird daran verdienen. Nach der Arbeit kommt *Schattenarbeit*, und die war auch mal eines anderen Job und Lebensunterhalt. Du tippst deine Zugreisedaten ein, scannst Barcodes, verpackst Lebensmittel. Es ist egal, welchen Beruf du angibst. Jeder und jede ist Verkäufer, Schaffnerin, Bedienung, Reisebüro und Bankdirektorin. Jetzt bist du zuhause und die Arbeits-E-Mails kommen immer noch. Wenn du für Uber Auto, für Lieferando Rad fährst oder auf Snapchat vor der Kamera stehst, erreichen dich immer noch neue Aufträge. Auch wenn es niemanden gibt, der 24 Stunden am Tag arbeitet, ist dies doch historisch der erste Moment, in dem es »keinen Zeitpunkt, Ort oder Anlass mehr gibt, wo man *nicht* [arbeiten] kann«.[1]

Dein Spaß sieht auch nach Arbeit aus. Deine sozialen Netzwerke sind ständig aktualisiertes Modelportfolio, Demoband und Lebenslauf (aber *ein* unpassender Post, und du wirst gefeuert). In Videospielen geht es nicht wirklich ums Kämpfen und Schießen, sondern um simuliertes Management. Mittlerweile schöpfen Plattformbesitzer*innen Wert aus der Arbeit deiner Faulheit, deiner Langeweile, deines Verlangens, deines Ärgers, deines Traumas. Und wenn nichts in dieser Liste auf dich zutrifft, wenn du illegal arbeitest, wenn du nicht arbeiten kannst, oder wenn du versuchst zu sagen, *ich möchte lieber nicht*, dann verschwindest du möglicherweise ganz von der Bildfläche.

Ende der 1960er Jahre kontrastierte Theodor W. Adorno das nach seiner Meinung schädliche Prinzip »Freizeit« mit seinem eigenen Ideal des der Entfremdung trotzenden Gelehrtendaseins, in dem »das, was ich außerhalb der umzirkelten Arbeitszeit tue, nicht in striktem Gegensatz zu jener« steht.[2] Die wachsende Freizeitindustrie war, so Adorno, ein Schwindel, dazu da, die angemessene Forderung zu untergraben, dass Arbeit angenehm und interessant sein sollte, und nicht etwa eine Prozedur, von der wir unser *wahres* Selbst abgrenzen müssen und der wir am Ende des Arbeitstages entfliehen. Ironischerweise stellt das Regime der *Lebensarbeit* eine Antwort auf Adornos Forderung dar. Es gibt heute keinen strikten Gegensatz zwischen der Arbeitszeit und dem, was man außerhalb dieser noch tut. Das *wahre* Selbst ist am Arbeitsplatz nicht nur erwünscht – ob im Coffeeshop oder bei der Großbank –, sondern ist in jener emotionalen Arbeit, die von allen verlangt wird, sogar zwingend erforderlich.

Dieses Buch stellt verschiedene vieldiskutierte Entwicklungen im Bereich der Arbeit seit Adornos Zeit in einen Zusammenhang. Unsere grundlegende These ist, dass das, was wir als das Regime der *Lebensarbeit* bezeichnen, in der westlichen Welt die folgenden, miteinander verbundenen Einschnitte bewirkt hat. Das erste Kapitel handelt von der Tragödie des Nicht-Bäcker-Seins, also von der sich auflösenden Beständigkeit und der wachsenden Austauschbarkeit von Aufgaben in verschiedensten traditionellen Berufsbildern. Das zweite Kapitel beschreibt eine neue Angleichung zwischen dem Leben als Arbeitslose*r und dem Leben als Niedriglohnangestellte*r, die wir *malemployment*, also *Missbeschäftigung* nennen. Daneben erkennen wir neue Formen der Bemächtigung, mit denen Staaten Menschen gleichzeitig von Wirtschaft und Gemeinwesen ausschließen: einen Zustand, den wir als *disemployment*, also *Entschäftigung* beschreiben. Im dritten Kapitel wenden wir uns in Bezug auf das französische Theoriekollektiv Tiqqun der Arbeit der *Jung-Mädchenwerdung* zu, bei der eine pseudo-jugendliche Selbstvermarktung alle anderen Formen von Arbeiter*innensubjektivität zunehmend dominiert.

Wir hoffen, dass in der simplen Erkenntnis der Verwandtschaft dieser Prozesse ein politisches Potenzial liegt; weiterhin untersuchen wir aber auch fünf bestehende Ansätze, mit dem Problem der Arbeit umzugehen. Innerhalb der populistischen Bewegungen seit 2016 berufen sich sowohl linke als auch rechte Politiker*innen auf die Ära des *New Deal* in Franklin D. Roosevelts USA und auf den Nachkriegskonsens in Europa als eine Zeit der stabilen Arbeitslage. In den damaligen Reformen erkennen sie eine Lösung der oben beschriebenen Probleme. Augenscheinlich im Gegensatz dazu fordern junge Radikale und Anti-Arbeits-Aktivist*innen die hochtechnologisierte Post-Arbeits-Zukunft. Und an anderer Stelle hat sich eine zu wenig beachtete Tradition der europäischen Philosophie der Kunst und Literatur zugewandt, um zu zeigen, wie weit man gehen muss, um eine Gemeinschaft zu erdenken, die nicht auf Arbeit basiert. Im vierten Kapitel untersuchen wir schließlich das angebliche Post-

Arbeits-Programm des Silicon Valleys, wo Wert nicht aus unserer bewussten Arbeit, sondern aus unseren Daten geschöpft wird – und zwar in der Form von unbewussten und oftmals destruktiven Formen unseres Wollens. Wir kontrastieren dies mit einer neuen Welle der Kulturkritik der späten 2010er Jahre, deren Vertreter*innen fordern, dass wir unsere Sehnsüchte umfunktionieren – also unser Wollen, so bearbeitet vom digitalen Kapitalismus es auch sein mag, umleiten, um aus dem Regime der *Lebensarbeit* auszubrechen.

1

Lebensarbeit

Désœuvrement, wörtlich übersetzt *Ent-werkung,* bedeutet auch Funktionslosigkeit, die Abwesenheit von Arbeit oder die Abwesenheit eines Werkes. Über drei Jahrzehnte hinweg kamen die Philosophen Alexandre Kojève, Georges Bataille, Maurice Blanchot, Michel Foucault, Jean-Luc Nancy und Giorgio Agamben immer wieder auf diesen Begriff zurück – mal im Einklang miteinander, mal im Widerspruch. *Désœuvrement* wird in wissenschaftlichen Studien zum Thema Arbeit seltener aufgegriffen als das Fachvokabular der drei großen Arbeitstheoretiker, Karl Marx, Émile Durkheim und Max Weber. Der Vorteil des Begriffs für die Arbeitstheorie liegt jedoch in der Erkenntnis, dass *Nicht-Arbeiten* mehr ist als passiver Rückzug aus der Anstrengung.[1] Der Begriff verleiht Nicht-Arbeiten einen aktiven, positiven, sogar materiellen Charakter, und es ist – in unserem Verständnis – gerade dieser Aspekt des Nicht-Arbeitens, der immer mehr von der bestehenden Ordnung der *Lebensarbeit* verdrängt wird.

Jede*r Student*in der Geisteswissenschaften begegnet früher oder später Foucaults Hauptargument in *Wahnsinn und Gesellschaft* (1961). Während in früheren Zeiten in Europa Wahnsinn mit der Vorstellung einer mystischen Weisheit verbunden war, wurden ab dem 17. und 18. Jahrhundert *Wahnsinnige* zum ersten Mal einer »großen Internierung« unterzogen, also unter Anwendung einer strengen medizinischen Taxonomie zwangshospitalisiert. Foucault merkt weiter an, dass damalige Behörden weniger streng in der begrifflichen Differenzierung der neuerdings zu Geisteskranken erklärten Wahnsinnigen von ebenfalls internierten Armen, Bettler*innen und Landstreicher*innen waren – all jenen, die als sozial nutzlos galten, weil sie nicht arbeiten konnten. So wurde Wahnsinn durch eine »ethische Verurteilung des Müßigganges« wahrgenommen, und zwar im Kontext »einer sozialen Immanenz, die durch die Gemeinschaft der Arbeitenden garantiert« war.[2]

Medizinhistoriker*innen, die Foucaults bemerkenswerter Verknüpfung von Wahnsinn und *désœuvrement* skeptisch gegenüberstehen, bezweifeln womöglich mit Recht, »wie häufig im Diskurs des 18. Jahrhunderts die Wortpaare ›Verstand‹ und ›Arbeit‹, ›Wahnsinn‹ und ›Trägheit‹« wirklich verwendet wurden.[3] Foucaults Argument nur auf dieser empirischen Ebene zu begegnen, übersieht allerdings Teile der spielerischen, philosophischen, gar literarischen Logik seines Buches. So fungiert seine Formulierung vom »Wahnsinn als Abwesenheit des Werkes«, die er, wie er später anmerkte, »eher blind gewagt« hatte, nicht bloß als eine historische These über den Ausschluss der Wahnsinnigen von einer Gemeinschaft der Arbeitenden.[4] Foucault verwendet *Wahnsinn* hier zudem als Gegensatz zum *Werk* im Sinne eines Kunstwerks. Er beschreibt im Zuge dessen einen Kanon moderner männlicher Künstler des Wahnsinns – Sade, Goya, Hölderlin, Nerval, Nietzsche, van Gogh, Artaud –, deren Schaffen geradewegs auf »die Abwesenheit des Werkes, die wiederholte Gegenwart dieser Abwesenheit, deren zentrale Leere in all ihren unendlichen Dimensionen erlebt und gemessen wird« hinweist.[5] Wenn Foucault also den Einsatz eines bestimmten Verständnisses von Arbeit zur Kontrolle des Wahnsinns in einer früheren Epoche beschreibt, so tut er dies mit einem Auge auf jene Kunst und Literatur, welche sich mit jedem Satz ihrer eigenen Totalisierung und ihrer

Erhebung als *Werk*, als abgeschlossene, kanonische Leistung, widersetzt.

Foucault sieht *désœuvrement* im Wesen »großer Werke« der Kunst und der Literatur als Widerstand gegen ihre Verzweckung: Sie müssen nützlich, erbaulich, lehrreich sein, oder wenigstens als Statussymbole funktionieren, um bestehende Hierarchien zu bestätigen. Trotzdem bergen diese Werke auch eine Art Gegenströmung des Wahnsinns, die darauf abzielt, diesen Prozess auszuhöhlen. Foucault argumentiert hier im Sinne Maurice Blanchots, mit dem er gelegentlich korrespondierte. In *Der literarische Raum* (1955) greift Blanchot ein Konzept auf, das spätestens seit der *L'art pour l'art*-Bewegung des späten 19. Jahrhunderts etabliert ist: die Vorstellung der Bohème nämlich, dass Kunst, frei von aller utilitaristischen Verantwortung, moralisch und sozial produktiv zu sein, in ihrer radikalen Nutzlosigkeit Arbeit an sich ausschließt. Blanchots eigene, erweiterte Version dieser Vorstellung findet sich in seiner Wiedererzählung eines der großen Mythen über den Ursprung der Kunst. Orpheus hätte seine große Liebe Eurydike aus der Unterwelt retten können, hätte er nur der Versuchung widerstanden, sich nach ihr umzudrehen – er ist nun auf ewig dazu verdammt, nur von ihr zu singen. In Blanchots vertrackter Parabel ist Eurydike »das Äußerste, was die Kunst erreichen kann«. Sie muss zurück »zum Tag« geführt werden, muss »Form, Figur und Wirklichkeit« erhalten, und zwar durch die Reise aus der Unterwelt heraus, die Orpheus, in seiner Funktion und Arbeit als Künstler, leitet (auf die Implikationen der Geschlechterrollen geht Blanchot nicht ein).

Doch bevor Eurydike als fertiges Kunstwerk ans Licht kommen kann, vernachlässigt Orpheus, der Künstler, seine Aufgabe und erliegt der Versuchung, zu früh zurückzuschauen. Statt diesen Moment als eine moralistische Warnung zu interpretieren, sieht Blanchot Orpheus' Versagen in seiner

Arbeit als die »eigentliche Bewegung« der Kunst. Wahre Kunst weigere sich, als Arbeit, als *Werk* manifest zu werden. In Blanchots Analogie schaut Orpheus jedoch nicht nur zurück zu Eurydike, die noch in nächtlicher Dunkelheit verborgen ist, sondern auch zu all dem, »was die Nacht verbirgt, die *andere* Nacht«. Orpheus ist Künstler, gerade *weil* er, in dem Moment, als Eurydike sich von ihm abwendet, die unendliche Dunkelheit und sein eigenes Nicht-Sehen sehen möchte. Nach dieser Logik ist sein nachfolgendes Schicksal, nämlich ewig von der Dunkelheit zu singen, auch die Belohnung für seine Verweigerung des alles ins Licht setzenden Tagewerks.[6] Man könnte den Schluss ziehen, dass, wenn Eurydike sich unter Orpheus' Blick wegdreht, dies eine generelle Flucht der Kunst im Moment ihrer Wahrnehmung und Manifestierung andeutet: In diesem Sinne würde die Kunst selbst aktiv mit ihrem Status als *Werk* brechen. Wie Foucault findet also auch Blanchot in der Kunst eine Form des kreativen Widerstands gegen die Arbeit und die Logik des *Werks* an sich.

All dies scheint zunächst weit entfernt von den Diskussionen über Niedriglöhne, Jobunsicherheit und digitale Arbeit, die wir in unserem Buch führen wollen. Wie wir abschließend in diesem Kapitel zeigen werden, wird die volle soziale Anwendbarkeit von *désœuvrement* erst in Jean-Luc Nancys Weiterentwicklung des Konzepts erkenntlich. Aber auf der grundlegendsten Ebene meinen wir mit *désœuvrement* den Raum, der verschwindet, weil Arbeit immer mehr Schauplätze unseres Lebens einnimmt: den Raum all jener Kräfte, die sich der Arbeit entgegensetzen und sie auflösen, und die es im Alltag ermöglichen, wie Orpheus anders zu sehen, oder wie Foucaults Künstler Dinge zu schaffen, die vorgegebenen Bedeutungen und Zwecken widerstehen. Diese Entwicklung ist bereits so weit vorangeschritten, dass es immer schwieriger wird, auch nur dem Gedankensprung der genannten Philosophen zu diesem *Etwas, das keine Arbeit ist*, zu folgen.

Nicht-Bäcker-Sein

Im Jahr 1998 berichtete der Soziologe Richard Sennett über seinen zweiten Besuch einer Großbäckerei in Boston, deren Angestellte er 25 Jahre zuvor interviewt hatte. Bei seinem ersten Besuch hatte Sennett eine Belegschaft beschrieben, die durchweg aus männlichen griechischen Immigranten bestand, die durch die örtliche Gewerkschaft und Familienbeziehungen verbunden waren. Die Bäcker liebten ihre Arbeit keineswegs, da sie körperlich oft extrem anstrengend war und die Arbeitszeiten ein ausgefülltes Sozialleben verhinderten. Doch ihr Handwerk war gleichzeitig auch hochspezialisiert und technisch anspruchsvoll, Meisterschaft wurde in ihren Reihen anerkannt und hoch angesehen. Als er in den 90er Jahren wiederkehrte, fand Sennett statt der griechischen Bäcker eine Gruppe nicht gewerkschaftlich organisierter *Flexi-Arbeiter*innen* mit verschiedensten migrantischen Hintergründen vor, die sehr simple, nutzerfreundliche und moderne Öfen bedienten. Der Teig verlangte nicht mehr nach Muskelkraft, Hand- und Armverbrennungen an den Öfen konnten leichter vermieden werden, verschiedene Brotsorten konnten auch ohne jahrelange Erfahrung produziert werden und die alten Nachtschichten waren durch flexible Teilzeitschichten ersetzt worden, die gleichermaßen von Frauen und Männern belegt waren.[7]

Sennett erläutert, dass die Arbeiter*innen in der zweiten Gruppe sich kaum als Bäcker*innen verstehen könnten, ja nicht einmal als in ihrer Arbeit der Backindustrie in besonderer oder permanenter Weise verbunden. Ihre typischen Arbeitsabläufe könnten genauso gut in jedem anderen

Bereich der produzierenden Wirtschaft ausgeführt werden. In den frühen 70er Jahren, als Sennett das erste Mal in der Großbäckerei zu Besuch war, etablierte sich gerade die Vorstellung einer »wissensbasierten Wirtschaft«, einer »Wissensökonomie«, von der man erwartete, dass sie körperliche Arbeit durch kognitive Arbeit ersetzen würde.[8] Sennetts zweiter Besuch zeigt jedoch auch, dass technische Entwicklungen, welche die Arbeit angeblich *kognitiver* und damit angenehmer machen, die gegenteilige Wirkung haben können: Aufgaben, die einmal ein hochspezialisiertes Können verlangten, werden durch solche ersetzt, die banaler und weniger erbaulich nicht sein könnten. »Bei jeder Arbeit, von der Bildhauerei bis zum Kellnern, identifizieren sich die Menschen mit Aufgaben, die sie herausfordern, mit schwierigen Aufgaben.« Sennett schlussfolgert, dass immer dort, wo Schwierigkeit und Widerstand minimiert werden, paradoxerweise »damit genau die Bedingungen für eine unkritische und fragmentierte Tätigkeit« geschaffen werden.[9]

Wie wir in diesem Buch zeigen werden, leben wir in Zeiten eines allgemeinen Verlustes von *désœuvrement*, also in Zeiten des *Zu-Arbeit-Werdens* von Dingen und Tätigkeiten, die zuvor keine Arbeit waren. Ironischerweise findet dieser Prozess gleichzeitig mit dem Zerfall des Berufs oder der Karriere als der konventionellen Arbeitsform statt. In früheren technischen Revolutionen wurden zwar Arbeiter*innenberufe brutal umgekrempelt, derweil blieben die der Mittelschicht jedoch unversehrt. Sie konnten sogar ihren gesellschaftlichen Standpunkt festigen, indem sie sich als die unverzichtbaren Aufseher*innen der neuen sozialen Wirklichkeiten positionierten. Ein wachsender Wissenschaftszweig belegt jedoch, dass die technischen Umwälzungen des jungen 21. Jahrhunderts sich dadurch von den früheren unterscheiden, dass bürgerliche Angestelltenberufe, einstmals geschützt, jetzt einer rapiden Automatisierung unterliegen, die mit Kompetenzabbau und Prekarisierung einhergeht. Eine exponenzielle Weiterentwicklung von Automatisierungsprozessen könnte sogar bedeuten, dass Sennetts Tragödie des Nicht-Bäcker-Seins diesmal bürgerliche Angestellte am schnellsten einholt.[10]

Die Beispiele neuartiger Kolonisierung verschiedener Lebensbereiche durch Arbeit, die wir in diesem Buch behandeln, finden also im Kontext eines kapitalistischen Systems statt, das eine direkte Existenzbedrohung für seine traditionellerweise hegemoniale Klasse darstellt. Es ist die Bourgeoisie, in der bislang kulturelles und ökonomisches Kapital – also das Entscheidungsrecht über kulturelle Werte und die Kontrolle von Eigentum – zusammenfielen. Diese Klasse schaut heute auf eine unmittelbare Vergangenheit, in der ihre kulturelle Identität zerflossen ist, auf eine Gegenwart, in der ihre traditionellen sozialen und beruflichen Privilegien abgetragen werden, und auf eine Zukunft, von der sie gar nicht mehr gebraucht werden wird. Zum ersten dieser drei *Tode* bemerkt der marxistische Historiker Perry Anderson:

> Mit Ausnahme einiger Provinzstädte in Europa, und vielleicht ... mancher Regionen Nordamerikas, ist die Bourgeoisie, so wie Baudelaire oder Marx, Ibsen oder Rimbaud, Grosz oder Brecht – oder sogar Sartre oder O'Hara – sie kannten, Vergangenheit. Statt dem soliden Amphitheater gibt es jetzt ein Aquarium voller schwebender, flüchtiger Formen – die Projektleiter und Manager, Buchhalter und Pförtner, Verwalter und Spekulanten des heutigen Kapitals: Funktionen eines Gelduniversums ohne soziale Fixpunkte oder stabile Identitäten.[11]

Anderson beschwört ein Jahrhundert der Avantgardekultur, in dem das Bürgertum, versinnbildlicht durch Figuren wie die Melone tragenden Väter der Wendy Darling in *Peter Pan* und der Kinder in *Mary Poppins*, anfangs das schockierte und provozierte Publikum stellte. Aber in den Jahrzehnten nach dem Zweiten Weltkrieg war es ebenso das Bürgertum, das die Kapitulation gegenüber der Massenkultur verhandelte. »Als der Kapitalismus einer großen Masse von Werktätigen im Westen zu relativem Wohlstand verholfen hatte«, schreibt Franco Moretti über diesen Nachkriegsmoment, »wurden Konsumgüter zu seiner Legitimationsgrundlage: Der gesellschaftliche Konsens stützte sich auf Dinge, nicht auf Menschen – geschweige denn auf Grundsätze. Das war die Morgendämmerung unserer Gegenwart: der Sieg des Kapitalismus, der Tod der bourgeoisen Kultur.«[12]

Zuerst wurde der bourgeoise Alleinanspruch auf Kultur begraben, dann begann der Zerfall bürgerlicher Arbeitsformen: Andersons *Amphitheater* exklusiven beruflichen Fachwissens wird zum *Aquarium* ständig wabernder Funktionen, Aufgaben und Rollen. Richard und Daniel Susskind beschreiben den Prozess, im Zuge dessen Ende des 20. und Anfang des 21. Jahrhunderts technische Neuentwicklungen die Gatekeeper-Funktion von Fachwissen in bürgerlichen Berufsständen herausfordern. In den Bereichen Gesundheit, Bildung, Theologie, Recht, Journalismus, Management, Steuerwesen, Buchhaltung und Architektur wird Wissen zugänglicher gemacht, Aufgaben werden auf mehr, aber schlechter ausgebildete Arbeitskräfte verteilt und manche Stellen werden gleich ganz automatisiert.[13] Wo Sennett die Tragödie des Nicht-Bäcker-Seins aufzeigte, ist es heute ebenso möglich, Lehrer, Dozentin, Rechtsanwalt oder Architektin zu sein – ohne es *wirklich* zu sein. Es sind gerade diese Angestellten, die sich beschweren, dass ein wachsender Anteil ihres speziellen Fachwissens durch banale bürokratische Aufgaben und kundennahe affektive Arbeit ersetzt wird.

Peter Fairbrother und Gavin Poynter bemerken zu dieser Entwicklung: »Angestellte werden immer häufiger dazu aufgerufen, Aufgaben zu übernehmen, die ihr Beruf früher nicht einschloss – Lehrer*innen nehmen an Gesundheitsförderungsmaßnahmen teil, Universitätsdozent*innen werden aufgefordert, die Arbeitsmarktfähigkeit ihrer Absolvent*innen zu garantieren, und Ärzt*innen sind aufgerufen, als Ratgeber zu gesundem Lebensstil zu fungieren, statt nur Krankheiten zu behandeln.«[14] Der Publizist Phoenix Andrews zeigte uns in der Vorbereitung dieses Buches Interviews mit Universitätsbibliothekar*innen in Großbritannien, die ihrem Ärger darüber Ausdruck verleihen, dass ihnen zusätzlich zu ihren eigentlichen bibliothekarischen Aufgaben immer mehr Compliance-Aufgaben zugeteilt werden (in diesem Fall die Kontrolle der Wissenschaftler*innen hinsichtlich der Einhaltung ständig neuer Regeln zur Publikation ihrer Arbeiten). Berufsbilder wie diese gleichen immer mehr den Extremformen aus Andersons *Aquarium*, denen David Graeber den Namen *Bullshit-Jobs* gab: Jobs, die aus auswechselbaren Anteilen verwaltungstechnischer, Verkaufs- und Serviceaufgaben bestehen, die oft nur zu existieren scheinen, damit Angestellte sich gegenseitig ihre Arbeitszeit ausfüllen können.[15] All dies kann als Auflösungsprotokoll der hegemonialen Gesellschaftsklasse verstanden werden, jedoch auch, im Sinne von Michael Hardt und Antonio Negri, als Wandel der hegemonialen Arbeitsform – jener Arbeit, die »anderen Formen der Arbeit und der Gesellschaft selbst eine Tendenz vorgibt«, sodass am Ende alles nach ihrem Bilde umgestaltet wird.[16] Eine Welt, in der *Bullshit-Jobs* zur hegemonialen Arbeitsform geworden sind, bedeutet, dass es egal ist, wofür du dich beworben hast – alle Jobs sind gleichermaßen den Regeln des Kundenservices und einer administrativen Routine unterworfen.

Diese Entwicklungen sind in der Logik der beruflichen Networking-App *LinkedIn* reflektiert, die den Lebenslauf zu einer Liste abgetrennter *Skills* und Kompetenzen auflöst und Kolleg*innen sowie frühere Arbeitgeber*innen einlädt, in jedem Einzelbereich für die Kandidat*innen zu bürgen. Auf *LinkedIn* ist man nicht in erster Linie Rechtsanwältin oder Vermessungsingenieur, sondern ein Bündel aus Kompetenzen, die alle möglichen Arbeitgeber*innen ansprechen könnten. Diese Logik breitet sich beständig in Bewerbungsprozessen aus und betrifft immer weitere Teile einer Biografie. »Tätigkeiten, die einmal ihren eigenen Wert hatten, werden jetzt in der Sprache der Beschäftigungsfähigkeit umformuliert«, bemerkt David Frayne. »Mein Einsatz für Obdachlose muss erwähnt werden, weil er meine Erfahrung im Freiwilligensektor belegt, meine Reise per Anhalter durch Europa muss auf die Liste, weil sie meine Eigeninitiative und Problemlösungskompetenz ausgebildet hat.«[17]

Kritiken dieser Entwicklungen werden meist mit Blick auf das Wohlergehen der Arbeitenden geübt, ganz im Sinne von Sennetts Argument, dass die Erosion klarer Rollen und der Wegfall anspruchsvoller Tätigkeiten in unserer Arbeit psychologischen Schaden anrichtet. Wenn wir unsere Perspektive hierauf beschränken, übersehen wir allerdings ein breiteres Phänomen, nämlich eine autoritäre soziale Tendenz, die sich diese Praktiken am Arbeitsplatz zunutze gemacht hat. Seit dem Zuwanderungsgesetz von 2014 hat Großbritannien eine offizielle Politik des sogenannten *hostile environment*, also der *feindseligen* Umgebung für illegale Immigrant*innen betrieben. Dazu gehört, dass Vermieter*innen und Arbeitgeber*innen den Migrationsstatus ihrer Mieter*innen und Angestellten überprüfen müssen und vielen Angestellten im öffentlichen Dienst die gleiche Pflicht auferlegt wird. Seit der Erweiterung der britischen Antiterrorismusinitiative *Prevent* im Jahr 2015 sind Lehrer*innen, Gemeindeangestellte, Sozialarbeiter*innen, Ärzt*innen, Universitätsdozent*innen, Pflegebeschäftigte, Bibliothekar*innen und Optiker*innen gleichermaßen aufgefordert, während ihrer Arbeit Personen zu identifizieren und zu melden, die in das Profil »anfällig für Terrorismus« passen.[18] Andrews' Bibliothekar*innen verübeln es ihren Arbeitgeber*innen, dass diese ihrer Beziehung zu den Wissenschaftler*innen, mit und neben denen sie arbeiten, eine Compliance-Funktion übergestülpt haben. Das gleiche Prinzip erscheint in diesen beiden Regierungsrichtlinien, nur sind es diesmal die repressivsten und illiberalsten Tendenzen des Staates, die in den Lücken unserer immer brüchiger werdenden Berufsbilder sichtbar werden. Der Aktivist*innengruppe *Liberty* zufolge werden diese Tendenzen »in den täglichen Austausch zwischen Arbeiter*innen im öffentlichen Dienst und den Menschen, die ihnen vertrauen und denen sie dienen sollen, eingebettet: Krankenpflegepersonal und Patient*innen, Polizist*innen und Opfer von Verbrechen, Lehrer*innen und ihren Schüler*innen«.[19]

Arbeitsnostalgie

Wir haben bis jetzt die besonders prekäre, schlechtbezahlte Arbeit, die wir im zweiten Kapitel als *malemployment* oder *Missbeschäftigung* beschreiben werden, kaum erwähnt. Doch bereits jetzt ergibt sich mit Blick auf die Transformation von Arbeit ein düsteres Bild. Dieses Bild birgt allerdings ein Risiko: Wo alle Aufmerksamkeit darauf gerichtet ist, dass der Zerfall klar definierter, stabiler Berufsbilder und Arbeitsverhältnisse negative Auswirkungen auf Arbeiter*innen hat und einer reaktionären Politik in die Hände spielt, wird implizit ein früheres Modell der Arbeit idealisiert. Die Gefahr ist also, der Vorstellung zu erliegen, dass wir all unsere Probleme lösen könnten, wenn wir die beschriebenen Veränderungen ungeschehen machen und zum Nachkriegsmodell von Arbeit zurückkehren würden. In eine Zeit der hohen Löhne und der lebenslangen Karriere, als wir noch nicht in dem externen *Bullshit* steckten, der sich auf dem fragmentierten Arbeitsplatz der neoliberalen Jahrzehnte angehäuft hat.

Die Errungenschaften der Nachkriegszeit – ein Höhepunkt wirtschaftlicher Chancengleichheit und ein starkes Gewerkschaftswesen – machen den Rückblick für die heutige politische Linke attraktiv; auch wenn manche*r erkannt hat, dass dies die »paradoxe Situation« herbeiführt, in der »wir Institutionen verteidigen müssen, die wir früher dafür kritisiert haben, dass sie nicht radikal genug waren«.[20] Es ist kein Zufall, dass Bernie Sanders sich auf das Vermächtnis Franklin D. Roosevelts beruft, während Sozialist*innen auf beiden Seiten des Atlantiks versuchen, radikale Umweltreformen als einen *Green New Deal* schmackhaft zu machen. Es ist gar nicht so abwegig, den überraschenden Aufstieg Sanders' und Jeremy Corbyns als Galionsfiguren der jungen Linken darauf zurückzuführen, dass sie alt genug sind, um schon in dieser vor-neoliberalen Welt politische Akteure gewesen zu sein. Die politische Rechte bedient sich währenddessen einer Parallelnostalgie, wenn zum Beispiel Donald Trump Jobs zu den verarmten Gegenden des sogenannten Rust Belts »zurückbringen« will, oder wenn die Pro-Brexit-Kampagne »Leave« Großbritanniens Wirtschaft von dem »Behördendschungel« in Brüssel und von Immigrant*innen, »die uns unsere Jobs nehmen«, zu befreien behauptet. Links oder rechts, alle leiden an einer Arbeitsnostalgie, die sich – ob ausdrücklich oder im Stillen – an den Normen der Nachkriegsbedingungen orientiert.[21] Bei diesem Heimweh nach den alten Zeiten werden die Unzulänglichkeiten, Prekarisierungsformen und alltäglichen Brutalitäten von damals heruntergespielt.

Die Arbeitswelt der Nachkriegszeit war ein Resultat des Traumas der Weltwirtschaftskrise und der Forderung der

Arbeiter*innenbewegungen, die Versprechen einer besseren Gesellschaft, die während des Krieges gegeben wurden, müssten eingehalten werden – Forderungen, denen die drohende Alternative des real existierenden Kommunismus im Osten den Rücken stärkte. Der Anspruch dieser Arbeitswelt war es, dass großzügige Sozialstaaten ein grundsätzliches Recht auf soziale Sicherheit für alle, inklusive derer, die keiner bezahlten Arbeit nachgingen, anerkannten, aber gleichzeitig davon abhängig waren, dass die Mehrheit einen Lohn empfing. Andrea Komlosy beschreibt diesen Grundsatz als die »unaufhaltsame, quasi automatische Verbindung zwischen Proletarisierung und sozialer Absicherung«.[22] Wenn diese Verknüpfung zwischen Lohnarbeit und sozialer Absicherung auch letztendlich den Anschein einer automatischen Entwicklung annehmen sollte, war sie doch eine entschiedene Neuheit, die erst seit Bismarcks Kanzlerschaft in Deutschland, den liberalen Reformen von 1909 in Großbritannien und dem *New Deal* in den USA der 1930er Jahre hervorgetreten ist. Robert Castel argumentiert, dass diese neuartige Verbindung sogar eine Umkehrung der Assoziation zwischen Lohnarbeit und Schutzlosigkeit in der vorindustriellen Welt darstellte: Damals wurden gerade jene männlichen Arbeiter als prekär angesehen, die aus unabhängiger Handwerkerschaft in die Abhängigkeit der Lohnarbeit »abgerutscht« waren.[23]

Die Verankerung der Nachkriegsgesellschaft in dieser neuerdings geformten Verbindung aus Arbeit und Sozialer Sicherung führte zu zwei potenziell schädlichen und reaktionären Ausdrucksformen. Zunächst hatte sie den Effekt, Arbeit weiter zu universalisieren. Sozialstaaten der Nachkriegszeit nahmen die Verantwortung auf sich, Arbeitslose zu schützen und gewisse Bereiche (Gesundheit, Bildung und den Lebensabend) ganz vom Arbeitsdruck auszunehmen. Und doch stellten diese Prozesse, in Guy Standings Worten, nur eine »fiktive Dekommodifizierung« dar.[24] Die angeblich universale Versorgung bedeutete im Grunde, die Bedürfnisse der Angestellten zu befriedigen, nicht jedoch die der Arbeitslosen. Letztere als freie Bürger*innen zu behandeln, wurde als »mit den Prinzipien einer freien Gesellschaft unvereinbar« angesehen.[25] Indem sie Arbeitslosen neue Hilfen anboten, normalisierten Sozialsysteme im gleichen Zuge die Vorstellung, dass wahre Bürger*innen auch arbeiten sollten.

Zweitens brachte das Arbeitsregime der Nachkriegszeit eine Essenzialisierung der Arbeit und dessen, was als Arbeit zählte, mit sich. Der männliche Lohnarbeiter war die Standardeinheit. Seine Versorgung wurde von einer Hausfrau gewährleistet, deren häusliche Arbeit (selten als solche anerkannt) ihrer neuen Rolle als Hauptkonsumentin in der keynesianisch-fordistischen Wirtschaft untergeordnet war – Konsum, der mit dem neuerdings erwarteten Familiengehalt des männlichen Ernährers bezahlt wurde. Nancy Fraser weist darauf hin, dass eben diese Arbeitskonstellation des Ernährermodells »ein androzentrisches Verständnis von Familie und Arbeit« hervorbrachte und gleichzeitig »Heteronormativität und Geschlechterhierarchie normalisierte«.[26]

Abgesehen davon, dass diese Art der »Absicherung« der Familie selbst im besten Falle den Frauen, die sie einschloss, nur beschränkten Nutzen brachte, erkannten bereits zeitgenössische Radikale, dass diese Schutzfunktion auch von großen regionalen und rassistisch begründeten Unterschieden geprägt war und leicht kollabierte, wenn sie mit etablierten Formen der Diskriminierung zusammenfiel. 1972 beschrieb etwa Mariarosa Dalla Costa die Scheinheiligkeit der Nachkriegs-Sozialstaaten und ihres Anspruchs, die Kernfamilie zu schützen, während im Herzen dieses Regimes, im US-amerikanischen Süden der 60er Jahre, »schon Sechsjährige auf Polizeihunde trafen und wir heute das gleiche Phänomen in Süditalien und Nordirland beobachten können«.[27] Auch Angela Davis legte dar, wie liberale politische Entscheidungsträger*innen sich von der Verantwortung freisprachen, schwarze Familien in die soziale Absicherung miteinzubeziehen – und das ironischerweise mit der Selbstanklage, dass die Zeiten der Sklaverei »schwarzer Maskulinität« – und damit der Psyche schwarzer Männer in der Gegenwart – permanent solchen Schaden zugefügt hatten, dass sie – und damit ihre Familien – außer Stande waren, von staatlicher Förderung zu profitieren.[28] Der psychoanalytische Ansatz Shulamith Firestones sah das Ideal der Kernfamilie an sich nur durch die Ausbeutung häuslicher Arbeitskraft aus dem »Hurenhaus der schwarzen Ghettos« aufrechtzuerhalten. Durch Sexarbeit, Hausarbeit und prekäre Gelegenheitsarbeiten, so Firestone, »macht die schwarze Gemeinschaft in Amerika die Familienstruktur in der weiteren weißen Gemeinschaft erst möglich.« Sie argumentierte, dass in der Folge dieses so erzwungene Ideal ringsum neue und pathologische Formen rassistischer Fantasien hervorbrachte.[29]

Rassistisch fundierte Ungleichheit war nicht nur das Nebenprodukt, sondern auch das bewusste Ziel eines essenzialisierenden Verständnisses von Arbeit. Sozialwissenschaftler*innen wie Jill Quadagno und Ira Katznelson haben gezeigt, dass mehrere Wellen progressiver Gesetzgebung der damaligen Zeit, die heute für ihre radikale Erweiterung des Sozialschutzes bekannt sind, schwarze Amerikaner*innen überproportional ausschlossen. Dies war die Konsequenz expliziter Kompromisse, die Roosevelt mit Demokrat*innen der Südstaaten in der ursprünglichen Vereinbarung des *New Deals* gemacht hatte. Die angepeilte Ausgrenzung schwarzer Bürger*innen wurde hier hauptsächlich dadurch erreicht, dass die neue Sozialsicherung jetzt Farmpächter*innen ausschloss, also die vielen Südstaatler*innen, die davon lebten, sich landwirtschaftliches Gerät von ihren Grundbesitzer*innen zu leihen und ihre Schulden am Ende des Jahres zurückzuzahlen, wie auch Haushaltsangestellte und Tagelöhner. All das waren Arbeitsverhältnisse, in denen sich überproportional viele schwarze Amerikaner*innen befanden. Dieses Muster setzte sich nach dem Krieg fort: Schwarze Amerikaner*innen hatten bis zu den 1950er Jahren keinen Anspruch auf Sozialversicherung, und gegen gewerkschaftliche Organisation wurde im Süden der Vereinigten Staaten, wo die Mehrheit der schwarzen Bürger*innen lebte, hart durchgegriffen. Arbeitgeber*innen in der Landwirtschaft und in Haushalten, deren Beschäftigte hauptsächlich schwarz waren, wurden von Auflagen zu Mindestlöhnen und Arbeitszeitvorschriften verschont.[30]

Es ist also nicht genug, das Nachkriegsregime als grundsätzlich lobenswert auszuzeichnen und nebenbei die mangelnde Berücksichtigung von Frauen und nicht-weißen Menschen zu kritisieren. In beiden Fällen handelte es sich nicht um unglückliche Ausrutscher, sondern um das Resultat des zentralen Arbeitsverständnisses und der darin enthaltenen Degradierung landwirtschaftlicher und Haushaltsarbeit, mit ihrem gender- und *race*spezifischen Profil. Aus demselben Grund reicht es auch nicht, jetzt, zu Zeiten des neuen prekären Arbeitsregimes, den Bruch der »unbedingten Verbindung« zwischen Lohnarbeit und sozialer Sicherung früherer Zeiten zu beklagen, als ob ein Festhalten an dieser Verknüpfung allein prekäre Arbeit abschaffen würde. Isabell Lorey gibt zu bedenken, dass dieser Rahmen zu einfach einen Gegensatz zwischen Sicherheit, Stabilität, Normalität auf der einen Seite und Prekarität auf der anderen aufstellt. Es wird dabei nicht gefragt, wer »bereits im fordistischen Sozialstaatssystem nicht (genügend) abgesichert« war, oder »wie soziale Unsicherheit gegenwärtig zu einem Bestandteil gesellschaftlicher Normalität« wird.[31] Dieser düstere neue Normalzustand wird Gegenstand des nächsten

Kapitels sein. Um das Problem der Arbeitsnostalgie abzuschließen: Die Kritik an unserer heutigen Arbeit birgt das Risiko der Idealisierung vorheriger Verhältnisse in sich. Das ist deswegen problematisch, weil ein Regime, das einigen willkommene Absicherung für ein Leben *außerhalb* der Arbeit bot, trotzdem auf einem schädigenden, essenzialisierenden und universalisierenden Verständnis der Arbeit *an sich* aufbaute. Wie bei allen Universalisierungen werden auch hier diejenigen effektiv verborgen, die die angebliche Universalisierung von vornherein ausschließt.

Was tun in der Post-Arbeits-Utopie?

Trotz alledem ist es bemerkenswert, wie fest die Überzeugung in der Nachkriegsgesellschaft verankert war, dass es Teil unserer Bestimmung sei, immer weniger zu arbeiten. Im Jahre 1930, inmitten der tiefsten Weltwirtschaftskrise, erschien ein Text mit dem Titel *Wirtschaftliche Möglichkeiten für unsere Enkelkinder*. Darin schreibt John Maynard Keynes, der Wirtschaftswissenschaftler, der (posthum) eine führende Stimme der Nachkriegszeit werden sollte, über die Fünfzehn-Stunden-Woche und Luxus für alle als zwangsläufige und notwendige Zukunftsentwicklungen. Seine Analyse gab die Richtung vor für Untersuchungen zum Wirtschaftswachstum in der Nachkriegszeit, wie zum Beispiel für Anthony Croslands *The Future of Socialism* (1956) oder J. K. Galbraiths *Gesellschaft im Überfluss* (1958).[32] Als das Selbstbewusstsein dieser liberalen Tradition sich zusammen mit ihrem wirtschaftlichen Modell erschöpfte, wurde die Reduzierung der Arbeitszeit wieder eine Priorität linker Politik. Im Jahr 1967 verurteilte der belgische Situationist Raoul Vaneigem nicht nur Kapitalismus, sondern auch sowjetischen und maoistischen Kommunismus für ihre Beiträge zur Universalisierung des Arbeitsprinzips.[33] In Italien verlangte eine hippie-beeinflusste marxistische Bewegung »Nullarbeit für Einkommen« und erklärte 1977: »die Revolution ist wahrscheinlich«.[34] In Großbritannien, wo Edward Heaths Regierung (1970–74) auf Treibstoffmangel und Arbeitskampf reagierte, indem sie eine Drei-Tage-Woche erzwang, bekundeten derweil viele ihre Überraschung über die Kreativität und Experimentierfreudigkeit, die die teilweise Befreiung von Arbeit ihnen ermöglichte.[35]

Es ist erstaunlich, dass Keynes' luxuriöse Post-Arbeits-Zukunft trotz der ideologischen Unterschiede dieser Positionen allerseits für erwünscht und wahrscheinlich, wenn nicht gar für unausbleiblich gehalten wurde. Und nicht nur das. Wie Peter Frase es ausdrückt, machte man sich »tatsächlich Sorgen darüber, was die Menschen nach ihrer Befreiung von der Arbeit tun würden«.[36] In den 1950er und 60er Jahren gab es sogar eine nicht ganz unbedeutende Nische der liberalen Kulturkritik, die sich dem Voraussagen der *Gefahren* für das menschliche Gemüt verschrieben hatte, sollte es im Wohlstand der Zukunft in die Freiheit des spielerischen Konsums entlassen werden.[37] Heutzutage befinden wir uns so weit entfernt von derlei Aussichten, dass es, so Frayne, »verständlich wäre, frühere Ankündigungen einer radikal verkürzten Arbeitswoche als historische Kuriositäten einzustufen – eine nette, aber ziemlich sonderbare Idee, die seit Jahrzehnten vergessen ist«.[38] Allerdings gibt es auch Versuche, das große Vergessen zu beenden. Der radikalste dieser Ansätze ist unter den Denker*innen und Aktivist*innen der Anti-Arbeits-Bewegung zu finden, die verlangen, dass die neuen, zuvor beschriebenen Arbeitsbedingungen der Ansatzpunkt der politischen Linken werden müssten – nicht im Geiste einer Nostalgie für Arbeit, sondern um eine vollautomatisierte, post-kapitalistische Post-Arbeits-Gesellschaft zu fordern.

Das Argument, kurzgefasst, beruht darauf, dass aktuelle Entwicklungen in den digitalen Technologien dazu geführt haben, dass der Kapitalismus immer weniger Arbeit absorbiert und die Produktionsprozesse selbst immer einfacher werden. Gleichzeitig wird Wert weniger aus Objekten und der in ihnen kristallisierten Arbeitszeit gewonnen als aus den Gebühren, die auf geistiges Eigentum erhoben werden, und die dann neue Monopolstellungen schaffen. Im Angesicht der Prognosen von Massenarbeitslosigkeit in dystopischem Ausmaß schlagen Anti-Arbeits-Denker*innen vor, mit diesen Veränderungen mitzugehen, das Kapital beim Wort zu nehmen, wenn es die Überflüssigkeit der Arbeiter*innenschaft erklärt, und kurzum den Übergang zu einer Post-Arbeits-Gesellschaft zu verlangen. So viel Arbeit wie möglich könnte von Maschinen verrichtet werden, die Menschen könnten sich ihrem eigenen Gedeihen in all den Lebensbereichen widmen, von denen ihre *Bullshit-Jobs* sie momentan noch fernhalten, und könnten – solange Geld noch ein geeignetes Tauschmittel ist – von einem bedingungslosen Grundeinkommen (BGE) leben, das allen Bürger*innen gleichermaßen zukommt.

Wir möchten an dieser Stelle nicht auf reale technische Limitierungen, auf die politischen Herausforderungen, die ein Übergang zu einer solchen Gesellschaft im Kontext globaler Ungleichheit mit sich brächte, oder auf die potenziellen Umweltauswirkungen dieser Ideen eingehen.[39] Auch eine Antwort auf die folgenden berechtigten Vorbehalte einiger Aktivist*innen bieten wir hier nicht: Sie weisen darauf hin, dass etwa die Idee des BGE aus neoliberalen Kreisen stammt, die es nutzen wollen, um Sozialleistungen auf Basis individueller Umstände ganz abzuschaffen. Alternativ deuten sie das BGE als ein wirtschaftlich falsches Zugeständnis, das Massenarbeitslosigkeit statt als Resultat politischer Entscheidungen als Notwendigkeit darstellt.[40] Unser Interesse gilt hier, und weiterhin im vierten Kapitel, vor allem den philosophischen Verwicklungen der Post-Arbeits-Hypothese.[41] Einerseits im Hinblick darauf, inwiefern solche Ansätze überhaupt hilfreich sind, um eine Gesellschaft des *désœuvrement* zu beschreiben, und andererseits mit der Frage vor Augen, was es bedeutet, dass gerade jetzt, zu Zeiten der *Lebensarbeit*, wo *all unser Tun zu Arbeit wird*, diese vorher so unmodische Fantasie in die kollektive Vorstellungswelt und die radikale Politik zurückgekehrt ist.

Ein Großteil von Fraynes *The Refusal of Work* (2015) besteht aus einer Reihe von Fallstudien, in denen Menschen in Großbritannien versuchen, ihrem hektischen und unglücklichen Arbeitsleben zu entkommen, indem sie so wenig bezahlte Arbeit wie möglich verrichten. Viele dieser Menschen berichten, dass für sie eines der größten Hindernisse in den Versuchen, ein Post-Arbeits-Leben vorwegzunehmen, in der moralischen Verurteilung und der Ausgrenzung liegt, die sie in einer Gesellschaft erfahren, in der die Arbeitsanstellung eine derart zentrale Rolle für ein Gefühl von Gemeinsamkeit und gegenseitiger Wertschätzung spielt. Auf der anderen Seite, warnt Frayne, gebe es auch »viel populäre antikapitalistische Polemik«, die »den Menschen (oft auf ziemlich scheinheilige Art und Weise) anrät, dass sie viel glücklicher wären, wenn sie sich entschieden, weniger zu arbeiten und ihre Ausgaben im Zaum zu halten«.[42] So sehr die Arbeitsmoral offensichtlich weiterhin hochgehalten wird, droht ein äquivalenter Moralismus in der Verweigerung der Teilnahme an der kapitalistischen Kultur – Arbeit und Nichtarbeit werden beide in einem moralischen Rahmen verteidigt. Frayne versucht diese Falle zu umgehen, indem er die Mühen seiner Versuchspersonen nicht romantisiert, sondern betont, wie schwer es unsere heutige Kultur Menschen macht, die versuchen, weniger zu arbeiten. All diesen Versuchen zum Trotz schnappt die Falle letztlich doch auch bei

Frayne zu, wenn er ins Detail dazu geht, wie Menschen einen arbeitsfreien Alltag ausfüllen könnten – eine Falle, die nach unserer Argumentation Anti-Arbeits-Theorien generell inhärent ist. Wann immer die *Möglichkeit* des guten Lebens umrissen wird, verwandelt sich diese schnellstens in eine *Anordnung*, was wir damit tun sollten. André Gorz, einer der produktivsten Anti-Arbeits-Autor*innen, bemerkte, »daß der Utopie ... die Aufgabe zukommt, uns zum Zustand der Dinge jenen Abstand zu geben, der es uns möglich macht, unser Handeln im Lichte dessen, was wir tun könnten oder sollten, zu beurteilen«.[43] Der Unterschied zwischen *könnten* und *sollten* ist allerdings, so wollen wir hier argumentieren, nicht so leicht im Blick zu behalten.

Einige der Interviewten bei Frayne machten die Erfahrung, dass, wenn sie ihre Arbeitsstelle aufgaben, sie einen Teil ihres verlorenen Einkommens gar nicht ersetzen mussten. Viele der Dienstleistungen, die sie vorher nur deshalb genutzt hatten, weil sie so viel Zeit auf der Arbeit verbrachten, brauchten sie jetzt nicht mehr. »Im Hinblick auf die vielen modernen Produkte – von Fertigmahlzeiten, hochkoffeinhaltigen Getränken, Autowaschanlagen, Reparaturdiensten, Kinder- und Altenbetreuung, Fitnesstrainer, Partnervermittlung und so weiter – die von unserem Freizeitmangel profitieren«, so Frayne, »ist es keine Überraschung, dass viele der Leute, die ich traf, durch Weniger-Arbeiten Geld sparten. Sie konnten mehr für sich selbst machen.«[44] Vielleicht ist es also *wirklich* besser – besser als die bezahlte Arbeit vieler Menschen –, unsere Alltagsaufgaben selbst zu erledigen und unsere eigenen Kinder und Verwandten zu pflegen. Das Problem beginnt an der Stelle, wo der Anti-Arbeits-Diskurs letzten Endes behauptet, es wäre *zwangsläufig* besser. Egal wie man diese Frage für sich entscheidet, eine gewisse moralische Bewertung und implizite Verordnung schleicht sich ein, und das bedeutet, dass Fraynes Diskurs, genau wie der vieler anderer, die ähnlich argumentieren, eine gewisse strukturelle Frömmlerei nicht vermeiden kann – nicht unähnlich jener Scheinheiligkeit, die er sowohl der vorherrschenden *Pro*-Arbeits-Meinung als auch dem antikapitalistischen Aktivismus zuschreibt.

Weiterhin riskiert dieser Schachzug, die fundamentale Geste des industriellen und Nachkriegsarbeitsregimes zu wiederholen: also bezahlte Arbeit qualitativ von häuslicher und sozial-reproduktiver Arbeit zu trennen (im dritten Kapitel wenden wir uns der wichtigen feministischen Tradition zu, die hier eine eigene kapitalistische Arbeitsform identifiziert hat). *Mehr-selber-machen* erscheint nur dann als notwendigerweise befreiend, wenn eine anstrengende Beschäftigung ausschließlich in Form der Lohnarbeit unerwünscht ist. Kinderaufziehen und Kochen seien demnach das unentfremdetste und höchste Gut … zumindest bis man dafür bezahlt wird – erst dann werden sie unmittelbar in *schlechte* Arbeit verwandelt.

Weitere Aspekte der *Mehr-selber-machen*-Logik werden verständlich, wenn wir uns einer historisch tonangebenden Version des Arguments für eine Befreiung von Hausarbeit als Weg zu persönlicher Autonomie und Kreativität zuwenden: Virginia Woolfs berühmter Forderung im frühen 20. Jahrhundert nach »einem eigenen Zimmer«, in dem Frauen ihren intellektuellen Interessen nachgehen könnten. »Töchter gebildeter Männer [haben] das Denken immer von der Hand in den Mund bewerkstelligt«, so Woolfs Verteidigung weiblicher, vom Patriarchat unterdrückter Kreativität. »Sie haben gedacht, während sie den Topf umrührten, während sie die Wiege schaukelten.«[45] Es ist verlockend, Woolfs Forderung nach Freiheit von Schufterei als eine Blaupause für die heutige Anti-Arbeits-Bewegung zu lesen. Aus der Nähe betrachtet aber haben Fraynes Bemerkungen mehr mit Woolfs damaligen härtesten Kritiker*innen gemeinsam als mit ihren eigenen Aussagen. »Ich komme nicht umhin, Frau Woolfs Annahme zu widersprechen, dass einen Haushalt und eine Familie ohne auswärtige Hilfe zu führen, zwangsläufig das Denken behindert oder schwächt«, bemerkte Q. D. Leavis in ihrer Besprechung von Woolfs *Drei Guineen* (1938) in der Literaturfachzeitschrift *Scrutiny.* »In der eigenen Küche und im Kinderzimmer findet das Leben statt, und nicht im Salon und am Esstisch, und ich sehe keinen Nutzen darin, unsere Diener für uns leben zu lassen.«[46] Der Einwand ist von Klassenbewusstsein gefärbt und stellt Leavis' kleinbürgerliche Selbstständigkeit (und die des Journals *Scrutiny*) Woolfs verdächtig abgehobener, unlauterer *Gesellschaftszimmer*-Bohème gegenüber. In einem der besseren Witze der Literaturkritikgeschichte fragt sich Leavis, auf eben diese Klassenfrage anspielend, ob jemand mit Woolfs Herkunft überhaupt wisse, »an welchem Ende der Wiege man umrühren müsse«.

Von Leavis' Standpunkt aus sind intellektuelle Kreativität und Selbstverwirklichung nicht von den Aufgaben des täglichen Lebens zu trennen, sondern werden ganz im Gegenteil durch sie erst angeregt. Allerdings bezieht Leavis diese Position, ohne klarzustellen, ob auch Männer ihre intellektuelle Anregung im Umrühren der Wiege zu finden haben.[47] Genauso wenig daran interessiert, »unsere Diener für uns leben zu lassen«, wie Leavis, zeigt Frayne die Ungerechtigkeit einer Gesellschaft auf, »in der eine Hälfte der Bevölkerung ihre Freiheit kauft, indem sie ihre lästigen Alltagsaufgaben bei der anderen Hälfte ablädt«.[48] Aber genauso wie Leavis hält auch Frayne es nicht nur für ungerecht, wenn wir unsere unangenehmen, aber leider notwendigen alltäglichen Erledigungen bei anderen abladen, sondern auch für unseren persönlichen Verlust, wenn unser hektisches Arbeitsleben uns dazu zwingt. Mit anderen Worten: Wir sind auf den Schwindel hereingefallen, dass die Arbeit das Leben sei, und merken jetzt, dass das Leben zuhause stattfindet.

Wir wollen Frayne hiermit nicht eine individuelle theoretische Nachlässigkeit unterstellen. Es geht ganz einfach um ein strukturelles Problem in der Anti-Arbeits-Literatur. Die Post-Arbeits-Hypothese möchte uns vor der materiellen Notwendigkeit und dem fehlerhaften Moralismus retten, der uns auf Arbeitsplätzen, die wir hassen, gefangenhält, und tut dies, indem sie ein besseres Leben *nach der Arbeit* verspricht. Was genau dieses Leben aber besser macht, muss der oder die Anti-Arbeits-Autor*in selbst festlegen, und es ist sehr schwierig, eine solche Definition hervorzubringen, ohne Vorschriften zu machen. Das Problem taucht also immer dann auf, wenn Anti-Arbeits-Literatur genauer auf die Frage einzugehen hat, was die Menschen denn tun sollen, wenn sie nicht mehr lohnarbeiten – und zwar über das einfache Beispiel der häuslichen und sozial-reproduktiven Arbeit, das wir bis jetzt behandelt haben, hinaus. Zum Beispiel: Die Versionen der Zukunft, die aktuelle Anti-Arbeits-Autor*innen wie Frase, Nick Srnicek und Alex Williams, Helen Hester und Sophie Lewis vorstellen, vermeiden Idealisierungen von Pflege und sozial-reproduktiven Aufgaben, indem sie zu der alten Forderung von Second-Wave-Feministinnen wie Firestone zurückkehren, nämlich dass Vollautomatisierung diese Formen der Arbeit einschließen sollte.[49] Srnicek und Williams argumentieren, dass man »höchstprivate, peinliche Pflegeaufgaben ... den Robotern überlassen« und »dass die mit Schwangerschaft und Geburt verbundenen Schmerzen und Qualen der Vergangenheit angehören sollten, statt als natürlich und schön glorifiziert zu werden«.[50] Aber auch diese Vorsicht kann die Frage nur auf später verschieben. Wenn wir uns also nicht in erster Linie um unsere Babys und unsere Alten kümmern, was machen wir dann?

Ein Beispiel dieser Zwangslage findet sich in Marx' eigenen Schriften wieder. In einer Bemerkung in *Die deutsche Ideologie*, die jede*r Anti-Arbeits-Autor*in früher oder später zitiert, legt Marx dar, dass Kommunismus es unter Idealbedingungen ermöglichen würde, »morgens zu jagen, nachmittags zu fischen, abends Viehzucht zu treiben, nach dem Essen zu kritisieren, wie ich gerade Lust habe«.[51] Wie wir im vierten Kapitel sehen werden, ist Marx sich an anderer Stelle der Schwierigkeiten in dieser Frage nach der Gestaltung unserer neuen Freiheit durchaus bewusst. Einige Anti-Arbeits-Autor*innen folgen ihm in seinen Bedenken und verbitten sich Vorhersagen, um sich stattdessen auf Forderungen zu konzentrieren.[52] Und doch gibt es in Marx' Werk genug Bemerkungen der ersteren Art, um seinen humanistisch geprägten Bewunderern zu erlauben, ihn als Philosoph der persönlichen Befreiung zu lesen – einer Befreiung, deren Schlüsselwerte als von vornherein festgemacht daherkommen:

> Marx, der Mann, der jedes Jahr alle Werke von Äschylos und Shakespeare las, der in seinem Inneren die größten Werke des menschlichen Denkens lebendig machte, wäre nie im Traum darauf verfallen, dass seine Idee des Sozialismus einmal so gedeutet würde, als ob sie den wohlgenährten, wohlgekleideten »Arbeiter«- oder »Wohlfahrts«-Staat zum Ziele habe. Der Mensch hat nach Ansicht von Marx im Lauf der Geschichte eine Kultur hervorgebracht, die sich anzueignen er die Freiheit haben wird, wenn er erst von den Fesseln, nicht nur der ökonomischen Armut, sondern auch der geistigen Verarmung, die durch die Entfremdung verursacht ist, befreit ist.[53]

Es ist kein Zufall, dass diese Beispiele befriedigender menschlicher Betätigung – vom Fischen bis zur Aischylos-Lektüre – nur aus *produktiven* Vergnügungen bestehen. Marx schlägt seinen Zeitgenoss*innen nicht vor, vormittags

Wachsfigurenkabinette und Zauberlaternen zu besichtigen, nachmittags Groschenromane zu lesen und den ganzen Abend Gin zu trinken (all diese Beispiele müssen wohl als die falschen Vergnügungen einer entfremdeten geistigen Verarmung zurückgelassen werden). Obwohl sich Srnicek und Williams dieser Probleme bewusst sind (wie wir im viertem Kapitel zeigen), wollen sie uns doch auch von Produktivität überzeugen, wenn sie vergleichbare Behauptungen aufstellen: »Nichtarbeit ist indes nicht zu verwechseln mit Nichtstun, da viele der Dinge, die wir am meisten mögen, erheblichen Einsatz verlangen. Ein Musikinstrument spielen lernen, ein Buch lesen, Freunde treffen und Sport treiben, das alles ist mit mehr oder weniger Anstrengung verbunden.«[54] Ebenso bei Frayne: »Kürzere Arbeitszeiten würden mehr Raum für politisches Engagement schaffen, für kulturelle Produktion und kulturellen Genuss, und für die Entwicklung einer Reihe freiwilliger und selbstbestimmter Beschäftigungen außerhalb der Arbeit.«[55] Owen Hatherley vergleicht darüber hinaus die Post-Arbeits-Utopien zweier direkter historischer Nachfolger von Marx, nämlich William Morris und Oscar Wilde: »Wo Morris jedermann als dörflichen Handwerker sieht, stellt Wilde sich die Menschen als ungehetzte Universalgelehrte vor.«[56] Trotz ihrer unterschiedlichen Vorstellungen verlassen sich beide auf die typische Anti-Arbeits-Rhetorik, nach der wir Arbeit nicht nur deshalb abschaffen sollten, weil sie ungerecht, unnötig und schädlich ist, sondern auch, weil die Alternativtätigkeiten, denen wir dann frei nachgehen könnten, unbestreitbar gut für uns wären. Allerdings wird es Menschen geben, die die neuen Freizeitaktivitäten selbst – ob Morris' Handwerk, Wildes neue Renaissance der Künste oder Marx' Aischylos – als durch und durch befremdliche Aufgaben empfinden würden. In vierten Kapitel wenden wir uns daher den Anti-Arbeits-Autor*innen zu, die im Gegenentwurf versuchen, die Arbeit abzuschaffen, ohne das kulturelle Leben derer, die sie befreien wollen, zu diktieren – und welche Probleme auch dieser Ansatz aufwirft. An dieser Stelle merken wir an, dass es nicht unser Ziel ist, den Inhalt verschiedener Visionen für ein gutes, arbeitsfreies Leben kurzerhand zu verwerfen. Sicher empfinden viele die obenstehenden Beschäftigungsvorschläge diverser Anti-Arbeits-Autor*innen als attraktiv. Der springende Punkt ist, dass hier das *Gute* gemäß einer Reihe ungeprüfter moralischer und kultureller Imperative angepeilt wird. Dementsprechend laufen Post-Arbeits-Visionen Gefahr, sich einem Humanismus zu beugen, der nicht akzeptiert, dass wir nicht von vornherein wissen, was die oder der andere will, und der weiterhin die Vorstellung nicht ernst nimmt, dass sich ein Konsens über die Grundlagen eines gut gelebten Lebens, wenn ein solcher denn überhaupt möglich ist, mitunter ändern kann.

Literarischer Kommunismus

Arbeit deutet immer über sich selbst hinaus: gesellschaftlich, kulturell und politisch. Für zwei im ersten Abschnitt dieses Kapitels vorgestellte Denker des *désœuvrement*, Foucault und Blanchot, prägt *Arbeit* – sowohl das Konzept als auch die wirkliche Erfahrung – unsere Selbstwahrnehmung und verdrängt so Verständnis und Raum für die kreative Anti-Arbeit der Irrationalität und der Kunst. Jean-Luc Nancy dagegen nimmt sich in *Die undarstellbare Gemeinschaft* (1988) im Besonderen der Frage an, wie Arbeit Vorstellungen und Formen von menschlicher Gemeinschaft in verschiedenen politischen Modellen strukturiert. Nancy nimmt den Kommunismus als nächstliegendes Beispiel. Für ihn basiert dieser im Wesentlichen auf dem Ideal einer Gemeinschaft, in der der Mensch »als Produzent« definiert ist, und »grundsätzlich als Produzent seines eigenen Wesens in Gestalt seiner Arbeit oder seiner Werke verstanden wird«.[57] Du bist, was du tust; oder besser gesagt, deine Arbeit definiert die menschliche Gemeinschaft und beweist ihr gleichzeitig deine Mitgliedschaft.

Nancy argumentiert, dass Arbeit, wenn sie in einen Zusammenhang mit Gemeinschaft gestellt wird, immer solche ideologischen Überstunden macht, ob im Sowjetkommunismus, im Nationalsozialismus oder in den neoliberalen Regimes der 1980er Jahre, die Nancys eigenen Kontext darstellen. In *Some Versions of Pastoral* (1935) machte William Empson eine ähnliche Beobachtung in Bezug auf die mythische Arbeiterfigur der britischen Regierungspropaganda während der anhaltenden Arbeitslosigkeit der 1930er Jahre. Auf einem Plakat ist ein mit einem Meißel werkender Facharbeiter abgebildet, der als typisch englisch gelten soll: »dünn, aber zäh, stark, aber nicht zu stark«. Neben dem Arbeiter sind beruhigende Beschäftigungsstatistiken unter der Überschrift »Männer zurück an der Arbeit« abgebildet. »Wer das Bild akzeptiert, kriegt das Gefühl vermittelt, dass die Interessen des Facharbeiters mit seinem Platz im Klassensystem und dem Erfolg der britischen Außenpolitik bei der Suche nach Absatzmärkten verbunden sind.« Darüber hinaus, so Empson weiter, erwecke das Sinnbild des Arbeiters bei seinen Landsleuten die Überzeugung, dass »er, solange er so ist, seinen natürlichen Platz einnimmt, und so die Natur selbst dazu bewegen wird, unseren Wohlstand zu beschleunigen«.[58] Das, was Empson den »mythischen« Effekt des Plakats nennt, ermutigt die Betrachter*innen der 1930er Jahre, sich mit den Arbeits- und Klassenverhältnissen ihrer Zeit zu begnügen und sich mit dem politischen Status quo, in Form von Regierung und Nation, zu identifizieren.

Das Problem solcher mythologisierender Einsätze des Arbeitsverständnisses besteht Nancy zufolge darin, dass Arbeit als »regulative Idee« der Gemeinschaft strukturell totalitär wirkt, selbst in scheinbar nicht-totalitären Rahmen. »Das ökonomische Band, die technologische Verfahrensweise und die politische Verschmelzung (zu einem *Körper* oder unter einer *persönlichen Herrschaft*)« stellen sich so als notwendige Verwirklichung der Gemeinschaft in ihrer Wesentlichkeit dar.[59] Dies, so Nancy zugespitzt, sei zwangsläufig gefährlich und führe zu Konzentrationslagern, Gulags und Flüchtlingslagern sowie zu weniger sichtbaren Formen der Gewalt. Arbeit wird eingesetzt, um einer Gemeinschaft harte und eindeutige Grenzen zu setzen. Die Einwanderungsdebatte ist wohl die sichtbarste und häufigste Form dieses Einsatzes, dieser Funktion von Arbeit im politischen Diskurs heute, und Einwanderung wird sowohl von links als auch von rechts entweder als Bedrohung für den Arbeitsmarkt oder als Vorteil für eine bestimmte, möglichst die eigene, Volkswirtschaft instrumentalisiert. In unserer Zeit macht die Aussicht auf eine Arbeitsstelle häufig den Unterschied zwischen einem abgelehnten und einem bewilligten Staatsbürgerschaftsantrag aus.

Für Nancy stellt sich die Frage, ob es überhaupt möglich ist, sich eine Form der zwangsfreien Arbeit vorzustellen, die mit einer Gemeinschaft jenseits von Essenzialismus und Exklusivität einhergehen würde. Seine eigene Antwort ist: ja. Überraschenderweise findet er einen ersten Funken dieser Gemeinschaft des *désœuvrement* im Kommunismus »verborgen«, zum Beispiel in Gesten von Marx der oben beschriebenen Art, im Versprechen, dass sich »jenseits der kollektiven Regulation der Bedürfnisse ein Reich der Freiheit auftut, in dem Mehrarbeit nicht mehr ausgebeutete Arbeit, sondern Kunst und Erfindung bedeuten würde«.[60] Nancy liest Marx also so, dass das beträchtliche Maß an Freizeit, das Post-Arbeits-Gesellschaftsmodelle jeder und jedem Einzelnen versprechen, genau das ist, was eine Gemeinschaft braucht, um der Tendenz zum Totalitarismus zu widerstehen. Der französische Originaltitel seines Buches ist, dementsprechend, *La communauté désœuvrée*, also die Gemeinschaft der Nicht-Arbeit oder etwa die anti-funktionale Gemeinschaft, und eine der darin vorgestellten Ideen ist der *literarische Kommunismus*.

Kunst und Erfindung haben hier eine schwere Last zu tragen – wie könnten sie die Macht haben, die strukturell totalitäre Funktion des Arbeitsideals in einer Gemeinschaft aufzuheben? Wir haben bereits angedeutet, dass die Art kreativer Aktivitäten, auf die Anti-Arbeits-Autor*innen bei ihrer Beschreibung der Post-Arbeits-Utopie zurückgreifen, letztlich ihren eigenen, arbeitsähnlichen, dem *désœuvrement* abträglichen Vorschriftscharakter enthalten. Ganz allgemein steht auch die westliche Kultur der Vorstellung skeptisch gegenüber, dass Kreativität, egal wie weit gefasst, die Lohnarbeit als eine das Leben strukturierende Kraft in einer Gesellschaft ersetzen könnte. Ein tief wurzelnder Verdacht, der sich oft instinktiv in Reaktionen auf Post-Arbeits-Ideen äußert, zum Beispiel auf die des bedingungslosen Grundeinkommens, besteht darin, dass selbstgesteuerte Kreativität zu verkindlichender Faulheit oder Chaos führen müsse. Die bürgerliche Literatur des 19. Jahrhunderts trug das Ihre bei, diesen Verdacht auszubauen: In Charles Dickens' *Bleak House* (1853) lebt der Amateurkünstler Harold Skimpole in einer alternativen Welt aus unfertigen Skizzen, halbkomponierten Liedern und Himmelsguckerei, mit seinen vielen künstlerisch veranlagten Kindern und Enkeln, die alle auf die Wohltätigkeit seiner wohlhabenderen Freund*innen angewiesen sind. Der Roman lässt uns keinen Raum, an der Verdorbenheit dieses Arrangements zu zweifeln. Die Erzählung hebt nicht nur Skimpoles Ausbeutung seiner Wohltäter*innen hervor, sondern stellt auch seine kindische Weigerung, bezahlter Arbeit nachzugehen, mit Nachdruck einer universellen moralischen Verantwortungslosigkeit gleich. Es ist diese Verantwortungslosigkeit, die gleich mehrere der späteren Tragödien des Romans auslöst. Die Weigerung des Künstlers und seiner Familie, für Geld zu arbeiten, droht das soziale Gefüge zu zersetzen; sie führt dazu, dass Skimpole andere ausnutzt und sie letztlich mitsamt ihrer moralischen Lebensordnung zu Fall bringt.

Dass wir gelernt haben, denen, die auf Seiten der Kunst gegen die Arbeit stehen, nicht nur Schmarotzertum zu unterstellen, sondern auch eine weiterreichende Verletzung der Staatsbürger*innenschaft an sich, lässt sich anderswo belegen: in der weitverbreiteten Ablehnung derer, die im realen Leben ihre eigenen Gemeinschaften, Gruppen und Kollektive innerhalb, aber am Rande des modernen Kapitalismus errichtet haben. Einige verfolgen das Ziel, Aufgaben so zu verteilen, dass für alle Mitglieder so viel Zeit wie möglich für »Kunst und Erfindung« in Nancys Sinne bleibt. Moderne utopisch-sozialistische Kommunen, wie es sie spätestens seit der Ansiedlung europäischer Sozialist*innen im Kalifornien des 19. Jahrhunderts gibt, werden in den Nachrichten der Mainstreammedien sowie in bürgerlicher Literatur und Film als im schlimmsten Fall sektiererisch und faschistisch, im besten Fall, wie Skimpole und seine Familie, als verblendet und naiv dargestellt.[61]

In einer Folge der Fernsehserie *Mad Men* (2014) verbringt Roger Sterling, Chef einer kreativen, dynamischen Underdog-Werbefirma, im Jahre 1970 einen Tag in der Hippie-Kommune seiner erwachsenen Tochter, die sich dorthin zurückgezogen hat, um den Zwängen bürgerlicher Mutterschaft zu entkommen. Anfangs scheint er von der Sorglosigkeit der Kommune, in der »jeder tut, was er will«, begeistert zu sein, doch unter den schwangeren, kartoffelnschälenden Frauen, die sich um einen jungen Mann scharen, der anscheinend nichts anderes tut, als einen Lastwagen zu besitzen, kommt Roger zu dem unausgesprochenen Schluss, dass die egalitäre Ethik der Kommune Deckmantel für eine patriarchalische Ordnung im Kleinen ist, und so versucht er – erfolglos –, seine Tochter in seine eigene *reale* Welt als das kleinere, ehrlichere Übel zurückzuholen.

Die konsequente Feindseligkeit dieser Motive dokumentiert, wie provozierend der Vorschlag ist, dass selbstgesteuerte Kreativität Arbeit ersetzen könne. Die oft leidenschaftlichen Proteste, die diese Idee hervorruft, offenbaren das instinktive Verständnis von – und die Angst vor – dem Zusammenhang zwischen Veränderungen des Arbeitsbegriffs und daraus folgenden Veränderungen in Strukturen der Politik, der Gesellschaft und des menschlichen Lebens. Nancy fordert uns dazu auf, uns auf genau diese Veränderungen, auf dieses unbekannte Risiko einzulassen, wenn er den Horizont der Freizeit in Marx' Schriften als einen Raum für Kunst und Erfindung, als das »Reich der Freiheit« interpretiert. Als einen Weg also zum *désœuvrement*, das uns nicht nur von unerwünschter Arbeit befreit, sondern auch konventionelle Vorstellungen und Modelle von Staat, dem Selbst und der Arbeit *ent-werkt* oder abbaut.

Um zu verstehen, wie das funktionieren soll, müssen wir uns Nancys philosophischen Überlegungen zum Sein zuwenden, die im Kern schon in *Die undarstellbare Gemeinschaft* enthalten sind und zehn Jahre später in *singulär plural sein* weiter ausgeführt werden. Nancy zufolge handelt es sich um einen grundlegenden ontologischen Irrtum, wenn ein Staat, ein Ich oder ein Produkt unserer Arbeit (wie zum Beispiel ein Kunstwerk) als »vollständig losgelöst, abgegrenzt und abgeschlossen« verstanden wird.[62] Sowohl Arbeiter*innen als auch Nationen als auch *Werke* stünden immer in einer Relation zum Rest der Welt und keineswegs für sich allein. Nancy weist darauf hin, dass wir nicht einmal auf sinnvolle Weise *Ich* sagen können, solange es keine anderen *Ichs* gibt – wenn diese auch manchmal nur leise als Stimmen im Kopf präsent sind. Die Einsamkeit, so Nancy, aus der sich Descartes' berühmtes *cogito ergo sum* als Beweis menschlicher Existenz ergibt, ist nur vorgetäuscht: Der Satz ergibt nur Sinn, weil all die anderen Denkenden seine Logik nachvollziehen können. Wir sind nie wirklich allein, wir können nur »singulär plural sein«. Es ist die Pluralität des *Mehr-als-eins*, die den Singular überhaupt erst möglich macht.[63]

Dies mag erklären, warum in vielen Erzählungen die Vorstellung eines völlig isolierten, gar des letzten Menschen zwar auftaucht, aber genauso schnell wieder zerfällt und relativiert wird. Wo es einen Menschen gibt, gibt es andere in irgendeiner Form, und selbst wenn die Menschen abwesend sind, erscheinen an ihrer Stelle verstreute Gegenstände menschlicher Kultur lebendig – so wie die Konservendosen in den verbrannten Landschaften in Cormac McCarthys *Die Straße* (2006) oder die Spuren in Daniel Defoes *Robinson Crusoe* (1719), der Fußabdruck oder die geisterhafte menschliche Stimme in der Nachahmung eines Papageis. Für Nancy gilt diese Pluralität des Seins auf der grundlegendsten, körperlichen Ebene. Nur an der buchstäblichen Stelle der Berührung existieren und erfahren sich singuläre lebende Körper überhaupt als *singulär*, also als einzeln, nur an ihren Grenzen, an denen sie dem Widerstand anderer Körper und Objekte ausgesetzt sind. »Gemeinschaft bedeutet«, so Nancy, »dass es kein singuläres Wesen ohne ein anderes singuläres Wesen gibt; es existiert also so etwas wie ursprüngliche oder ontologische ›Sozialität‹.«[64] Wir sind nie allein – also arbeiten wir auch nie allein.

Nancys Sichtweise verweigert der oder dem Einzelnen nicht nur das unabhängige, abgeschlossene Selbst, sondern schließt auch Selbsttranszendenz durch die Verschmelzung mit der größeren Einheit einer Gruppe aus – auch einer so großzügig definierten Gruppe wie der der Menschheit oder sogar der allen irdischen Lebens. Diese beiden von Nancy abgelehnten Positionen entsprechen den bereits beschriebenen von Woolf und Q. D. Leavis. Während Woolfs berühmtes eigenes Zimmer unbestreitbar eine gute materielle Grundlage für konzentriertes Schreiben ist, ist es auch das Sinnbild für eine Freiheit von äußeren Störungen, die für genau den modernen Individualismus von Bloomsbury, Woolfs einflussreichem Londoner Intellektuellenzirkel, steht – jener Gruppe von Künstler*innen und Denker*innen, die sehr darauf bedacht war zu betonen, dass sie keine Gruppe, sondern ein Zusammenschluss von Individuen sei. In Raymond Williams' Sicht war die Bloomsbury-Gruppe trotz ihrer verschiedenen künstlerischen, politischen und wirtschaftlichen Bestrebungen genau dadurch vereint, dass sie Autonomie und freien Ausdruck des zivilisierten Individuums gewährleisten wollte, und zwar ohne die Gesellschaft insgesamt zu verändern. Während die Tür von Woolfs hypothetischem Zimmer die Hausarbeit draußen hält, die im Bedienstetenbereich im unteren Teil des großbürgerlichen Haushalts stattfindet, hält sie der hinter ihr in herrlicher Abgeschiedenheit arbeitenden »individuellen Intelligenz« auch unbequeme Fragen vom Leib.[65] Wenn man ein eigenes Zimmer zu seinem Avatar für die Freiheit macht, bleibt es eben doch ein Zimmer für nur *einen.* Auf der anderen Seite dagegen steht Q. D. Leavis, die Hausarbeit und Kinderbetreuung als Ausdruck des eigenen Lebens bejaht, in der Annahme, dass alltägliche Mühsal eine Kommunion mit dem Wesen der Kultur durch den Geist der Familie darstellt.

In Nancys Version von Gemeinschaft hingegen bleiben singuläre Wesen singuläre Wesen. Seine Vision bietet die Möglichkeit, Einzelhaftigkeit und Vielfalt gleichzeitig zu betrachten, als *Singulär-plural-Sein.* Nancy präsentiert uns eine Welt, die nicht als einheitliches Ganzes Bedeutung hat, sondern nur an ihren Grenzen und Übergängen, an denen unterschiedliche, einzigartige, aber eben nicht *individuelle* Singularitäten sich bilden und neubilden: »In jedem einzelnen Augenblick teilen singulär Seiende ihre Grenzen miteinander, sie teilen sich auf ihren Grenzen.«[66] Nancys *Singulär-plural-Sein* würde nicht nur darauf hinweisen, wie die Schreibzimmertür Woolf und das Kinderzimmer Leavis zu dem machen, was sie sind, sondern auch darauf, welche anderen geteilten Grenzen durch diese Fixpunkte aus dem Bild gedrängt werden, und welchen Kulturen sie zuarbeiten – nämlich der des großbürgerlichen Individualismus beziehungsweise der kleinbürgerlichen Familie.

Nancys kontextbezogene, differenzielle Logik hat viel mit der Arbeit anderer poststrukturalistischer Denker*innen und insbesondere mit der seines Freundes Jacques Derrida gemein. Wie Nancy besteht auch Derrida darauf, dass Bedeutung nicht an Essenzen haftet, sondern an den Grenzen von Lebewesen, Objekten und Systemen wie der Sprache entsteht. Bis zu einem gewissen Grad sind Derridas Begriffe der *Différance* und der *Spur* vergleichbar mit Nancys *gemeinsamen Grenzen*: Es ist der Raum zwischen den Wörtern, der die Bedeutung schafft, nicht die Wörter an sich. Ebenso ist es das Dazwischen, zwischen dem *Du* und dem *Ich*, welches zwei sich gegenseitig definierende Singularitäten hervorbringt. Beide Philosophen betonen, dass aufgrund dieser Logik der sich vervielfältigenden Unterschiede ein Sprachsystem, genau wie eine Gruppe von Lebewesen, niemals vollständig gegen seine umliegenden Außenseiten abgeschottet ist.[67] Nancys eigene Version dieser Ideen zeichnet sich vor allem dadurch aus, dass er die beschriebene differenzielle Logik als Gemeinschaft selbst begreift. Gemeinschaft verstanden als eine Form der Kommunikation: »Kommunikation ist die grundlegende Tatsache eines dem Draußen Ausgesetztseins, das die Singularität definiert.«[68]

Wenn das bedeutet, dass wir außer unseren Unterschieden (und dem Mitteilen dieser Unterschiede) nichts gemeinsam haben, dann ist das für Nancy ganz und gar nicht wenig, denn nur durch das Teilen der Grenzen, durch das Mit-Sein, bestimmt sich in seinem Verständnis die Existenz singulärer Wesen.

All dies läuft deswegen auf *désœuvrement* hinaus, weil an der Grenze unseres Seins anderen ausgesetzt zu sein »die Gefahr – oder auch die Chance« birgt, »dort unsere Identität zu ändern« und in diesem Sinne ent-werkt zu werden.[69] Für Nancy unterscheiden sich Kunst und Literatur in dieser Hinsicht nicht von den Menschen: Sie, also Kunst und Literatur, sind vielmehr das zentrale Beispiel des *Singulär-plural-Seins* und des *Nicht-Arbeitens* als Logik des Lebens im Allgemeinen. Literarische Werke sind zugängliche Beispiele des Außergewöhnlichen und damit des Singulären, jedoch existiert ihre Singularität nur innerhalb einer gemeinsamen und geteilten Sprache. Gleichzeitig verändert die Existenz der literarischen Werke die Konturen eben dieser Sprache und dessen, was in ihr sag- und denkbar ist. Deshalb gibt es auch keinen zukünftigen Zeitpunkt, an dem man aus diesen gemeinsamen und sich vervielfältigenden Grenzen heraustreten könnte. Das ist es, worauf sich Derrida berüchtigterweise bezog, als er schrieb, dass es kein Außerhalb des Textes, kein »Text-Äußeres« gebe.[70] Sowohl Menschen als auch Bücher lehnen sich ineinander, um überhaupt zu existieren – Buchdeckel und menschliche Haut sind faltbare Grenzen und keine abgeschlossenen oder fixierten Behälter. Es ist also diese bewegliche und unentwegte Erfahrung geteilter Grenzen selbst, die sich in Nancys Sinne der Arbeit widersetzt. Weil sie der Abgeschlossenheit eines Werkes oder einer Aufgabe widerstrebt, aber damit auch der Abgeschlossenheit der Grenzen eines einzelnen Seins – oder einer Gemeinschaft.

Nancy zufolge widersetzen sich, wie oben angesprochen, konventionelle Formen des Staatswesens dieser Wahrheit nach Kräften, indem sie Arbeit als regulative Idee des Lebens der harten Grenzen einsetzen. Eine Alternative bietet der literarische Kommunismus: also die Erkenntnis, dass die Gemeinschaft sowohl das Risiko als auch die Chance birgt, die eigene Identität an den sich vervielfachenden Grenzen mit anderen Menschen, Objekten und Geschichten um uns herum zu verändern, sowie das aktive Streben nach solchen Grenzbegegnungen. Nancy findet Hoffnung in Marx' Befürwortung täglicher freier Zeit für Kunst und Erfindung, weil hier Kunst, wie wir sie kennen, zum Platzhalter für eine allgemeine Freiheit zum Experimentieren wird, nicht im leeren Raum, sondern in Begegnungen mit und an Grenzen, die so bedeutsam sind, dass sie die eigene Gestalt umformen. Als Zukunftsvision betrachtet, gibt es in Nancys Werk wenig Details; der Unterschied zu Visionen freier Zeit als individualistischer Freiheit oder häuslichen Familientreibens liegt jedoch in dem enormen kreativen Potenzial, das hier gebündelt wird – in der Vorstellung von Menschen, die wohlgenährt und zufrieden genug sind, um kreativer Differenz als Quelle des Vergnügens und der Selbstveränderung nachzugehen, und somit einer Arbeit nach der Arbeit, die nicht von vornherein festgelegt ist. Die politische Bedeutung des literarischen Kommunismus liegt in der Verbindung, die Nancy zwischen Gemeinschaft und Arbeit herstellt, und es ist eine Verbindung, die uns gegen die in diesem Kapitel diskutierte Arbeitsnostalgie wappnen sollte. Wenn Arbeit, so wie Nancy sie beschreibt, eine strukturierende Funktion in einer Gemeinschaft hat, dann gibt es Verbindungen zwischen der Art von Arbeit, die viele ausschließt und sich dennoch als frei verfügbar präsentiert, und Nationen, die sich für weltoffen erklären und gleichzeitig unnachgiebige Grenzen errichten. Eine alternative Form der Arbeit, die nicht Hauptpreis auf einem Arbeitsmarkt des Kampfes auf Leben und Tod ist, sondern eine auf kreativ geteilten Grenzen basierende Form der Produktion, könnte dementsprechend Gemeinschaften für ihre eigenen veränderlichen und vielfältigen Grenzziehungen offener und empfänglicher machen.

2

Arbeit als Vertreibung

Lucian Freud malte Sue Tilley, Angestellte eines englischen Jobcenters, zwischen 1994 und 1996 vier Mal. Das berühmteste Werk aus dieser Reihe ist *Benefits Supervisor Sleeping* (1995), frei übersetzt *Sachbearbeiterin für Sozialleistungen im Schlaf.* Heute befindet sich das Ölgemälde im Besitz von Roman Abramowitsch. Es zeigt den lebensgroßen, adipösen, nackten Körper der kurzhaarigen Tilley, einer weißen Frau mittleren Alters, die auf einem zerschlissenen Sofa schläft. Das Kunstwerk ist schwer zu interpretieren, da die Darstellung Tilleys sowohl in politischer als auch genderpolitischer Hinsicht ambivalent ist. Es ist zunächst einmal Teil von Freuds Gesamtwerk, Teil eines Projektes, das man als die Reduktion menschlicher Körper auf unidealisierte Fleischmassen beschreiben könnte. Dieses Projekt gipfelte in dem berühmten und offiziellen Porträt *HM Queen Elizabeth II* (2000–2001), in dem der bei solchen patriotischen Übungen übliche verkitschte Realismus durch eine grobe, unvorteilhafte und maskulinisierende Fleischigkeit im Gesicht der Regentin ersetzt wurde. In ähnlicher Weise wird auch bei *Benefits Supervisor Sleeping* die Tradition des idealisierten weiblichen Aktes unterlaufen. Es kommt einem dabei die *Venus von Rokeby* von Velázquez in den Sinn, die 1914 von der Suffragette Mary Richardson in der National Gallery in London beschädigt wurde. Während es sich dem traditionellen, idealisierenden Blick der Kunstgeschichte verweigert, öffnet sich Freuds Gemälde stattdessen für eine feministische Interpretation, zelebriert vielleicht sogar die sich selbst behauptende Präsenz umfangreicher menschlicher Substanz. Gleichzeitig lassen sich misogyne Reaktionen auf das Gemälde nur schwer vermeiden. Die kanonischen Autoren der Misogynie – von Jonathan Swift bis Martin Amis – weigerten sich schließlich ebenso, weibliches Fleisch zu idealisieren, und man fühlt sich eingeladen, Tilley irgendwie ekelhaft zu finden. Aber es ist nicht das Gemälde, das uns diese Ablehnung einflüstert. Wenn du dich ekelst, ist das deine Sache. Das Gemälde ist eines jener Kunstwerke, die nicht aus sich heraus, als Teil einer ästhetischen Konvention mit vorgegebenen Regeln, ein bestimmtes Vorurteil festlegen, sondern stattdessen in ihrer Wirkung auf die Existenz externer Vorurteile bei den Betrachter*innen setzen.[1] Darin liegt seine Spannung. Niemandem ist es möglich, gegenüber dem Körper einer anderen Person rein gar nichts zu empfinden.

Benefits Supervisor Sleeping ist eine beispielhafte Veranschaulichung des *désœuvrement*: des philosophischen Konzepts des Nicht-Arbeitens, das im vorherigen Kapitel erörtert wurde. In seinem Widerstand gegen die idealisierende Sublimierung des traditionellen Aktgemäldes verweist Freuds Bild auf die Abwesenheit des *Werks*, insofern es den Status des Kunstwerks als großes Meisterwerk oder Abbildung klassischer Schönheit ablehnt. Gleichzeitig wirkt es inhaltlich zwischen zwei politischen Positionen zur Idee des Nicht-Arbeitens im Sinne von Arbeitslosigkeit hin- und hergerissen. Einerseits könnte eine linke Interpretation die Jobcenterangestellte als Allegorie auf die Heuchelei eines Systems lesen, das von uns Arbeit verlangt, während es selbst das Nichtstun an sich verkörpert. Wie Walter Benjamin bemerkte, sind die Beamten in Franz Kafkas Erzählungen immer faul, schmuddelig und schlampig gekleidet, sodass »man sie geradezu als riesenhafte Parasiten ansehen könnte«.[2] Und hat es nicht auch etwas buchstäblich Kafkaeskes, wie Tilleys Körper dem klumpigen Sofa, auf dem sie liegt, zu ähneln scheint? Gregor Samsa wachte als »ungeheures Ungeziefer« auf, Tilley als ein riesiges Sofa. Eine rechte Lesart des Gemäldes könnte andererseits auf Sue Tilleys Hand hinweisen. Die Verantwortliche für Sozialleistungen, die in anscheinend mütterlicher Geste selbst im Schlaf eine Brust anbietet und daher aus neoliberaler Perspektive als schlechte, überfürsorgliche Mutter und als Inbegriff des »nanny state« erscheint (und vielleicht, gleichzeitig, als die von Sozialleistungen abhängige Alleinerziehende, die das Reizthema für die sozial-konservative, auf Familientradition pochende *Back to Basics*-Agenda des damaligen Premierministers John Major war). Zudem ruft sie in ihrer Beinahe-Fötus-Stellung einen weiteren Avatar der Moralisierung von Arbeitslosigkeit in den Medien auf: das adipöse Kind, das von seinen unverantwortlichen Eltern mit Junkfood vollgestopft wurde.

Tilley arbeitete zwischen 1978 und 2015 für Arbeitsämter im Norden und im Zentrum Londons.[3] Ihre Karriere begann demnach kurz vor dem für die neoliberalen Anfänge der 1980er Jahre bezeichnenden Bedeutungswandel von Arbeit im politischen Diskurs des Westens. Sie endete, was Großbritannien betrifft, im Vorfeld der chaotischen Erweiterung des *Universal Credit*-Sozialleistungsprogramms durch die neue konservative Mehrheitsregierung ab 2015 (ein Ansatz, der darauf abzielte, Steuergutschriften für Geringverdiener*innen mit Arbeitslosen- und Erwerbsunfähigkeitsleistungen zusammenzulegen). Für das Gemälde arbeitete Tilley mit Freud in den Jahren vor dem Wahlsieg von New Labour 1997, und wir unterstellen, dass die Mehrdeutigkeiten, die wir in dem Bild erkannt und beschrieben haben, auch auf den politischen Status der Arbeitslosigkeit in diesem historischen Moment zutreffen.

Wie Nancy Fraser und Linda Gordon es schon Mitte der 90er Jahre darstellten, markierte diese Zeit den Höhepunkt eines langen Wandels im Verständnis des Konzepts der Abhängigkeit. Im 17. Jahrhundert stellte die Unabhängigkeit der außer Haus wohnenden Dienstboten zunächst einen Grund zur Unruhe dar, weil sie ihren Arbeitgeber*innen nur bedingt verpflichtet waren. Im Industriezeitalter hingegen »mussten sich alle, die vollwertige Mitgliedschaft in der Gesellschaft anstrebten, von Armen, Eingeborenen, Sklaven und Hausfrauen abheben, um ihre Unabhängigkeit unter Beweis zu stellen«. Die hier Ausgeschlossenen galten jeweils als Verkörperungen eines neuerdings negativ konnotierten Konzepts der *Abhängigkeit*, während *Unabhängigkeit* fortan den einzig wünschenswerten Zustand darstellte.

Während der Paternalismus des Hochindustriezeitalters und der Wohlfahrtsregimes der Nachkriegszeit die Abhängigkeit bestimmter Gruppen als durchaus angemessen und normal einstufte (z.B. Ehefrau und Kinder als *abhängige* Familienmitglieder), höhlten die neoliberalen 1980er und 90er Jahre, so argumentieren Fraser und Gordon, alle positiven Assoziationen des Begriffes aus und fügten sogar neue negative hinzu. Durch einen semantischen Trick machte der neue Diskurs der »Medikamenten-, Alkohol- und Drogenabhängigkeit« es möglich, wirtschaftliche Abhängigkeit mit körperlicher Sucht gleichzusetzen.[4] Dieser Schwindel wird seit den 2010er Jahren im Diskurs über die *Sozialleistungsabhängigkeit* vollendet, einer Kategorie, die als gleichzeitig wirtschaftlich und psychologisch verstanden werden will. Am extremen Ende dieses Diskurses stehen heute Autor*innen wie Adam Perkins, die diese angebliche Sucht nach Sozialleistungen als neurologisch determiniert und vererblich darstellen und behaupten, sie sei nur durch Einschränkung der reproduktiven Rechte Arbeitsloser in den Griff zu bekommen.[5]

Doch trotz des Einflusses, den rechtsgerichtete Regierungen und ihre Unterstützer*innen auf die ideologische Darstellung der Arbeitslosigkeit in den 1980er und frühen 90er Jahren hatten – und trotz der Tatsache, dass ihre Politik die Arbeitslosenzahlen erheblich ansteigen ließ –, ist es auffallend, dass sie die Struktur des Sozialwesens nicht wesentlich veränderten.[6] Die »welfare queen« war auch in den USA ein beliebtes Schreckgespenst, eine Rechtfertigung für harte Kürzungen während Reagans Präsidentschaft, und Thatchers Politik begegnete der von ihr verursachten Massenarbeitslosigkeit mit einer verrohten *Steig auf dein Fahrrad und such dir Arbeit*-Mentalität, mit der der Staat die Verantwortung von sich weisen und auf das Individuum abladen wollte. Doch trotz einer Abwertung der Leistungen und einer Verschärfung der Anspruchsvoraussetzungen stellten die Thatcher-Jahre den Höhepunkt der vom britischen Staat gezahlten bedingungslosen Sozialleistungen dar, inklusive jener für Arbeitslose.[7] Die Arbeitslosenzahlen waren Anfang der 1980er Jahre aufgrund von deflationärer Wirtschaftspolitik und von der Regierung veranlassten Schließungen von Bergwerken und Fabriken von einer Million auf drei Millionen geschnellt und erreichten damit ein Ausmaß, das noch brutalere Maßnahmen zunächst nicht zuließ. Die erste Welle des Neoliberalismus, die alle Lebensbereiche monetarisieren und vermarkten wollte, war also an der letzten Hürde des *désœuvrement* gescheitert: der Arbeitslosigkeit selbst. Stattdessen fiel es in den USA und in Teilen Europas den historisch linken Parteien zu, als reumütiges Zeichen ihrer Bekehrung zur neoliberalen Orthodoxie diesen letzten Stoß gegen den Sozialstaat zu vollziehen. Ihr Einverständnis wurde, nach langen Perioden in der Opposition, als Bedingung für ihre Rückkehr an die Macht gerechtfertigt. Für Bill Clintons New Democrats war der offizielle Plan, »den Sozialstaat, wie wir ihn kennen, zu beenden«, und Tony Blairs New Labour – unser Schwerpunkt im nächsten Abschnitt – »trieb die ›Reform‹ der Einrichtungen des Sozialstaates viel weiter als selbst die Regierungen Thatcher und Major«.[8] In Deutschland schließlich verfolgte die SPD unter Gerhard Schröder in den frühen 2000er Jahren ähnliche Reformprogramme unter den Namen *Agenda 2010* und *Hartz IV*.

Das Ende der Arbeitslosigkeit

New Labour kam mit Wahlversprechen zu etlichen *New Deal*-Programmen an die Macht. Ob für Alleinerziehende, für Erwerbsunfähige oder für Jugendliche, die Programme bestanden stets aus obligatorischer Weiterbildung, Arbeitseinsätzen und Sanktionen, die durch einen neuen Mindestlohn und stärkere staatliche Förderung der Kinderbetreuung ausgeglichen werden sollten. Am Ende der Regierung John Major waren bereits sogenannte *Jobseeker*-Gesetze eingeführt worden, in deren Rahmen Arbeitslose fortan als *Arbeitssuchende* bezeichnet und behandelt wurden – eine Entwicklung, die sich als politisch richtungsweisend herausstellen sollte. Von nun an wurde die Auszahlung von Leistungen so weit wie möglich an zahlreiche Bedingungen geknüpft, und die Erfahrung der Arbeitslosigkeit wurde der Erfahrung von Arbeit immer ähnlicher. Auch wenn wir diese Veränderungen und ihre ideologischen Grundlagen im Rahmen dieses Buches kritisieren, wollen wir nicht herunterspielen, wie elend Arbeitslosigkeit sein kann. Es gab in den Reihen New Labours zweifellos Politiker*innen, die die Chancen Ausgegrenzter ehrlich verbessern wollten, allerdings dabei die Ausrichtung ihrer Partei vor sich selbst verleugneten. Denn es ist schwer vorstellbar, wie eine Partei, die seit den späten 1970er Jahren neoliberale Umstrukturierungen der Wirtschaft angenommen und neuerdings sogar zum Programm gemacht hatte, wirksam in das Leben von Menschen, deren traditionelle Beschäftigungsmöglichkeiten verschwunden waren, hätte eingreifen *können.* In Ermangelung eines Ansatzes für die systematische Schaffung von Arbeitsplätzen griff New Labour auf ein unausgegorenes, entpolitisiertes und manchmal euphemistisches Vokabular zurück, welches sich um die Idee der *Arbeitssuche* gruppierte. So wurde eine Sprache entwickelt, die wiederum Verhältnisse schuf, deren schädigende und illiberale Auswirkungen erst später ihr volles Ausmaß erreichten. Unsere Kritik lautet wie folgt: Erstens arbeitete die Partei mit einer vernebelnden Idee der *Gemeinschaft* und setzte – in Wiederholung des von Jean-Luc Nancy aufgezeigten Musters – Arbeit mit Zugehörigkeit zu dieser Gemeinschaft gleich. Zweitens versuchte sie in typisch neoliberaler Manier, Sozialpolitik zu instrumentalisieren, um ein neues (Arbeiter*in-)Subjekt zu schaffen, das sich in Verhältnissen zurechtfand, von denen die Partei einerseits behauptete, dass sie nicht zu ändern wären, während sie andererseits daran arbeitete und plante, sie aufrechtzuerhalten.

Ein fundamentaler Konflikt zwischen den beiden Aspekten der *Blair-Philosophie* – ihrer kommunitaristischen Seite und ihrer modernisierenden, ergebnisversessenen, moralisierenden Ader – wurde schon früh von dem Kulturkritiker Stuart Hall festgestellt:

> Es ist schwierig, leidenschaftlich an die »Politik der Gemeinschaft« zu glauben und gleichzeitig unerschütterlich an der Ansicht festzuhalten, dass die Aufgabe der Regierung darin besteht, »dem Einzelnen zu helfen, sich selbst zu helfen«, vor allem, wenn die Ansätze zur Umsetzung beider Ziele so oft diametral entgegengesetzt sind.[9]

Der Eintrittspreis für die Rückkehr in die Gemeinschaft im Sinne von New Labour war, sich in ein aggressiv anti-kommunitäres Unternehmer*innensubjekt verwandeln zu müssen. Während die Gemeinschaft zum zentralen Leitmotiv und zur kollektiven Abstraktion von New Labour wurde, wurde für all jene, die nicht Teil dieser Gemeinschaft von Arbeitenden waren, ein neuer, konträrer Begriff geschaffen: *social exclusion*, die sogenannte soziale Ausgrenzung. In der New-Labour-Politik stellte der Begriff eine Umformulierung des Konzepts der Langzeitarbeitslosigkeit dar, die der Neudefinition von Arbeitslosen als Arbeitssuchenden entsprach. *Soziale Ausgrenzung* bedeute in diesem Zusammenhang zunächst, dass Menschen nicht nur durch materiellen Mangel, sondern auch auf kultureller und sozialer Ebene aus der produktiven Gemeinschaft ausgeschlossen wurden.[10] Ruth Levitas zufolge schlichen sich allerdings mit der Aufnahme des Konzepts in das politische Arsenal von New Labour und – nach 2000 – in das der Europäischen Union Unklarheiten darüber ein, auf welche intellektuelle Tradition sich bestimmte Politiker*innen oder bestimmte Gruppen beriefen, wenn sie sich des Begriffs bedienten. Im akademischen Feld war von sozialer Ausgrenzung in verschiedensten Diskursen die Rede. Auf linker Seite wurde in Bezug auf den Begriff von Umverteilung und dem Ausgleich struktureller Ungerechtigkeit gesprochen, auf tendenziell rechter Seite von einer moralischen Unterschicht, und im gesamten kontinentaleuropäischen Raum entwickelte sich ein Diskurs der sozialen Integration, der seine Schwerpunkte auf Gesellschaft und Arbeit legte. Diese verschiedenen intellektuellen Richtungen teilten den Glauben an soziale Folgen und Auswirkungen der Armut, die über die Nachteile eines geringen Einkommens hinausgehen, hatten jedoch völlig unvereinbare Vorstellungen darüber, worin diese Folgen bestanden und wie sie behoben werden könnten.[11]

Die beschriebene Verwischung der politischen Bedeutung des Begriffs hatte weitreichende ideologische Auswirkungen. Der charakteristische Managementjargon, der in der Namensgebung der neuen *Social Exclusion Unit* von New Labour (ein Kabinettsgremium, das Regierungsmaßnahmen zur »Reduktion sozialer Ausgrenzung« entwarf) eingesetzt wurde, verdeckte die Tatsache, dass man sich hier zuweilen auf jene entmenschlichende und opferverurteilende Tradition stützte, die herablassend von einer moralischen Unterschicht gesprochen hatte.[12] Eine ausschlaggebende Stimme innerhalb dieser Tradition war der amerikanische Politikwissenschaftler Charles Murray. Seine Ansicht, dass bestimmte Arten von Armut genetisch bedingt seien (mit der Schlussfolgerung, dass Sozialleistungen zwangsläufig scheitern müssten) und dass schwarze Menschen biologisch bedingt durchschnittlich niedrigere IQ-Werte erzielen würden, hinderte Teile des New-Labour-Milieus nicht daran, seine Ideen im Großen und Ganzen willkommen zu heißen.[13] Während Murrays extremste Ansichten nicht explizit in die Selbstdarstellung der New-Labour-Politik aufgenommen wurden, wurde die Fremddarstellung dieser Politik durch die britischen Medien von seinem essenzialisierenden und biologisierenden *Unterschichten*-Vokabular dominiert. Ein weiteres Problem bestand darin, dass die Rede von der sozialen Ausgrenzung fälschlicherweise eine geschlossene gesellschaftliche Hauptgruppe suggerierte, die angeblich nicht unter Problemen der Ausgrenzung litt, während in Wirklichkeit die Ungleichheit innerhalb der Gruppe der Erwerbstätigen bereits beträchtlich war und weiter zunahm. Die angebliche Grenze zwischen drinnen und draußen war äußerst durchlässig.

Was die Idee der Gemeinschaft angeht – dargestellt als Heilmittel für Ausgegrenzte und als ihr gleichzeitiger Bestimmungsort –, so kamen damalige Versuche einer genaueren Definition, in Richard Seymours Worten, nicht über »die Werte einer provinziellen Vorstadt der fünfziger Jahre« hinaus.[14] Besorgtes Gerede über den Rückzug der Langzeitarbeitslosen aus der Gesellschaft nahm die Form einer selbsterfüllenden Prophezeiung an, da es die Kriminalisierung des Alltagslebens in Wohnsiedlungen und Stadtzentren rechtfertigte, die *Ausgegrenzte* in Form von Ausgangssperren und *Antisocial Behaviour Orders* (Asbos) nur noch weiter entfremdete und stigmatisierte. Befürchtungen, dass diese Menschen aus der Gesellschaft und damit aus dem Bürger*innenstatus herausgefallen wären, begründeten ihre Behandlung als *Nicht-ganz-Bürger*innen.* Was Richard Power Sayeed als durchgängiges Muster in der New-Labour-Rhetorik identifiziert hat, ist auch hier der Fall: Ideen mit wenigstens anteilhalber radikaler und linker Herkunft (so wie, nach Levitas' Analyse, die Auffassung von sozialer Ausgrenzung als Chance zur Umverteilung) werden als Deckmantel für depolitisierende und reaktionäre Tendenzen benutzt.[15]

Peter Mandelson fasst New Labours Ansatz zur sozialen Ausgrenzung wie folgt zusammen: »Es geht um mehr als Armut und Arbeitslosigkeit. Es geht darum, von dem abgeschnitten zu sein, was der Rest von uns als normales Leben betrachtet.«[16] Doch was als normales Leben gilt, ist nicht von vornherein festgelegt. Das Problem wird deutlicher in Hinblick auf Anthony Giddens, den berühmten Soziologen, der als einer der »wenigen intellektuellen Ornamente« von New Labour am meisten dazu beitrug, Blairs weitgehend opportunistischem Programm den Anschein intellektueller Substanz zu verleihen.[17] Giddens' Arbeiten aus der Zeit vor New Labour nahmen bereits die charakteristische Weltanschauung der Partei vorweg. »Unter den Bedingungen der Hochmoderne«, schrieb Giddens 1991, »haben wir alle nicht nur verschiedene Lebensstile, sondern sind in einem wichtigen Sinne dazu gezwungen, sie zu haben – wir haben keine andere Wahl, als zu wählen ... [und] je posttraditioneller das Umfeld ist, in dem sich ein Individuum bewegt, desto mehr betrifft der Lebensstil den Kern der Selbstidentität und seine ständige Neuformung.«[18] Im Gegensatz zu den Subkulturen, die von den Cultural Studies der Birmingham School in den 1960er und 70er Jahren beschrieben wurden, gibt es bei Giddens keinen Raum für die Möglichkeit, dass Lebensstile von Lebenden aktiv verändert werden – sie werden uns schlicht von einer *posttraditionellen* Kultur, dargestellt als unveränderliche Tatsache, aufgezwungen. Wenngleich Giddens die Zwangsgewalt eines Systems andeutet, in dem »wir keine andere Wahl haben, als zu wählen«, sieht er nicht, was David Harvey in seiner Analyse des Neoliberalismus anspricht: In diesem System »sollen die Individuen zwar frei wählen, doch soll ihre Wahl nicht dahin gehen, starke kollektive Organisationen wie Gewerkschaften aufzubauen ... und natürlich sollen die Wähler auch nicht die Entscheidung treffen, sich zu politischen Parteien zusammenzuschließen, die den Staat zum Eingreifen in das Marktgeschehen oder gar zur Abschaffung des Marktes zwingen wollen«.[19]

Übertragen auf den Bereich der Sozialhilfe konnte solch eine einseitige Theorie über die Beziehung zwischen Kultur und Subjekt nur zu dem Schluss kommen, dass ein »übermächtiger Sozialstaat den Einzelnen nicht mit den notwendigen Fähigkeiten ausstatten kann, um das Leben erfolgreich zu meistern«, und dass Sozialhilfe neu kalibriert werden muss, »um den Einzelnen bei der Bewältigung neuer und veränderter Risiken zu unterstützen«.[20] Wie Tom Slater beschreibt, wurden unter New Labour »arbeitsmarktorientierte Sozialhilfemaßnahmen als ›Optionen‹ präsentiert, bei denen ›Kundengruppen ... rational wählen‹ konnten, was für sie am besten war, auch wenn, in den Worten Gordon Browns, ›zuhause auf vollen Sozialleistungen sitzen‹ keine Option war«.[21] Das Leben in New Labours »Hochmoderne«

konnte sich tatsächlich wie ein Wirbel von Lebensstilen anfühlen, für deren Subjekte es, wie Giddens schreibt, »psychologisch entscheidend« war, sich in den »schützenden Kokon« einer ständigen »Risikoprofilierung« zu begeben, um zwischen verschiedenen Möglichkeiten wählen zu können.[22] Dies bestätigt in der Folge aber nicht etwa die normative Aussagekraft von Giddens' Theorie, sondern lediglich, wie versessen die Partei darauf war, in immer mehr Lebensbereichen ein Simulakrum der Verbraucher*innen und ihrer vermeintlichen Wahlmöglichkeiten durchzusetzen.

In der Praxis bedeutete die Qualifizierung Arbeitsloser zur Bewältigung der sogenannten »Risiken«, sie in Mikromanagement zu verwickeln und ihre Nicht-Arbeit in eine Art Pseudo-Arbeit umzuwandeln. Für Sozialhilfe zuständige Beamt*innen wie Sue Tilley wurden zu persönlichen Berater*innen, »deren Aufgabe darin bestand, die Antragsteller zu überwachen und mit ihnen regelmäßig in Verbindung zu stehen, um ihre Rückkehr in eine bezahlte Beschäftigung zu beschleunigen«, während private Unternehmen für die Durchführung von Ausbildungsprogrammen bezahlt wurden.[23] Die Arbeitslosen wurden im wahrsten Sinne des Wortes Teil eines *Arbeitseinsatzes*, denn die Verwaltung ihrer eigenen Aktivitäten wurde zu einem weiteren, bisher nicht monetarisierten Lebensbereich, der nun der privaten Kapitalverwertung zugänglich gemacht wurde. Wie Ivor Southwood beschreibt, wurde die Erfahrung der Arbeitslosigkeit selbst »in einen Scheinjob verwandelt, komplett mit vorgetäuschtem Arbeitsplatz, Stechuhrzeiten und Vorgesetzten, denen man Bericht erstatten muss«.[24] Diese Veränderung in der Struktur der Arbeitslosenhilfe könnte als eine Formalisierung von Guy Standings Konzept der *work for labour* verstanden werden, das in unterschiedlichem Maße immer mit einer bezahlten Anstellung einhergeht. Gemeint ist jene Arbeit, die jede*r einzelne Arbeitnehmende verrichtet, um überhaupt in der Lage zu sein, ihre*seine Arbeitskraft auf dem Arbeitsmarkt zu verkaufen.[25] Jetzt wurde diese *Arbeit für die Arbeit* allerdings mit der Formalität eines Chefs, eines Arbeitsplatzes und – in der impliziten Neudefinition der Arbeitslosenhilfe – eines Lohns ausgestattet.

Slater betont die umfangreiche interdisziplinäre, empirische wie theoretische Forschungsliteratur, die fundiert belegt hat, dass die Reformen im US-amerikanischen Sozialwesen, die als Vorbild für den strukturellen Wandel in Großbritannien und anderswo dienten, keine Probleme lösten, sondern diese nur verstärkten. Die Maßnahmen würden »die Menschen nicht von Armut befreien, sondern sie nur von Sozialhilfeempfängerlisten entfernen, die Gruppe der arbeitenden und nicht arbeitenden Armen dramatisch erweitern und ihr tägliches Leben in fast jeder erdenklichen Weise negativ beeinflussen sowie weiterhin bestehende gesellschaftliche Ungleichheiten in Hinblick auf Klasse, *race* und Gender verschärfen«.[26] Wie wir im letzten Abschnitt dieses Kapitels darlegen, haben sich diese Auswirkungen unter mehreren aufeinanderfolgenden Regierungen in einem Ausmaß intensiviert, das ein völlig neues Vokabular für die Diskussion von Arbeit und Arbeitslosigkeit rechtfertigt.

»Ich möchte lieber nicht.«

In Patrick Kack-Brices Horrorfilm *Creep* (2014) nimmt ein angehender Filmregisseur einen Job aus einer Onlineanzeige an. Er soll zu einer Waldhütte fahren, um ein filmisches Erinnerungsstück für den ungeborenen Sohn des angeblich todkranken Auftraggebers zu drehen. Wir, die Zuschauer*innen, sehen, im Stil von *Found-Footage*-Filmen, die Aufnahmen aus der Perspektive des Protagonisten, die dieser während seines Besuchs anfertigt. Das exzentrische Verhalten des Arbeitgebers wird im Laufe der Handlung immer beunruhigender, und kurzum, am Ende des Films sehen wir ihn – als Serienmörder entpuppt – die Tür eines Schranks voller DVDs seiner Opfer schließen, die er durch seinen Trick dazu gebracht hatte, die Filme ihres eigenen Todes zu drehen. *Creep* verkehrt damit die Logik der Urtexte solcher Meta-Horrorfilme, etwa Alfred Hitchcocks *Psycho* und Michael Powells *Peeping Tom* (beide 1960). Während die skandalöse Intimität zwischen Kamera und Blick des Mörders in diesen Klassikern eine Gleichsetzung von Kino und Mord bewirkte (in *Peeping Tom* im wahrsten Sinne des Wortes: Die Messerklingen des Mörders sind an der Kamera befestigt, mit der er die letzten Augenblicke seiner Opfer festhält), sind in *Creep* die unsichtbaren Arbeiter*innen der Filmbranche selbst die Beute.

Creep, der Meta-Kinofilm, hat in mancher Hinsicht weniger filmische Qualitäten als ein amerikanischer Fall aus dem wirklichen Leben, an den er auf subtile Weise erinnert. Im Jahr 2011 beschloss Richard Beasley, ein vom Pech verfolgter Prediger, auf der Flucht vor einer Anklage wegen Prostitution und Drogenmissbrauchs, in die seit dem Finanzcrash 2008 zunehmend normalisierte, informelle Onlinewirtschaft einzusteigen.[27] Auf *Craigslist* – einer Plattform für anonyme Waren- und Dienstleistungsinserate – gab Beasley an, einen Verwalter für eine abgelegene Farm in Ohio zu suchen, die »hauptsächlich als Jagdrevier genutzt wird und auf der es viel Wild gibt«, mit »einem drei Hektar großen See«, »einigen Rindern« und dem »nächsten Nachbarn eine Meile weit weg«.[28] Aus den über hundert Bewerbern traf sich Beasley mit einem Kandidaten nach dem anderen und prüfte sie auf Alter, enge Familienkontakte und Eingebundenheit in ihre örtliche Gemeinschaft. Nach und nach wurden die erfolgreichen Kandidaten angewiesen, sich mit Beasley und einem jungen Komplizen zu treffen und ein Fahrzeug sowie allerlei Gegenstände von Wert mitzubringen. Beasley tötete auf diese Weise drei Männer (ein weiterer entkam) und verkaufte alles, was sie mitbrachten. Das Verbrechen stellt einen seltsamen Schnittpunkt historischer Kräfte dar. Sowohl der Mörder als auch seine Opfer waren in gewisser Weise Produkte der Rezession nach 2008 oder wurden zumindest durch deren Bedingungen zu einer gewissen Tollkühnheit getrieben. Sie alle folgten der Einladung der neuen digitalen Plattformökonomie, geschäftliche Möglichkeiten in ansonsten unzugänglichen Beziehungen zu finden. Beasley hätte sogar behaupten können, wie ein perfekter Gig-Economy-Unternehmer zu handeln. Seine fast algorithmisierte Identifizierung einer riesigen Reservearmee ungelernter, arbeitsloser weißer Männer mittleren Alters, unverheiratet oder geschieden, von niemandem vermisst und voller verzweifelten Glaubens an das von Beasley beschworene, illusorische Idyll eines amerikanischen Postkartenlandlebens hat sich in gewisser Weise in späteren Ereignissen wiederholt.[29] Dies war genau die Wählerschaft, an die Donald Trump appellierte und die das Gleichgewicht gegen die Demokrat*innen in Ohio und weiteren Staaten des Rust Belt kippte.

Das fiktive Opfer von *Creep*, ein Hipster um die dreißig, scheint weit entfernt von Beasleys vergessenen Männern zu sein, und dieser Unterschied wird in *Creep 2* noch verstärkt, wo die Protagonistin eine junge YouTuberin ist, die auf die suspekte Einladung eines Serienmörders eingeht, in der Hoffnung, guten Content für ihren maroden Channel zu bekommen. Doch der Vergleich dieser drei Positionen, die des Beasley-Falls und die seiner Abwandlungen in den *Creep*-Filmen, zeigt ein Muster von Prekarität und persönlicher Schutzlosigkeit auf, das Generationen-, Klassen- und Geschlechtergrenzen überschreitet. Die Interpretation der Filme als Geschichten der Rezession im Plattformkapitalismus bietet auch eine heimliche Antwort auf die üblichen Rufe im Horrorfilmpublikum, die immer dann ertönen, wenn es spannend wird: »Warum bleibt er/sie denn stehen?!«, »Ich würde einfach gehen!«, »Hau ab, solange du noch kannst!« Doch in der prekären Gig-Economy ist es oft leichter gesagt als getan, einen Job abzulehnen, egal wie seltsam, riskant oder unmöglich er erscheint.

Im November 2011, nur wenige Tage vor Beasleys Verhaftung in Akron, Ohio, führten *Occupy Wall Street*-Anhänger*innen im Zuccotti-Park in Manhattan eine Gruppenlesung einer kanonischen amerikanischen Kurzgeschichte mit totemistischer Bedeutung für die Anti-Arbeits-Bewegung auf: Herman Melvilles *Bartleby, der Schreiber* (1853).[30] In der Erzählung geht es um einen kauzigen und zurückgezogenen Gerichtsschreiber, der seinen Arbeitgeber, der gleichzeitig der Erzähler ist, eines Tages verwirrt, indem er auf jede Arbeitsanweisung die gleiche schlichte Antwort gibt: »Ich möchte lieber nicht.« Es stellt sich heraus, dass dieser Urvater der Arbeitsverweiger*innen heimlich in genau der Kanzlei wohnt, in der er sich weigert zu arbeiten (im Zuccotti-Park sagte man, er hätte sie *occupied*, also besetzt). Die illegale Besetzung ist es, die schließlich zu Bartlebys Verhaftung und seinem Tod im Gefängnis führt. Zum Ende der Geschichte erfährt der Erzähler-Arbeitgeber, dass Bartleby früher in einem »Büro für tote Briefe« gearbeitet hat, das für die Vernichtung von Briefen zuständig war, deren Empfänger*innen bei Ankunft der Post bereits verstorben waren. War Bartlebys spätere Karriere, oder Nicht-Karriere, das Ergebnis des Traumas dieser erschütternd entfremdeten Arbeit? Der Text möchte sich lieber nicht festlegen, wobei Melville regelmäßig durchblicken lässt, dass der bürgerliche Arbeitgeber-Erzähler – trotz seiner Ergriffenheit angesichts von Bartlebys Schicksal – ziemlich überfordert ist, die Ereignisse seiner eigenen Geschichte zu interpretieren.

Der erzählerische Spielraum, den die Kurzgeschichte *Bartleby* dem »Ich möchte lieber nicht« abgewinnt, findet seine genaue Umkehrung in *Creeps* Inszenierung der Resignation, angesichts der Zustimmung zu einem Jobangebot, das man besser ablehnen sollte. Deswegen wollen wir jedoch nicht vorschnell *Creep* zum *Bartleby* der Gig-Economy-Ära erklären. Tatsache ist, dass es in Melvilles Zeit, Mitte des 19. Jahrhunderts, bereits viele Beispiele solcher fiktiver Anti-Bartlebys gab. Man könnte Melvilles Geschichte einer überraschenden Arbeitsverweigerung als Gegenstück zu jenem weniger beachteten, verborgenen Genre lesen: Erzählungen, deren Protagonist*innen daran scheitern oder von vornherein nicht in der Lage sind, sich wie Bartleby zu verhalten. Charaktere, die es nicht schaffen, unmöglichen, lächerlichen, unattraktiven oder solchen Jobangeboten, die zu gut sind, um wahr zu sein, mit einer Verweigerung entgegenzutreten. Man könnte zu diesem Genre etwa den Roman *Martin Chuzzlewit* (1844) von Charles Dickens zählen, in dem Tom Pinch, von seinem ausbeuterischen Arbeitgeber Pecksniff im Stich gelassen, nach London reist, wo zu seiner Überraschung bereits ein neues Jobangebot auf ihn wartet. Das Angebot wird von einem Mittelsmann weitergegeben:

> »Das Gehalt sei zwar gering, da es jährlich nur hundert Pfund betrage, und weder Kost noch Wohnung darin inbegriffen seien, aber andererseits sei es kein schwerer Dienst und du könntest jeden Augenblick den Posten antreten.«
> »Gott im Himmel!«, rief Tom, »hundert Pfund jährlich!«

Das Stellenangebot ist zu schön, um wahr zu sein, und umso seltsamer, da es aus dem Nichts zu kommen scheint:

> Das Sonderbarste an der Geschichte ... ist, daß ich den Herrn durchaus nicht kenne und er Tom ebensowenig kennt.[31]

Die latente Unheimlichkeit von Tom Pinchs Lage taucht auch in mehreren der *Sherlock Holmes*-Kriminalgeschichten auf, die alle durch einen ähnlichen Austausch eingeleitet werden:

> Schließlich, wenn diese Leute auch seltsame Einfälle hatten und Gehorsam in außergewöhnlichen Angelegenheiten erwarteten, so waren sie immerhin bereit, für ihre Exzentrizität zu bezahlen. Sehr wenige Gouvernanten in England erhalten hundert Pfund im Jahr. Außerdem, welchen Nutzen hatte ich von meinem Haar? Sehr viele Leute sehen besser aus, wenn sie es kurz tragen, und vielleicht sollte ich dazu gehören. (*Blutbuchen*, 1892)

> Es schien ganz und gar unglaubwürdig, dass ... sie einen solchen Betrag zahlen würden für etwas so Einfaches wie das Abschreiben der *Encyclopaedia Britannica.* (*Die Liga der Rothaarigen*, 1891)

> »Wir haben es als das Beste angesehen, dass Sie spät kommen. Um Sie für jede Unannehmlichkeit zu entschädigen, zahlen wir Ihnen, einem jungen und unbekannten Mann, ein Gehalt, wofür wir ein Gutachten von den Größten Ihres Berufsstandes kaufen könnten. Wie Sie sich natürlich aus dem Geschäft zurückziehen möchten, so ist dazu noch Zeit.«
> Ich dachte an die fünfzig Guineen und wie gut ich sie brauchen könnte. »Keineswegs«, sagte ich, »ich wer-

> de mich sehr gerne nach Ihren Wünschen richten …«
> (*Der Daumen des Ingenieurs*, 1892)[32]

Auch die Erfahrungen, die Jonathan Harker zu Beginn von Bram Stokers *Dracula* (1897) in Transsylvanien macht, halten ihn nicht von seinem Auftrag ab, obwohl sie immer haarsträubender und merkwürdiger werden:

> Auf was für ein schreckliches Abenteuer hatte ich mich da eingelassen? War das vielleicht ein übliches Ereignis im Leben eines Anwaltsgehilfen, den man ausgesandt hatte, um einem Fremden den Erwerb eines Londoner Grundstücks zu erklären?[33]

Gouvernanten mit seltsamen Arbeitgebern stellen in der Belletristik des 19. Jahrhunderts eine ganze Subkategorie von Geschichten über *Bloß nicht!*-Jobs, die letztlich in Henry James' Horrornovelle *Die Drehung der Schraube* (1898) gipfelt:

> »[F]ür mehrere Bewerberinnen [waren] die Bedingungen unannehmbar gewesen. Sie hatten aus irgendeinem Grund einfach Angst gehabt. Die Sache klang undurchsichtig – die Sache klang befremdlich, und dies vor allem seiner Hauptbedingung wegen.«
> »Die da war …?«
> »Dass sie ihn niemals behelligen sollte – niemals und unter keinen Umständen: Sie sollte ihn weder um etwas bitten noch sich beklagen noch sich wegen irgendetwas schriftlich an ihn wenden, sondern sollte alle Probleme selbst lösen, alle Gelder von seinem Anwalt erhalten, die ganze Angelegenheit in die Hand nehmen und ihn in Ruhe lassen.«[34]

Wie wir im ersten Kapitel erwähnten, wird das Industriezeitalter oft mit einer zunehmenden Standardisierung der Arbeit im Westen in Verbindung gebracht. Und trotzdem deuten diese Beispiele aus der Literatur auf eine damals zeitgenössische Faszination mit dem weitläufigen Hinterland ausbeuterischer, unkontrollierbarer Formen der Gelegenheitsarbeit hin. Die gegenwärtige plattformkapitalistische Gig-Economy und die mit ihr verbundenen Fiktionen haben diese Anfänge aus dem 19. Jahrhundert zu einem Abschluss gebracht. Wie wir im nächsten Abschnitt sehen werden, kann man allzu leicht aus der Arbeit verschwinden. Deine Arbeit kann dich verschwinden lassen. Und Bartleby kann nicht *Nein* sagen.

Occupy folgt mit ihrer fröhlichen Gruppenlesung einer langen Reihe von Aktivist*innen und Philosoph*innen in ihrer Faszination für die Figur Bartleby, der in seiner heroischen Passivität seinen Arbeitgeber aus der Fassung bringt.[35] Und doch wären wir, wie Southwood festhält, besser beraten, Bartlebys Beispiel nicht vorschnell zu verallgemeinern:

> Wäre Bartleby ein Leiharbeiter gewesen, wäre die Geschichte ganz anders ausgegangen. Wenn man sich eine auf Zeit angestellte Datenerfasserin vorstellt, die sich entscheidet, dass sie die ihr zugewiesenen Aufgaben lieber nicht erfüllen möchte, würde dies einen heutigen Büroleiter vor keine schreckliche Einsicht [über seine eigene Verantwortung] stellen.[36]

In einer Zeit, in der Arbeiter*innen und Angestellte extrem ersetzbar geworden sind, in der ein Großteil unserer Arbeit *Bullshit* ist (ein einziges, sich wiederholendes Abschreiben der *Encyclopaedia Britannica*) und in der wir – wie Beasleys Opfer erfahren haben – dieser Sinnlosigkeit schutzlos ausgeliefert sind, können wir mehr von der anderen Tradition der Anti-Bartlebys lernen. Bartleby stirbt. Aber bevor er stirbt, zieht er seinen Arbeitgeber in seinen Bann, kolonisiert die Sprache aller in seinem Umfeld (alle Figuren in der Geschichte verwenden am Ende zwanghaft die Konstruktion »lieber mögen«) und wird eines der großen Interpretationsobjekte der amerikanischen Literaturgeschichte.[37] Wie die Anti-Bartlebys von heute immer weiterarbeiten und dabei immer unsichtbarer werden, zeigt unser nächster Abschnitt.

Missbeschäftigung und *Entschäftigung*

In einem Bericht über das Fabrikleben in Bolton, Lancashire, in England in den 1890er Jahren reflektiert der Journalist C. Allen Clarke:

> Als die Maschinen noch nicht so schnell liefen wie heute, hatten die Spinner und Spinnerinnen Zeit zum Plaudern und sogar für ein Nickerchen bei der Arbeit; die Weber konnten auch mal eine Seite in einem Buch lesen oder sich ihrer eigenen Strick- oder Näharbeit widmen. Heute ist das nicht mehr möglich. Mancherorts wird sogar die Nutzung der »Örtlichkeiten« zeitlich überwacht, und wer beim Verrichten seiner Notdurft die festgelegte Minutengrenze überschreitet, wird mit einer Geldstrafe belegt.

Die noch älteren Formen industrieller Arbeit im frühen 19. Jahrhundert, denen Clarke nachtrauert, werden hier als eine Vermischung der Arbeit mit der Privatperson dargestellt. Die heutige Kritik an der postindustriellen Arbeit (wie auch wir sie in unserem dritten Kapitel formulieren) konzentriert sich genau umgekehrt oft darauf, dass wir bei der Arbeit Aspekte unserer privaten Identität, unserer Emotionen und unserer Körper einbringen müssen, die von früheren Arbeitsmodellen unserer Freizeit überlassen wurden. Dieses Verständnis der kolonisierenden Tendenz der Arbeit und ihrer expansiven Ausbreitung auf unser Privatleben wird bei Clarke verkehrt. Die Anfänge industrieller Textilarbeit stellt er sich in gewisser Weise als befreit vor – gerade, weil sie nicht zwanghaft von anderen Beschäftigungen abgetrennt war, denen Arbeiter*innen sowieso nachgehen wollten. Plaudern, Lesen, Stricken und sogar eine Schlafpause sind in den Arbeitstag integriert, in einem idealisierten Gleichgewicht von Arbeit und Leben, das an die Vorstellung des Unentfremdeten grenzt. Clarke kontrastiert dieses Ideal mit der harten Realität seines eigenen späten 19. Jahrhunderts, die allen heute im Niedriglohnsektor Arbeitenden bekannt vorkommen wird. Dem Gegensatz wohnt ein gewisser grimmiger Fäkalhumor inne. Die Arbeiter*innen wären froh, wenn sie auf der Arbeit *privat* stricken oder lesen dürften, und in der Reaktion darauf bezieht die Industrie sogar ihr Scheißen in die Gewinnkalkulation mit ein. Für Clarke erstreckt sich dieses Muster sogar auf den Urlaub der Arbeiter*innen, der nicht mehr als Gegensatz zur Arbeit fungiert, sondern zu deren quasi-medizinischer Begleiterscheinung geworden ist: »Die jungen Männer in den Fabriken … gaben freimütig zu, dass sie Geld für den Urlaub sparten, um ihre angeschlagene Gesundheit wiederherzustellen, damit sie während des restlichen Jahres bei der Arbeit mithalten können.«[38]

Im Großbritannien des 21. Jahrhunderts wird aktuell behauptet, dass mehr Menschen als je zuvor Arbeit haben und dass die wenigen Nachzügler*innen, die noch immer arbeitslos sind, durch die rationalisierte und beschleunigte Form der Sozialhilfereformen der 1990er Jahre namens *Universal*

Heyes und andere Kommentator*innen festgestellt haben, ist die britische Regierung »auf die Quantität der Arbeitsplätze und die gesamten Beschäftigungs- und Arbeitslosenquoten fixiert«, auf konventionelle Messgrößen also, die »nichts über die Qualität der Arbeitsplätze ... und darüber, ob sie den Arbeitnehmer*innen einen akzeptablen Lebensstandard ermöglichen«, aussagen. *Expertise* ist nach wie vor das Schlüsselwort in politischen Gesprächen darüber, wie Menschen in ihrer Arbeit vorankommen können, doch »viele Arbeitnehmer*innen stellen fest, dass die Fähigkeiten und Kenntnisse, die sie haben, bei ihrer Arbeit nicht voll genutzt werden«.[41] Viele von uns sind für bestehende Erwerbsoptionen überqualifiziert, und keine noch so individuelle Umschulung wird sichere, hochwertige Arbeitsplätze für all jene mit entsprechenden Qualifikationen herbeizaubern können. Das Resultat ist eine Form der *Unterbeschäftigung*, in der offiziell angestellte Arbeitnehmer*innen in den Jobs, zu deren Annahme sie der Staat ermutigt hat, nicht die Anzahl an Stunden arbeiten können, die sie zum Leben benötigen würden, oder aber (und oft als Konsequenz) eine Tätigkeit verrichten müssen, die weit unter Fähigkeiten und Ausbildung zurückbleibt. An die Seite einer solchen Unterbeschäftigung tritt das gegenteilige Phänomen der *Überbeschäftigung*. Diese liegt dann vor, wenn Arbeitnehmer*innen mehr Jobs oder mehr Arbeitsstunden auf sich nehmen müssen, als sie verkraften können, nur um einen minimalen Lebensstandard zu halten, ganz egal ob sie für ihre Arbeit qualifiziert sind oder nicht. Gleichzeitig findet sich Überbeschäftigung auch in höheren Einkommensgruppen. Wie David Frayne feststellt, »sind wir mit ... einer perversen Situation konfrontiert, in der die bestbezahlten Arbeitnehmer*innen von langen Arbeitszeiten geplagt werden, während eine wachsende Zahl von Menschen darunter leidet, dass ihre Arbeitskraft nicht mehr nützlich ist«.[42]

Unter- und Überbeschäftigung gewinnen als Begriffe der wissenschaftlichen Untersuchung von Arbeit immer mehr an Bedeutung. Sie werden allerdings in der Regel – wie in der oben zitierten Studie von Heyes – als ein Problem des Wohlbefindens dargestellt, im Sinne der Frage nach dem genau richtig kalibrierten Maß an Arbeit, Entlohnung und Qualifikationen, das erforderlich für das Glück der Arbeitnehmer*innen sei. Wir sind überzeugt davon, dass ein radikalerer Ansatz notwendig ist, und kommen daher zurück auf die bereits erwähnten Begriffe der *Missbeschäftigung* und der *Entschäftigung*. Wir sehen die offizielle Gleichgültigkeit oder gar den Zynismus gegenüber der Frage, ob all jene, die in Statistiken als erwerbstätig gelten, überhaupt von ihrer Arbeit leben können, als symptomatisch für ein umfassendes Phänomen der *Missbeschäftigung*. Der Begriff bringt zusammen, was normalerweise als völlig voneinander getrennte negative Phänomene betrachtet wird. Wir argumentieren, dass ein solcher Begriff notwendig ist, um diese Phänomene als das plurale Ergebnis einer Situation zu erkennen, in der Arbeit nur als Wertgewinnung oder als quasi-moralischer Selbstzweck verstanden wird und somit alle Fragen über ihren Zweck in unserem gemeinsamen sozialen Leben beiseitegelassen werden. *Missbeschäftigung* ist vielfältig: Sie ist Arbeit in Scheinselbstständigkeit, mit allen Anforderungen des Angestelltenlebens, aber ohne dessen Sicherheiten. Sie ist von Mikromanagement beherrscht, wie in den Coffeeshop-Ketten, in denen das emotionale Verhalten der Arbeitnehmer*innen ständig überwacht wird, inklusive kollektiver Bestrafungen für Teams mit mürrischen Mitgliedern. Sie ist intim und invasiv, etwa im Callcenter, wo die Toilettenpausen der Arbeiter*innen, wie bei ihren industriellen Vorfahren in Clarkes Bericht, zeitlich überwacht werden. *Missbeschäftigung* findet sich an Arbeitsplätzen, an denen eine Mittelschicht aus Teamleiter*innen und Vorgesetzten –

selbst machtlos und unterbezahlt – angehalten ist, untergebene Kolleg*innen durch das Zurückhalten von Schichten und mittels anderer hinterhältiger Taktiken zu disziplinieren.[43] Der Begriff der *Missbeschäftigung* betont auch die Tatsache, alles Gerede über die vermeintlich ungesund lebenden Arbeitslosen mal beiseitegelassen, wie chronisch ungesund ein Großteil heutiger Arbeit ist. 1,2 Millionen Menschen im Vereinigten Königreich gaben 2013/14 an, unter arbeitsbedingten Krankheiten zu leiden, sodass – auch hier bietet sich der Vergleich mit den Fabrikarbeitern von Clarke an – die gesamte Freizeit darauf verwendet wird, die negativen Auswirkungen der Arbeit zu lindern.[44] Letztlich findet *Missbeschäftigung* noch ihr eigenes perverses Mini-Ökosystem in der Erfahrung derer, die als Auflage ihrer Sozialhilfezahlungen gezwungen werden, bei gemeinnützigen Essensausgaben zu arbeiten, sodass sie am Ende »sowohl als Nutzer als auch als ›Freiwillige‹ ... Lebensmittelpakete für sich selbst zusammenstellen«.[45]

Missbeschäftigung vereint also Praktiken, die herkömmliche Klassengrenzen und soziale Unterschiede überschreiten. Vielleicht noch bemerkenswerter ist jedoch, dass sie beide Seiten der traditionellen Kluft zwischen Beschäftigung und Arbeitslosigkeit umfasst. *Missbeschäftigung* bricht mit dieser konventionellen binären Opposition und schafft Fälle, in denen es schwer ist, den Unterschied klar zu erkennen. *Missbeschäftigung* kann Beschäftigte und Arbeitslose gleichermaßen unsicher, arm und ungesund machen – durch ihre Arbeitsstelle oder durch das Fehlen einer Arbeit. In den prekärsten Fällen kann es passieren, dass Beschäftigte und Arbeitslose genau dieselbe Tätigkeit nebeneinander in denselben Unternehmen verrichten, von denselben Essenausgaben ernährt werden und nachts in dieselben Obdachlosenheime zurückkehren. Auch wenn die politischen Akteur*innen, die diese Entwicklungen angeheizt haben, sich selbst als

Gegner*innen ineffizienter staatlicher Hilfe inszenieren, erfordern beide Arten von *Missbeschäftigung* den Eingriff des Staates: direkt durch die Sozialleistungen für Arbeitslose, indirekt durch Steuergutschriften und andere Aufstockungsleistungen für Arbeitnehmer*innen, die in Armut leben (ganz zu schweigen von den Kosten, die im Gesundheitssystem durch arbeitsbedingte Krankheiten entstehen).

Wie New Labour im Jahr 1997, so kam auch die Koalition aus Konservativen und Liberaldemokraten 2010 mit einer Reihe neuer Sozialmaßnahmen an die britische Regierung. New Labour hatte die Kommodifizierung der Arbeitslosigkeit und ihre Neukonzipierung als Arbeitsform vorangetrieben, die Koalition war dagegen wesentlich ehrgeiziger. Iain Duncan Smith wurde zum Arbeitsminister ernannt, nachdem er sechs Jahre auf den Hinterbänken des Parlaments verbracht hatte, als Vorsitzender des Thinktanks *Social Justice Policy Group*, mit dem er konservative Lösungen zur Armutsbekämpfung propagierte. Zuvor hatte Duncan Smith eine kurze und unpopuläre Amtszeit als Oppositionsführer hinter sich, deren zentrales Merkmal es war, das Thatcher-Projekt »dort fortsetzen« zu wollen, »wo es aufgehört hatte«, und – in den rechtsradikal anmutenden Worten eines seiner Schattenminister – »die Leibeigenschaft des Monopols des NHS« (der *National Health Service* ist das staatliche Gesundheitssystem, das jeder in Großbritannien wohnhaften Person gleiche medizinische Versorgung zusichert) durch ein privates Versicherungssystem nach US-amerikanischem Vorbild zu beenden.[46] In seiner Zeit in der Regierung überwachte Duncan Smith neue *Workfare*-Programme, die darauf abzielten, Arbeitslosigkeit noch mehr der Arbeit anzugleichen, und die, wie der Name schon sagt, *welfare*, also Sozialleistungen, durch Sozialleistungen *für Arbeit* ersetzen. Als diese Maßnahmen im Laufe des Jahres 2012 in Kraft traten, wurden Anzeigen für Schichtarbeit in Supermärkten geschaltet, in denen das Gehalt als »Arbeitslosengeld + Spesen« angegeben wurde. Daraufhin wurden Arbeitnehmer*innen mit Kurzzeitverträgen zugunsten von *Workfare*-Teilnehmer*innen entlassen, und Unternehmen, die an diesen Programmen teilnahmen, verhängten Einstellungsstopps.[47] Der darauffolgende öffentliche Aufschrei sowie ein gut abgestimmter Aktivismus milderten die Sanktionen für die Verweigerer der Programme und veranlassten die Supermärkte, einen Großteil der Teilnehmer*innen offiziell einzustellen. Wesentlich ist jedoch, dass es sich hier um ein Sozialregime handelte, dessen erster programmatischer Schritt sich für einen offensichtlichen Einwand der Öffentlichkeit nicht interessierte: *Entweder gibt es Arbeit oder nicht.* Und wenn es Arbeit gibt, dann sollte sie auch ordentlich bezahlt werden. In dieser neuesten Angleichung von Arbeitslosigkeit an die Arbeit zeigt sich also ein Regime der *Missbeschäftigung*, dass ganz unverblümt Geld ausgibt, um fiktive Arbeit zu schaffen, die es dann als Disziplinierungsinstrument einsetzen kann. Zum umgekehrten Fall – also einer Arbeit, die der Arbeitslosigkeit ähnelt – sei nur bemerkt, dass in Großbritannien 55 % (in London 60 %) der im Jahr 2018 für obdachlos erklärten und in Notunterkünften lebenden Personen offiziell erwerbstätig waren.[48] Arbeit bietet heute keine Garantie mehr, vor den Lebensbedingungen bitterster Arbeitslosigkeit geschützt zu sein. Es ist demnach gerechtfertigt, Arbeitslosigkeit und bestimmte Erwerbstätigkeiten im gleichen Spektrum der *Missbeschäftigung* einzuordnen, statt sie per se als getrennte Lebensumstände zu betrachten.

Was aber hat es mit der *Entschäftigung* auf sich? Ironischerweise hat sich New Labours Sozialpolitik für die gesellschaftliche Reintegration sozialer Randgruppen, denen eine mangelnde Teilhabe attestiert wurde, so weiterentwickelt, dass nun umgekehrt eine Art Entzug des Bürger*innenstatus eine der ausdrücklichen Disziplinierungsmaßnahmen des Sozialsystems geworden ist. Die Personen, die auf diese Weise sanktioniert werden, nennen wir *disemployed*, also die *Entschäftigten.* Bereits seit der Einführung des *National Insurance Act* im Jahr 1911 konnten Arbeitslose in Großbritannien unter bestimmten Umständen indirekt durch die Einbehaltung von Leistungen bestraft werden. 2012 hat der bereits erwähnte Minister Duncan Smith jedoch neue Sanktionen in den Mittelpunkt des Sozialleistungssystems gestellt: Leistungsauszahlungen können wesentlich länger zurückgehalten werden, die Palette sanktionswürdiger Verstöße wurde radikal erweitert und gegen Arbeitslose gerichtete Sanktionen wurden auf Alleinerziehende sowie chronisch kranke und behinderte Menschen ausgedehnt. »Während früher solche Arbeitslose mit Sanktionen gestraft wurden, die für den Verlust ihres Arbeitsplatzes verantwortlich gehalten wurden«, stellt Michael Adler fest, »geht es jetzt viel mehr um das Verhalten aller Antragsteller bei der Arbeitssuche und um die Einhaltung der von den persönlichen Beratern auferlegten administrativen Anforderungen.«[49] Ein System, das auf diese Weise entscheidet, wer von Leistungen ausgeschlossen wird, ist nicht effektiv. Entscheidungen über sanktionswürdige Verstöße sowie die Beurteilung der Arbeitsfähigkeit kranker und behinderter Menschen werden von ausgelagerten Unternehmen übernommen, die zwangsläufig profitorientiert sind und für die sich Fairness gegenüber Antragsteller*innen keineswegs lohnt. Im Jahr 2018 wurde berichtet, dass fast 70% der Antragsteller*innen, die gegen die Ablehnung ihres Antrags auf Behindertenleistungen Einspruch einlegten, erfolgreich waren: Leistungen waren zu Unrecht verweigert worden. 40% der ursprünglich abgelehnten Antragsteller*innen legten jedoch gar nicht erst Widerspruch ein, weil sie sich vor den Auswirkungen des Verfahrens fürchteten.[50]

Universal Credit, das weitläufige und verworrene System, das die früheren Reformen von Duncan Smith zum krönenden Abschluss bringen sollte, hat die Zahl der *Entschäftigten* noch weiter in die Höhe getrieben. In Southwoods Einschätzung ist dieses System »grundsätzlich darauf ausgerichtet, in der Benutzung mühselig und umständlich zu sein und gering bezahlte und arbeitslose Antragsteller*innen durch routinemäßige Zahlungsverzögerungen und willkürliche Sanktionen dem Risiko von Verschuldung und Obdachlosigkeit auszusetzen«.[51] Alstons Kommentare im oben erwähnten UN-Bericht stehen im Einklang mit dieser Bewertung, wenn er bezüglich der »grundsätzlich digitalen« Ausrichtung des *Universal Credit*-Systems fragt, warum »die schutzbedürftigsten Menschen und jene mit geringen digitalen Kenntnissen die Ersten sein sollten, die sich einer Art landesweitem Digitalexperiment unterziehen müssen«. Er fügt hinzu: »Wir sind Zeugen des allmählichen Verschwindens des britischen Nachkriegssozialstaates hinter einer Website und einem Algorithmus.«[52]

Nehmen wir einmal an, man würde die Notwendigkeit der Senkung von Sozialhilfekosten und die Notwendigkeit der *Ermutigung* Arbeitsfähiger wohlwollend akzeptieren, und man würde dem gegenwärtigen System weiterhin zugestehen, dass es diese Ziele mit den besten Absichten und effektiv verfolgen würde – selbst dann, unter all diesen Annahmen, könnte man die routinemäßige Anwendung von Sanktionen, die fast immer den Entzug des einzigen Einkommens der Antragsteller*innen bedeuten, nicht mit dem Glauben an die Verantwortung des liberalen Staates, seinen Bürger*innen einen grundlegenden Lebensstandard zu garantieren, vereinbaren. Sozialleistungen können nicht den Grundlebensstandard garantieren *und gleichzeitig*, in Form ihres Entzugs, eine legitime Disziplinarmaßnahme darstellen. Trotz der Infragestellung der Grundlagen des Liberalismus wurde dieses Problem bisher, wie Del Roy Fletcher und Sharon Wright feststellen, »erstaunlich wenig« politisch diskutiert.[53] So oder so ist das Ergebnis eine *entschäftigte* Klasse, die – wie die vielen Fallstudien in Jeremy Seabrooks Buch *Cut Out: Living Without Welfare* (2016) zeigen – immer noch keine Arbeit gefunden hat, vielleicht sogar arbeitsunfähig ist, aber nun vom Sozialleistungssystem ausgeschlossen wurde. Menschen also, die aus dem Blickfeld der Normalwirtschaft völlig verschwunden sind.[54]

Die Reformen nach 2012 könnten also nicht weiter davon entfernt sein, Bedürftigen zurückzugeben, was Mandelson zufolge »der Rest von uns als normales Leben ansieht«. Stattdessen wurde die Quasi-Kriminalisierung gewöhnlicher Aktivitäten ausgeweitet: Antragsteller*innen, die in komplexen bürokratischen Prozessen einfache Fehler machen, werden automatisch bestraft, und vom Arbeitsministerium irrtümlich geleistete Überzahlungen werden auch dann zurückgefordert, wenn dies eine Verschuldung bedeutet. Weiterhin wurde ein grundlegend neuer Mechanismus geschaffen, durch den große Teile der Bevölkerung aus der legalen Wirtschaft und dem *normalen Leben* insgesamt ausgeschlossen werden können. Diese Erfindung der *Entschäftigung* passt, mit Bezug auf Saskia Sassen, in eine umfassendere Krise der liberalen Ordnung, die auf neuartigen »Vertreibungen« beruht:

> Wenn ein starker Rückgang mit den üblichen Maßstäben allmählich immer weniger zu erfassen ist, kommt es de facto zu einer Neudefinition des Begriffes »Wirtschaft«. Die Arbeitslosen, die alles – Arbeitsplatz, Zuhause, Krankenversicherung – verlieren, fallen leicht aus dem Bereich dessen heraus, was als »die Wirtschaft« definiert und berechnet wird. Das gleiche gilt für kleine Laden- und Fabrikeigentümer, die alles ver-

> lieren und Selbstmord begehen ... Diese Trends definieren den Bereich der Wirtschaft neu. Sie lassen ihn kleiner werden und schließen einen beachtlichen Teil der Arbeitslosen und Armen von den üblichen Maßnahmen aus. Durch eine solche Neudefinition wird »die Wirtschaft« gewissermaßen vorzeigbar, denn man kann nun nach dem Maßstab des Pro-Kopf-BIP ein bescheidenes Wachstum vorweisen. Vor Ort ähnelt die Realität eher einer wirtschaftlichen Version der ethnischen Säuberung – Elemente, die als lästig gelten, werden einfach beseitigt.[55]

Sassen verbindet Vertreibungen von Individuen innerhalb von Volkswirtschaften mit solchen, die außerhalb davon stattfinden. Dazu gehören Kriege, die gesamte nationale Infrastrukturen auslöschen, aggressive Einwanderungskontrollen und die wachsende Apathie gegenüber staatenlos gemachten Menschen oder von ihren Eltern getrennten Kindern. Weiterhin versteht Sassen es als Vertreibungsprozess, wenn ganze Landstriche durch den Klimawandel und direktere Formen der Umweltverschmutzung unbewohnbar werden.[56] Die politisch gewollte Entstehung von *Missbeschäftigung* und *Entschäftigung* in Großbritannien erscheint vor diesem Hintergrund als die Abschiebung von Teilen der britischen Gesellschaft in die Ränge jener 60 % der Weltbevölkerung, die sich bereits als Resultat anderer Formen der Vertreibung außerhalb des relativen Schutzes der formellen Wirtschaft ernähren müssen.[57] Andererseits findet die *Entschäftigung* in Großbritannien auch eine Entsprechung in weiteren Formen der Vertreibung im eigenen Land. Zwei besonders schwerwiegende Beispiele sind die Grenfell-Tower-Katastrophe von 2017 (in einem Großfeuer kamen 72 Bewohner*innen eines Sozialwohnungsbaus ums Leben, weil dieser nicht vorschriftsmäßig brandgeschützt war) und der Windrush-Deportationsskandal, der ebenfalls 2017 ans Licht kam (Einwander*innen aus dem karibischen Commonwealth und deren Kinder, die legal seit der Nachkriegszeit in Großbritannien gelebt hatten, wurden ab 2012 plötzlich mit Abschiebung bedroht oder tatsächlich abgeschoben). Grenfell wird weithin der regierungspolitischen Taktik zugeschrieben, Kürzungen öffentlicher Ausgaben an die Kommunalverwaltungen weiterzugeben, und die Windrush-Deportationen werden mit dem *hostile environment*, der Einwanderungspolitik der feindlichen Umgebung (siehe erstes Kapitel) in Verbindung gebracht. Im Windrush-Fall kann zudem eine politische Version von Sassens Beschreibung ethnischer Säuberungen zum Zwecke frisierter Wirtschaftsstatistiken erkannt werden, da die illegalen Abschiebungen auch genutzt wurden, um Sollzahlen in Theresa Mays Innenministerium erfüllen zu können.

In einer umfassenderen Krise der liberalen Ordnung ist die vielfältige Gewalt, die aus der Neudefinition von Arbeitslosigkeit seit den 1990er Jahren resultiert, ein Symptom des allgemeinen Vorgehens eines brutalen, aber letzten Endes planlosen Regimes, das am Ende neoliberaler Entwicklungsmöglichkeiten bereit ist, Menschen zu opfern, um das Bild endlosen Wachstums noch ein wenig länger zu wahren. Durch *Missbeschäftigung* und *Entschäftigung* wird die Fetischisierung von Arbeit *als* Gemeinschaft so zu ihrem bitteren Ende durchexerziert.

3

Wir Jungen-Mädchen

Auf einer Konferenz in San Diego im Jahr 2014 inszenierte die New-Media-Künstlerin Laurel Ptak eine Ausstellung auf Grundlage einer nicht ganz ernst gemeinten politischen Kampagne mit dem Titel *Wages for Facebook*, also *Löhne für Facebook*. Das dazugehörige Manifest, präsentiert auf einer noch immer abrufbaren Website, ist ein Text in automatisch scrollenden Großbuchstaben. Es behauptet, dass der Kapitalismus, mit Facebook als seiner paradigmatischen Form, »UNS DAVON ÜBERZEUGT, DASS UNENTGELTLICHE ARBEIT ZU VERRICHTEN EINE NATÜRLICHE, UNVERMEIDLICHE UND SOGAR ERFÜLLENDE TÄTIGKEIT IST«. Normalerweise betrachten wir die Nutzung sozialer Medien und anderer digitaler Plattformen in unserer Freizeit nicht als Arbeit, obwohl wir uns zunehmend bewusst sind, welchen Wert die Betreiberunternehmen der Plattformen aus unserer Nutzung ziehen: aus dem unbewussten Training, das wir den Algorithmen mit jedem Klick liefern, aus der Aufmerksamkeit, die wir durch unsere Beiträge und Posts erregen, und ganz allgemein aus dem potenziellen Mehrwert unserer Daten. »WIR MÜSSEN ZUGEBEN, DASS DAS KAPITAL BEIM VERBERGEN UNSERER ARBEIT SEHR ERFOLGREICH WAR«, heißt es im Manifest.[1] Während wir im vorangegangenen Kapitel gezeigt haben, wie in den letzten Jahrzehnten sogar Arbeitslosigkeit in Arbeit verwandelt wurde, legt Ptaks Kunstwerk nahe, dass die Entwicklungen im Plattformkapitalismus selbst unser müßigstes Surfen, Spielen und Posten in eine Art der entfremdeten Arbeit verwandeln.

Man kann *Wages for Facebook* neben Studien und Theorien lesen, die die Gesamtheit unserer unbezahlten Interaktionen auf digitalen Plattformen unter dem Begriff der *digitalen Arbeit* zusammenfassen und diesen mit der Gleichzeitigkeit von Konsumption und Produktion weiter beschreiben. »Die Internetnutzung ist produktiver Konsum oder *prosumption* in dem Sinne, dass sie einen Wert und eine Ware schafft, die verkauft wird«, erklärt Christian Fuchs, der diesen Begriff geprägt hat.[2] Andere Kommentator*innen sind vorsichtiger, was die Ausweitung des Konzepts der Lohnarbeit auf all unsere Onlinetätigkeiten angeht. Autos herzustellen ist nicht dasselbe wie Haustiere zu fotografieren, und die Teilnahme an einer Teambesprechung im Büro ist nicht dasselbe wie ein Gruppenchat mit unseren Freund*innen, auch wenn in beiden Fällen ein kapitalistischer Eigentümer Mehrwert aus der Tätigkeit anderer schöpft. Für Nick Srnicek ist es wichtig, »Interaktionen auf Plattformen von Interaktionen zu unterscheiden, die anderswo stattfinden«, sodass wir nicht in einen Nominalismus verfallen, in dem »Arbeit sich nicht mehr von Nicht-Arbeit trennen lässt« und »jegliche gesellschaftliche Interaktion zu unbezahlter Arbeit für den Kapitalismus wird«.[3]

Ptaks Werk weist in seiner zentralen Idee aus dieser Sackgasse heraus: *Wages for Facebook* ist eine fast wortgetreue Transkription von Passagen aus Silvia Federicis Manifest *Wages Against Housework* (1975), ins Deutsche übersetzt als *Lohn gegen Hausarbeit* (1977).[4] Wie Ptaks Geste entwaffnend andeutet, sind die Dilemmata bei der Interpretation von Arbeit in ihren auf der einen Seite häuslichen, auf der anderen Seite digitalen Erscheinungsformen tatsächlich so weit identisch, dass eine Veränderung des Wortlauts kaum erforderlich ist. Analog könnten die Strategien zur Analyse unbezahlter Hausarbeit und zum Widerstand dagegen hilfreich für Strategien gegen unbezahlte digitale Arbeit sein.[5] Federicis Manifest war ein Beitrag zur Kampagne *Wages for Housework*, für die Entlohnung von Hausarbeit, initiiert von der Internationalen Feministischen Bewegung in den 1970er Jahren. Die Kampagne ging davon aus, dass Haus- und Reproduktionsarbeit, obwohl sie für die kapitalistischen Profite strukturell ebenso notwendig sind wie Lohnarbeit, erfolgreich als gottgegebene Aufgaben der Frau dargestellt und daher überhaupt nicht als Arbeit angesehen wurden. Federici gibt sich in ihrem Manifest nicht der Illusion hin, dass die Entlohnung der Hausarbeit an sich Hausfrauen befreien würde. Das Ziel ist politisch und wird von Ptak als solches aufgegriffen: »DER LOHN ERKENNT WENIGSTENS AN, DASS DU ARBEITENDE BIST. DU KANNST UM UND GEGEN DIE BEDINGUNGEN UND DIE HÖHE DIESES LOHNES UND DIE MENGE DIESER ARBEIT KÄMPFEN.«

In erster Linie erinnert die Kampagne *Wages for Housework* an die Tatsache, dass der Kapitalismus eine Form der ökonomischen Ausbeutung betreibt, die sich niemals auf das Lohnverhältnis beschränkt. Kapitalismus ist auf ständiges Wachstum und Expansion angewiesen und muss daher die Ausbeutung maximieren. Ganz egal, welche Formen unser Tun außerhalb der Lohnarbeit annimmt, es wird zwangsläufig nach Profitmöglichkeiten durchsucht. Unbezahlte häusliche Arbeit, deren Qualität als Schufterei über jeden Zweifel erhaben ist, produziert als wichtige Reproduktionsarbeit indirekt Mehrwert im kapitalistischen Produktionsprozess (durch Unterbringung, Ernährung und Unterstützung der Lohnarbeiter*innen und Aufstockung ihrer Arbeitskraft). Unbezahlte digitale Arbeit hingegen, die in der Regel als Freizeitaktivität oder zumindest als praktische technische Annehmlichkeit, nicht aber als mühselige und körperliche Tätigkeit erfahren wird, produziert direkt Mehrwert in Form von monetarisierbaren Daten. Der Begriff *Arbeit* passt zu keiner der beiden Tätigkeiten ganz genau, und obwohl beide ausbeuterisch sind, sind sie es nicht auf dieselbe Art und Weise. Wir wollen nicht behaupten, dass Wäschewaschen und Social-Media-Updates gleichwertig sind. Was sie jedoch gemeinsam haben ist, dass es sich um profitable Tätigkeiten handelt, die normalerweise als solche unsichtbar sind. Wenn wir uns diese Tätigkeiten als Lohnarbeit vorstellen, sei es als Teil eines konkreten politischen Programms oder als taktische Geste, werden sie erkennbar, und in der Sichtbarkeit liegt ein erster Schritt, sie anders zu organisieren. Genau darum geht es, wenn Federici und Ptak eine Entlohnung unbezahlter Arbeit fordern – um Politisierung und die Möglichkeit der Organisation.

Es gibt also gute politische und ökonomische Gründe dafür, die Idee der unbezahlten Arbeit im Internet und anderswo ernst zu nehmen. Aber es gibt noch einen weiteren Aspekt in Federicis Argumentation, ohne den die Parallele zwischen sozialen Medien und Hausarbeit oberflächlich bleiben muss. Wie sie in *Wages Against Housework* darlegt, hat »das Kapital aus unserem Kochen, Lächeln, Vögeln schon immer Geld herausgeschlagen«, ohne dass dies zu einer Rebellion führt – weil es zuhause unmöglich ist, zu erkennen, »wo unsere Arbeit anfängt und aufhört, wo unsere Arbeit endet und unser Begehren anfängt«.[6] Wenn, wie Louise Toupin in ihrer Geschichte der Internationalen Feministischen Bewegung feststellt, die Motivation hinter der *Wages for Housework*-Kampagne darin bestand, »eine Trennung zwischen der Person und der Arbeit, die sie verrichtet, herzustellen«, dann ist diese Trennung in der digitalen Wirtschaft genauso schwer zu erreichen, wie sie es in der Hausarbeit war und bleibt.[7]

Was hier über die Bereitstellung kostenloser Daten hinaus auf dem Spiel steht, ist nicht nur, dass es schwierig ist zu wissen, ob das, was man in einem bestimmten Moment online tut, Freundschaft, Vergnügen oder Arbeit ist. Das Problem ist auch, dass das Selbst, das in diesem Prozess produziert wird, einer Art Mehrwert immer ähnlicher wird, oder besser gesagt einer Art »lebendiger Währung«, um Pierre Klossowskis Begriff zu verwenden. Indem er unsere Wünsche bewirtschaftet, erhält der Kapitalismus nicht nur kostenlose Hausarbeit und kostenlose Daten, er produziert auch Subjekte, die sich online und offline selbst als Waren begreifen.

Eine Möglichkeit, diese Idee zu erweitern, ist das Konzept des *Jungen-Mädchens*, das von dem französischen anarchistischen Kollektiv Tiqqun in *Grundbausteine einer Theorie des Jungen-Mädchens* (2009) entwickelt wurde. In dem ursprünglich 1999 veröffentlichten Text wird das Junge-Mädchen als paradigmatische Figur vorgestellt, die den »Modell-Bürger, wie die Warengesellschaft ihn seit dem Ersten Weltkrieg ... neu definiert hat«, verkörpert.[8] Im 18. und 19. Jahrhundert nahmen junge Frauen der westlichen Oberschicht eine besondere gesellschaftliche Stellung ein, da ihre Funktion nicht darin bestand, eine erkennbare Arbeit zu verrichten oder die Arbeit anderer zu beaufsichtigen, sondern speziell an *sich selbst* zu arbeiten:

> »Hier lesen Sie, oder Sie haben Unterricht oder bilden sich auf andere Art und Weise weiter, bis der Mittag naht; Sie gehen vor dem Mittagessen spazieren, nach dem Essen fahren Sie mit Ihrer Tante in der Kutsche aus, und am Abend folgen Sie irgendeiner Einladung.«[9]

> Niemand kann als wirklich gebildet gelten, der nicht den alltäglichen Durchschnitt weit überragt. Eine Frau muss eine umfassende Kenntnis von Musik, Gesang, Zeichnen, Tanzen und den modernen Sprachen haben,

> um die Bezeichnung zu verdienen; darüber hinaus muss sie das gewisse Etwas in ihrer Stimme und in ihrem Auftreten und Ausdruck haben, oder sie verdient die Bezeichnung nur zum Teil.[10]

Das war die Arbeit einer gewissen Selbstproduktion, der Kultivierung der Erscheinung, sozialer Beziehungen, Manieren und Errungenschaften. Fähigkeiten – Handarbeiten etwa oder das Musizieren für Gäste im Salon –, die vor allem für die Vorführung weiblicher Bildung geübt wurden. Vergnügungen waren nur als Teil eines streng strukturierten Systems von Tänzen, Spielen und Auftritten erlaubt. Diese soziale Position fand ihren besten Ausdruck in den Romanen Jane Austens, die Anfang des 19. Jahrhunderts eine ganze Erzählform aus dem Dilemma intelligenter und unternehmungslustiger Frauen schuf, von denen die Gesellschaft nichts verlangte, außer *sie selbst zu sein* und hart dafür zu arbeiten.

Aus Tiqquns Sicht wurde mit dem Niedergang des Adels, und damit dem Hauptschauplatz dieser Form der Arbeit, die Figur des Jungen-Mädchens nicht abgeschafft. Stattdessen wurde sie paradigmatisch für die Verpflichtung aller, sich *»permanent selbstzuverwerten«*, also so wie Austens junge Frauenfiguren das eigene Selbst mit der Warenform zu vereinen und dies zur grundlegenden Ausrichtung aller Anstrengungen zu machen.[11] Für Tiqqun sind wir in diesem Sinne heute alle Junge-Mädchen, ständig dazu gedrängt, unser Image zu kultivieren, umzugestalten und auf den freien Markt zu tragen.

Die Geschichte des Jungen-Mädchens

»Der Begriff des Jungen-Mädchens ist selbstverständlich kein geschlechtlich differenzierter Begriff«, behaupten Tiqqun, »alle veralteten Figuren patriarchaler Autorität, vom Politiker über den Polizisten bis zum Firmenchef, erweisen sich als Junge-Mädchen, bis hin zur letzten, dem Papst.« Die Idee hat an Überzeugungskraft gewonnen, seit Tiqqun sie 1999, also noch vor dem Aufkommen sozialer Netzwerke, niedergeschrieben haben – weder hatten sie den Instagram-Account des Papstes noch die Serie *The Young Pope* (2016) gesehen.[12] Gleichzeitig birgt die Verwendung des Signifikanten *junges Mädchen* und seine Umwandlung in ein Emblem der heutigen Zeit offensichtlich theoretische Risiken, die nicht ungeschlechtlich sein können.[13] Kritiker*innen haben Tiqquns Theorie des Jungen-Mädchens zu Recht Frauenfeindlichkeit vorgeworfen. Heather Warren-Crow etwa sieht den Ansatz als Beispiel für die in der radikalen Kulturkritik enttäuschend hartnäckig vorhandene »mädchenfeindliche« Gewohnheit, alles, was der – zumeist männliche – Kritiker missbilligt, mit Adoleszenz und Weiblichkeit in Verbindung zu bringen. Nina Power hingegen zweifelt an der mangelnden Handlungsfähigkeit und der bewussten Unzufriedenheit, die Tiqqun dem Jungen-Mädchen zuschreiben, und stellt die folgende Frage: »Was würde es bedeuten, das Junge-Mädchen für sich selbst sprechen zu lassen und nicht durch die auferlegten Kategorien einer Kultur, die es als metaphysischen Gipfel der Zivilisation anpreist und es gleichzeitig verunglimpft?«[14] Während Tiqqun über die Arbeit der *Jung-Mädchenwerdung* alarmiert sind, die im Spätkapitalismus von allen abgeleistet wird, sind ihre feministischen Kritiker*innen verärgert, dass junge Frauen in Tiqquns Analyse anscheinend für diese Unterdrückung verantwortlich gemacht werden – nicht nur für ihre eigene, sondern auch für die der anderen.

Es ist natürlich möglich, die Bestrebungen des Kapitals, Persönlichkeit und Marktwert immer vollständiger zu verschmelzen, zu diskutieren, ohne dass junge Frauen herhalten und das erforderliche Paradigma liefern müssen. Wenn selbst der Papst ein Junges-Mädchen ist, warum dann überhaupt noch vom Jungen-Mädchen sprechen? Wir halten das aus mindestens zwei Gründen für gerechtfertigt. Der erste liegt in der von Power angesprochenen kulturellen Zentralität der überhöhten und doch verunglimpften Figur des *Mädchens*. Im Jahr 2015 wies Jacqueline Rose auf die steigende Popularität eines Romantyps hin, der Leserinnen dazu einlädt, unter dem Feigenblatt ausgleichender Rachemotive Vergnügen an langwierigen Szenen psychologischer und sexueller Gewalt gegen Frauen zu finden. Rose zufolge macht sich die Verkleinerungsform *Mädchen*, die in der Regel in den Titeln dieser Werke vorkommt, mitschuldig an einer Geste der Herabwürdigung, die Frauen einerseits als *nachgiebig* und andererseits als schlecht oder dumm darstellt und so zu ihrer sadistischen Bestrafung einlädt.[15] Hier könnte man Sianne Ngai einbringen, für die das Signalisieren von »Nachgiebigkeit oder Biegsamkeit« ein zentrales Merkmal von *Niedlichkeit* als dominanter ästhetischer Kategorie in der heutigen Warenkultur ist. Nachgiebigkeit gegenüber dem Subjekt, so Ngai, ist sogar die wesentliche Geste der Objektivierung: »Je objektivierter das Objekt, mit anderen Worten, je offensichtlicher es durch die affektiven Anforderungen und/oder Projektionen des Subjekts geformt ist, desto niedlicher ist es.« Das geht so weit, dass quetschbares Badespielzeug sowohl den »Wunsch zu schützen und zu knuddeln« weckt als auch »den Sadismus des Kunden oder seinen Wunsch nach Herrschaft«.[16] Die mädchenhafte Figur, in Buch und Film, sowie ihre Abstraktion als Inbegriff der Niedlichkeit in der Warenwelt, präsentieren sich heute also auf vergleichbar zwiespältige Art und

Weise. Es scheint, dass in einer Kultur, in der jede*r unter dem Druck steht, Junges-Mädchen zu werden, also jeden Aspekt ihres oder seines Lebens auf die optimale Vermarktung hin zu gestalten, kein Mangel an kulturellen Produkten in mädchenhafter Form bestehen kann. Und dieses kulturelle Angebot richtet sich an alle, auch an Frauen, allem Anschein nach in kompensatorisch-sadistischer Form. Nimmt man zu dieser oft sadistischen Fetischisierung des Mädchens in unseren Fiktionen und Produkten noch den Strudel des digitalen Hasses hinzu, der sich oft gegen in der Öffentlichkeit stehende junge Frauen richtet und sie stellvertretend abstraft – wie zum Beispiel in der Verunglimpfung einer ganzen Generation und ihrer politischen Anliegen als die von *getriggerten*, ängstlichen *snowflakes* –, dann ist klar, dass jungen Frauen, die frauenfeindlicher Gewalt ausgesetzt sind, nicht damit gedient ist, die kulturelle Macht der in ihrem Namen mobilisierten Motive schlicht zu ignorieren.

Inzwischen ist der Aufruf von Power, »das Junge-Mädchen für sich selbst sprechen zu lassen«, beantwortet worden, und zwar in einem bisher unvorstellbaren Ausmaß. In der #MeToo-Bewegung, ausgelöst von den Vorwürfen sexueller Übergriffe gegen den Filmproduzenten Harvey Weinstein im Oktober 2017, meldeten sich in den sozialen Medien Tausende von Opfern (hauptsächlich, aber nicht ausschließlich Frauen) sexueller Gewalt durch Männer in Machtpositionen. So begrüßenswert die darauffolgende Debatte über sexuelle Ausbeutung am Arbeitsplatz auch war, ihre Grenzen wurden schnell deutlich. Kommentator*innen haben festgestellt, dass die vom Slogan der Bewegung versprochene Gruppensolidarität in Bezug auf materielle Veränderungen meistens auf individualisierte Maßnahmen schrumpft, bei denen die Täter in aufsehenerregenden Fällen verfolgt werden, ohne dass sich an den systemischen beruflichen Risiken und den Rechtsmitteln, die den am meisten gefährdeten Personen zur Verfügung stehen, etwas ändert.[17]

Dieses gescheiterte Versprechen der Solidarität spiegelt sich in den performativen Anforderungen der Bewegung wider. Die Aussage »Me, too« – also »Ich auch!« oder »mir ist es auch passiert« – verspricht zunächst die Erleichterung, erkannt zu werden, ohne die Last, sich erklären zu müssen, und somit die Möglichkeit, Teil einer Gruppe zu sein, die für die gemeinsame Sache kämpft, welche endlich als gemeinsam anerkannt wird. Aber der Zugang zu den direkten Errungenschaften der Bewegung – dem öffentlichen Druck, den sie auf Institutionen und einzelne Täter ausüben kann – hat nicht nur den Preis der öffentlichen Bloßstellung, sondern auch der Unterwerfung unter die Regeln eines bestimmten *Genres.* Diese Regeln sind denen der pseudofeministischen Jungen-Mädchen-Bestsellerromane nicht unähnlich, die Rose zwei Jahre zuvor kritisiert hatte. Aus MeToo wird YouToo: Auch *du* wirst reißerische sexuelle Details, einen sauberen Erzählbogen und situative Details liefern müssen, die darauf abzielen, deinem Publikum in den sozialen und traditionellen Medien durch deine Geschichte eine vergnügliche, süchtig machende Wut gegen die Täter zu vermitteln. Doch diese Art Wut zeigt nicht über sich selbst hinaus, sie findet keinen politischen Zweck und verläuft sich in Klicks und Likes. Man könnte sie mit Paul B. Preciado als »pharmakopornografisch« bezeichnen: ein gut zu vermarktender, unabweisbarer Reizeffekt, der zum Selbstzweck wird und entschärft, was gemeinsame politische Sache hätte werden können – und vielleicht noch werden kann. Das wütende Junge-Mädchen ist nicht mehr die abgewiesene Hysterikerin, die Verrückte im Turmzimmer der Romane des 19. Jahrhunderts, sondern wird als deren Gegenstück das fetischisierte Opfer und damit zu einem aufregenden individualisierten Spektakel, sei es in den sozialen Netzwerken oder in hypergewalttätigen Rachefilmen.[18] Die kulturelle Mechanik von #MeToo reproduziert somit entscheidende Aspekte der Jungen-Mädchen-Funktion: Die Sexualität neben jedem anderen verkäuflichen Teil der eigenen Erfahrung einzusetzen, *einschließlich* der Revolte gegen sexuelle Ausbeutung, bedeutet Arbeit – und zwar eine Arbeit ohne den Lohn systemischen Wandels.

Für sich selbst zu sprechen hat diesen Opfern, Frauen sowie Männern, also nicht unbedingt eine Befreiung in Powers Sinne gebracht. In gewisser Weise spricht das Junge-Mädchen immer *für sich selbst*, denn es existiert eben nicht als eine heterogene Gruppe von Menschen, sondern nur als eine Reihe sozialer, wirtschaftlicher und kultureller Protokolle, die uns die Arbeit diktieren, ohne deren Ableisten wir im digitalen Kapitalismus unsichtbar bleiben. Wen die digitalen Plattformen hier sprechen lassen, ist ein algorithmisch zurechtgeschnittenes Phantom der realen und schmerzlichen Erfahrungen dieser Opfer. Powers Versuch, in ungeduldiger Erwartung eines materiellen Wandels alles hemmende kulturelle und theoretische Gerümpel zu entfernen, um zum *wahren* jungen Mädchen vorzudringen, das einfach nur von »einem Haufen reicher weißer Männer« gejagt wird, ist zwar verständlich, birgt aber die Gefahr eines biologischen Essenzialismus, der einerseits junge Frauen fetischisiert und andererseits eine soziale Homogenisierung ihrer Position auf Kosten von Klassenperspektiven und globalen Zusammenhängen in Kauf nimmt.[19] Stattdessen könnten wir die Idee der Jung-Mädchenwerdung als Beschreibung einer hegemonialen Form der biopolitischen Unterwerfung verstehen, einer Unterwerfung, die als Eintrittskarte in die spätkapitalistische Kultur dient. Junge Frauen werden weiterhin als prominente Avatare dieser Kultur ausgebeutet, aber sie beschreiben weder ihr Wesen noch die gesamte Bandbreite der Menschen, die sexueller Gewalt am kapitalistischen

Arbeitsplatz ausgesetzt sind. Auf diese Weise gibt das theoretische Konzept des Jungen-Mädchens also nicht jungen Frauen die Schuld, sondern trennt das kulturelle Protokoll, das mit ihnen verbunden wird, von ihnen ab. Dennoch bietet das Konzept gleichzeitig eine Erklärung für *einige* Formen der akut gegen Frauen gerichteten kulturellen und ökonomischen Gewalt.

Der zweite Grund, beim Jungen-Mädchen als einem begrifflichen Instrument der Kritik zu bleiben, ist historischer Art. Es ist nicht von der Hand zu weisen, dass Tiqqun selbst in die Falle der Verdinglichung tappen, wenn sie ihre angeblich emblematische Abstraktion, das Junge-Mädchen, zur humanoiden Zielscheibe für eine schlichte Frauenfeindlichkeit machen.[20] An ihrem theoretischen Wagnis bleibt jedoch eine andere Tendenz von Interesse, eine, die sich in Richtung der Geschichte einer weiteren, ganz anders gelagerten kulturellen Falle neigt – diese Falle ist für uns relevant, da sie im Zusammenhang mit der Arbeit steht. In einer groben und sehr kurzen einleitenden Skizze schlagen Tiqqun vor, dass das Junge-Mädchen in seinen zwei Elementen, *Jugendlichkeit* und *Weiblichkeit*, regulierende Ideale repräsentiere, die es dem Kapitalismus historisch ermöglichten, Frauen und Kinder, also Gruppen, die im Westen des 20. Jahrhunderts in der Produktion lediglich eine marginale Stellung einnahmen, als Musterkonsument*innen in das System zu integrieren. Es lohnt sich, mit den Schwierigkeiten der *Lebensarbeit* im Sinn, einen Blick in diese Sozialgeschichte des Kapitals zu werfen.

Bereits vor Tiqqun haben andere auf die besondere Stellung von Kindheit und Jugend in den sozialen Bedingungen und der Ideologie des industriellen Kapitalismus hingewiesen. Sozialhistoriker*innen haben etwa dokumentiert, wie die Schutzgesetze gegen Kinderarbeit im fordistischen Amerika des frühen 20. Jahrhunderts mit der Förderung des neuen Konzepts eines kindlichen Konsumenten in der Werbung zusammenfielen. 1941 beschrieb in diesem Sinne auch Max Horkheimer, in einem psychoanalytischen Rahmen, dass die Massenkultur die Subjektbildung unterminiert habe. Die repräsentative Vaterfigur, an die Jugendliche ihren Kampf mit der Gesellschaft, in die sie eintreten, knüpfen, so Horkheimer, sei »durch die Welt der Dinge« ersetzt worden, die sich früh und heimtückisch an das Kind als Konsument wendet und ihm keinen Raum für Widerstand lässt.[21] In dieser Zeit waren ungelernte junge Erwachsene zudem am Fließband gefragt und verdrängten ältere Arbeiter*innen, deren Spezialisierung teuer und obsolet geworden war. Es überrascht also nicht, dass dies ein kultureller Moment war, in dem eingeschüchterte Alte zur Zielgruppe eines expandierenden Marktes von mit Jugend assoziierten Produkten wurden.[22] Siegfried Kracauer vermutete bereits 1929, dass der Jugendfetisch, den er in der deutschen Populärkultur ausmachte, nicht nur ein Spiegelbild der neuen Vorurteile gegenüber älteren Arbeitnehmer*innen in der Unternehmenspolitik war, sondern die Todesverleugnung einer ganzen Gesellschaft zu einer Zeit, in der das Fehlen einer kulturellen und ökonomischen Perspektive die Jugend zur einzig erträglichen Lebensphase machte.[23] Das war keineswegs immer so: Zurückblickend auf seine Jugendjahre im kaiserlichen Österreich des späten 19. Jahrhunderts beschreibt Stefan Zweig eine bürgerliche Welt, in der junge Männer um der Beförderung willen einen langsamen Gang pflegten, Brillen trugen, sich Bärte wachsen ließen und versuchten, wenigstens ein wenig Bauch anzusetzen, um die Zeichen würdigen Alters vorzutäuschen.[24] Die Umkehrung dieser Szene, in der die Alten neuerdings in der rationalisierten Arbeitswelt entbehrlich wurden, wurde bereits anfangs des neuen Jahrhunderts in Thomas Manns Novelle *Der Tod in Venedig* (1912) nervös zur Kenntnis genommen. Inmitten einer Gruppe urlaubender kaufmännischer Angestellter erkennt der Protagonist mit Entsetzen einen alten Mann mit gefärbten Haaren, Make-up und falschen Zähnen, der sich wie ein Dandy kleidet und sich genauso aufspielt wie seine jungen Kollegen.[25] Diese Beispiele zeigen: Schon lange vor den 1950er Jahren und der Assoziation von Jugend mit gleichermaßen rebellischen und profitablen Gegenkulturen identifizierten Schriftsteller*innen und Kulturkritiker*innen mindestens drei verschiedene Rollen der Jugend im industriellen Kapitalismus: die der formbaren Konsument*innen, der billigen und wegwerfbaren Arbeitskräfte und der käuflichen Illusion jugendlicher Hoffnung.

Frauen haben in der Geschichte bedeutender Außenseiter*innen der kapitalistischen Produktion eine noch paradigmatischere Rolle gespielt. Das allseits bekannte, aber noch immer wichtige Narrativ von der Erfindung der Hausfrau, das auch der bereits erwähnten Arbeit von Federici zugrunde liegt, ist hier aufschlussreich: Als die Fabrikarbeit ab dem 18. Jahrhundert die Menschen zunehmend aus dem Lebens-, Sorge- und Heim-Kollektiv der Kleinbauern herausholte, nahm sie ihnen auch ihr traditionelles Handwerk, das nun die Maschinen gelernt hatten. Diejenigen, die, ihrer produktiven Aufgaben beraubt, zuhause zurückblieben, waren mit der sozialen Reproduktion, mit Kinderkriegen, Sorge- und Hausarbeit auf sich allein gestellt. Wie Angela Davis treffend bemerkt, waren die Frauen in doppelter Hinsicht die Verliererinnen dieser Trennung von Haushalt und Produktion. Die Arbeit, die sie weiterhin als Hausfrauen verrichteten, verlor ihren sozialen Status, da sie im Gegensatz zu den Tätigkeiten, die die Fabriken aus der Heimwirtschaft herausgenommen hatten, keinen unmittelbaren Gewinn abwarf. Gleichzeitig wurden die Frauen, die noch für einen Lohn arbeiten mussten, schlechter behandelt und schlechter bezahlt als Männer, da ihre Anwesenheit in der öffentlichen

Wirtschaft eine Überschreitung ihrer idealisierten und normalisierten Rolle im Haushalt darstellte.[26] Als das Zusammenwirken von Kapitalismus und Patriarchat das Tagewerk von Frauen zu einer nicht-entlohnten Aufgabe machte, nicht als Arbeit, sondern als ihre natürliche Tätigkeit konstituiert, wurde ihre Stellung sowohl im Haus als auch außer Haus wirtschaftlich schutzloser und prekärer, als sie es insgesamt in der Heimwirtschaft gewesen war. Es ist keine Überraschung, dass dies Frauen zur perfekten Zielgruppe für die Werbeindustrie machte, die sie ab den 1920er Jahren aggressiv dazu anhielt, ihre Sexualität zur Ware zu machen, um ihren Zugang zu den sich in Männerhand befindenden Löhnen aufrechtzuerhalten.[27]

Aus dieser Geschichte ergibt sich eine seltsame und schreckliche Verbindung zwischen Attraktivität und Ersetzbarkeit. Tiqqun weisen auf junge Menschen und Frauen als zwei getrennte Gruppen hin, die beide vom Rande der Produktion zu Paradebeispielen einer neuen Konsumption (sowie zu Material für die wichtigsten Werbefantasien) wurden, und skizzieren damit eine überzeugende Genealogie der selbstkommodifizierenden Jungen-Mädchen im 21. Jahrhundert. Dabei vergessen sie jedoch zu erwähnen, dass wir als Junge-Mädchen im digitalen Kapitalismus nicht nur die Überlebensstrategien unserer Vorgängerinnen erben, sondern auch deren prekäre ökonomische Position. Dies ist der springende Punkt in der Geschichte der Außenseiter*innen der kapitalistischen Produktion: dass zunehmende Selbstkommodifizierung mit zunehmender Prekarität einherging und -geht. In Beschäftigungsstrukturen ist diese Tendenz lange bekannt. Italienische Postoperaist*innen wie Maurizio Lazzarato haben auf die immer weitere Ausbreitung *immaterieller Arbeit* hingewiesen, also auf Arbeitsformen, die entweder im Lohnverhältnis nicht berücksichtigt werden oder keine sichtbaren Produkte erzeugen, und die daher leichter auszubeuten sind als traditionelle Fabrikarbeit. Sowohl der ständig expandierende Dienstleistungssektor als auch die kognitive Arbeit der digitalen Wirtschaft, etwa im Bereich der Dateneingabe, werden häufig als Beispiele für immaterielle Arbeit angeführt, die zunehmend ausgelagert wird, auf Abruf zur Verfügung steht und insgesamt »übermäßig ausbeutbar« ist.[28] Eine wichtige verwandte Kategorie innerhalb der Diskussion um immaterielle Arbeit ist die *affektive Arbeit*, d.h. jede Form von Arbeit, die »die Erzeugung und Manipulation von Gefühlen« bei anderen verlangt.[29] Sie kann in der Regel nur verrichtet werden, wenn man gleichzeitig *emotionale Arbeit* aufbringt, die von Arlie Russell Hochschild anhand des mittlerweile kanonischen Falls der Flugbegleiterinnen als die Verwaltung und Unterdrückung der eigenen Gefühle auf Seiten der Arbeitnehmerinnen beschrieben wurde. Im Falle von Federicis Hausfrau geht die affektive Arbeit zudem mit der vertrackten Einbringung ihrer eigenen privatesten Wünsche einher.[30] Die Idee einer generellen Feminisierung der Arbeit verbindet schließlich die Vorherrschaft von Dienstleistungssektor, affektiver Arbeit und zunehmender Prekarität. Feministinnen in den 1980er Jahren bezeichneten diese Entwicklung in direkter Anlehnung an die oben beschriebene Geschichte gar als »Hausfrauisierung« der Arbeit.[31] Was einst die Arbeit derjenigen war, die entweder außerhalb des Lohnverhältnisses standen oder an dessen soziokulturellen Rändern ausgebeutet wurden, ist zum hegemonialen Modell für die heutige digitale Wirtschaft geworden.

Es gibt Versionen der Jungen-Mädchen-Geschichte, die die Verbindung zwischen sozioökonomischem Rand und Wirtschaftsmodell noch weiter zuspitzen. Preciado folgt dieser Logik in *Testo Junkie*, wenn er argumentiert, dass die Kennzeichnung der Prekarisierung von Arbeit als *Feminisierung*, wie bei Maurizio Lazzarato oder Antonio Negri, zu unpräzise ist, und er stattdessen Sex- und Pornoarbeiter*innen als paradigmatische Arbeiter*innen unserer Zeit vorschlägt. Sie stehen stellvertretend für unsere Ökonomie einer allgemeinen »Pornofizierung der Arbeit«, weil »Arbeit in der postfordistischen Gesellschaft immer und in jedem Fall im Verkauf der Kommunikations- und Erregungskraft der lebenden Körper« besteht. Dementsprechend liegt der Zweck unserer Arbeit heute nicht nur in einer Teilnahme am Debord'schen Spektakel (wie Tiqqun es gerne formulieren), sondern vielmehr darin, An- und Erregung zu erzeugen. Es geht darum, die Produktion von Endorphinen, Adrenalin und anderen Neurotransmittern in den Körpern anderer Menschen zu veranlassen, und zwar mit so viel Suchtpotenzial wie möglich. Das ist in der Sex-, Dienstleistungs- und Unterhaltungsindustrie schon lange der Fall, wenngleich die algorithmische Verengung, zum Beispiel in der Mainstream-Filmproduktion, in Kettenrestaurants und bei Keyword-Pornografie, dies noch deutlicher macht. Aber es gilt auch zunehmend für viele andere Formen der affektiven und körperlichen Selbstkommodifizierung am neoliberalen Arbeitsplatz.

Preciados dramatische Geste klammert Beschäftigungsformen aus, die mit süchtig machender Stimulation körperlicher Botenstoffe nichts zu tun haben, und doch lässt sich nicht leugnen, dass die Monetarisierung von Erregung im weitesten Sinne, wie wir im nächsten Kapitel aus psychoanalytischer Sicht erörtern werden, im digitalen Plattformkapitalismus eine zentrale Rolle spielt. *Testo Junkie* warnt vor einem Wirtschaftsmodell, das auf einfachen Berechnungen für körperliche »Erregung-Frustration« basiert – so einfach, dass seine Akteur*innen zu völlig fungiblen Ausführenden eines Stimulationsprotokolls werden. Sexarbeiter*innen etwa gehen ihrem Verdienst oft aus extremer Marginalität heraus nach: »eine Mehrheit der migrantischen Körper, die zu Illegalen gemacht werden und entlang von rassistischen Einteilungen und gesellschaftlichen Ausschlussverfahren markiert sind«, entmenschlicht bis hin zum Entzug der Staatsangehörigkeit. Als paradigmatische Arbeiter*innen, eingebunden in ein globales Netzwerk zur Verbreitung von Bildern und über globale Kanäle der Verteilung menschlicher Körper transportiert, stehen sie also gleichzeitig für absolute Verfügbarkeit und rechtliche Nichtexistenz. In Kapitel 2 haben wir auf die Aushöhlung des Bürger*innenstatus als integralen Bestandteil der *Entschäftigung* hingewiesen, des Ausschlusses zahlreicher Arbeitsloser aus offiziellen Statistiken und staatlicher Unterstützung. Hier bietet Preciado die bedrohliche Aussicht, dass auch die Arbeit selbst, in gewisser Weise als endgültige Schlussfolgerung der *Missbeschäftigung*, die Arbeiter*innen nicht nur prekär macht, sondern sie gar nicht mehr als offiziell existierende menschliche Wesen anerkennen wird.[32]

Die Geschichte des Jungen-Mädchens kann also, über Tiqquns Ansatz hinaus, als die Geschichte eines erfolgreichen kapitalistischen Regimes der ersetzbaren Begehrlichkeit verstanden werden – vom 18. Jahrhundert bis in die Gegenwart, von der de-qualifizierten Hausfrau über das Kind als Produkt und Konsument, bis hin zum*zur migrantischen Sexarbeiter*in. Ausbeutung ist nichts Neues; neu ist nur das Ausmaß der Forderung nach dem Einsatz aller Facetten unserer Existenz zur Schaffung von Mehrwert, die sich mittels globaler Distributions- und Kommunikationstechnologien vom ökonomischen Rand ins Zentrum ausgebreitet hat. Tiqquns Beitrag zu dieser Geschichte liegt größtenteils in ihrer Diagnose einer »verborgenen Übereinstimmung«, mit der wir Jungen-Mädchen uns über soziale und hierarchische Unterschiede hinweg der Warenform angleichen.[33] Gleichzeitig ist es jedoch wichtig festzuhalten, dass diese Gemeinsamkeit sozioökonomischen Unterschieden keinen Abbruch tut: Die

Selbstkommodifizierungsprotokolle des Jungen-Mädchens können zwar Ähnlichkeiten zwischen CEOs und Webcam-Models in ihrer Darbietung totaler Verfügbarkeit aufzeigen, doch findet diese Ähnlichkeit und kulturelle Nivellierung vor dem Hintergrund einer immer tieferen sozialen Spaltung statt. Alle Jungen-Mädchen leben in einer prekären Subjektivität und können ihre Position in der Arbeitswelt jederzeit verlieren, aber nach wie vor trifft diese Prekarisierung in ihrem vollen materiellen Ausmaß manche sehr viel mehr als andere.

Trotz alledem sei an dieser Stelle zur Figur des Jungen-Mädchens noch angemerkt, dass wir sie, anders als Tiqqun, nicht als zwangsläufig negativ betrachten. In den *Grundbausteinen* steht der »fraktalisierte« Stil, in dem sich die selbsternannte »Trash-Theorie« präsentiert – ein Mix-Tape-Postmodernismus verschiedener Stimmen und Fonts –, im Widerspruch zu einer (maskulinistischen) Schlussfolgerung im pessimistischen Stil der Frankfurter Schule.[34] So gehen Tiqqun davon aus, dass die Jung-Mädchenwerdung eine Art extremer Entpolitisierung darstelle, bei der unsere explizit feminisierte und narzisstische Selbstkuration uns fügsam gemacht und unsere Handlungsautonomie und Solidarität unwiederbringlich gebrochen hat. Die einzige Lösung, die Tiqqun anbieten, ist enttäuschend: die totale Ablehnung in einem »unerbittlichen Kampf« an der »Front der Jung-Mädchenwerdung«.[35]

Im Gegensatz dazu interessieren wir uns dafür, was uns die Figur des Jungen-Mädchens, trotz allem, für die Imagination einer Zukunft nach der Arbeit bieten kann. Donna Haraway verband schon 1981 die Ausbeutung feminisierter Arbeit im Hightech-Kapitalismus und seine »Informatik der Herrschaft« (»flexi time, part time, over time, no time«) mit der gleichzeitigen Fragmentierung von Identitätsdenken und patriarchalischer Ideologie. Ihr ging es um die (bisher unerfüllte) Hoffnung auf eine feministische »Cyborg«-Kultur der Zukunft, die in neuen Formen des Selbstverständnisses sowohl Ausbeutung als auch Patriarchat hinter sich lässt.[36] So gesehen wird ein Teil unserer Lebenserfahrung als Junge-Mädchen des digitalen Kapitalismus zur Grundlage für einen Ausweg. Wie wir in Kapitel 4 sehen werden, versuchen einige Feminist*innen der Gegenwart in diesem Sinne, unsere Situation als vom technologisierten Kapitalismus geformte Subjekte und Körper als Ansatzpunkt für die Schaffung einer kommunistischen Zukunft nach der Arbeit zu nutzen. Wir gehen davon aus, dass wir unsere Subjektivierung als Junge-Mädchen seit dem 18. Jahrhundert nicht so einfach abschütteln können, und schließen gleichzeitig nicht aus, dass sie uns die Werkzeuge für ihre eigene Transformation liefern kann.

Amy oder Peaches?

Der Prozess der Jung-Mädchenwerdung, bei dem jeder Aspekt unserer Subjektivität und unserer Wünsche zunehmend zu Arbeit gemacht wird, lässt sich an den unterschiedlichen öffentlichen Reaktionen auf den Tod zweier junger britischer Frauen in den Jahren nach dem Finanzcrash ablesen. Die Soulsängerin und Songwriterin Amy Winehouse war 27, als sie 2011 verstarb. Moderatorin, Model und DJ Peaches Geldof wurde 25 und verstarb 2014. Zusammengenommen bieten beide eine symptomatische Geschichte der Entwicklung der *Lebensarbeit* und ihrer Verknüpfung mit der Jung-Mädchenwerdung.

Die besondere Intelligenz von Winehouses Songwriting – vertont in einem modernen Hip-Hop-Jazz auf *Frank* (2003) und in einem Pastiche-Girlgroup-Soul auf *Back to Black* (2006) – lässt sich anhand eines kurzen Vergleichs zweier repräsentativer Songs skizzieren. In »I Heard Love is Blind« versucht Winehouses Kunstfigur in mehreren Anläufen, sich bei ihrem Freund, den sie betrunken mit einem ihm ähnlich sehenden Anderen betrogen hat, zu entschuldigen und ihn zu besänftigen. Doch jeder Versuch, das Geschehene zu erklären, abzuschwächen, fügt ungewollt ein weiteres quälendes sexuelles Detail hinzu. Genau die Tatsachen, die das Vergehen für sie abmildern, machen – so folgern wir als Hörer*innen – für ihn alles nur noch schlimmer. Dieses Lied, das auf dem früheren Album *Frank* erschienen ist, findet seine Antwort auf dem Album *Back to Black*, im Song »You Know I'm No Good«, in dem sexuelle Untreue ebenfalls eine Art Missverständnis zwischen den verschieden ausgerichteten Begehren zweier Menschen hervorruft. Auch hier ist das bevorzugte Sexualobjekt der Sprecherin nicht der Mann, der vor ihr steht, sondern der Abwesende (in »What is it About Men?« auf *Frank* wird ganz in diesem Sinne auf geistreiche Weise davon abgeraten, die Ehe aus erster Hand zu erfahren). Indem sie, wie schon in »I Heard Love is Blind« beschrieben, an den Freund denkt, während sie mit dem Geliebten zusammen ist, kann Winehouses lyrisches Ich den Höhepunkt nur mit einer zusammengesetzten Figur aus dem Körper des gegenwärtigen Mannes und der Vorstellung vom Abwesenden erreichen. In diesem Fall besteht das Drama der beschworenen Szene jedoch nicht in der vermeintlichen Eifersucht des Freundes, sondern in seiner Gleichgültigkeit.

Dies ist ein Beispiel für die Raffinesse, mit der Winehouse über das Verlangen schrieb und die sie ganz zu einer Künstlerin der Junge-Mädchen-Ära macht. Tiqqun schrieben über den vermeintlich *mädchenhaften* Standpunkt, der uns allen zunehmend gemein ist und in dem kein Vergnügen mehr nur für sich erlebt, sondern immer für ein imaginäres Publikum mitaufgeführt wird. Winehouses Songs liefern Eindrücke des alltäglichen Begehrens unter einem solchen Junge-Mädchen-

Regime. Auch wenn ihre Texte gleichzeitig etwas über die mittelbare/indirekte Natur des Verlangens im Allgemeinen aussagen – die Abhängigkeit des eigenen Begehrens von dem anderer Menschen oder das plötzliche Auftreten eines Begehrens als Reaktion auf das der anderen, sind Momente, die ihre Junge-Mädchen-Kunst ungewöhnlich gut artikulieren konnte. Dies ist allerdings nur ein Teil der Geschichte. Die in Asif Kapadias Dokumentarfilm *Amy* (2015) gesammelten Aufnahmen erinnern zudem daran, dass Winehouses Karriere begann, als die traditionelle, unverhohlen beutehungrige britische Paparazzikultur an ihrem Höhepunkt war. Dies änderte sich erst 2011, im Jahr ihres Todes. Im Phone-Hacking-Skandal kam eine damals extrem weitreichende Praxis britischer Journalist*innen ans Licht, bei der Anrufbeantworter von privaten Mobiltelefonen – sowohl von Prominenten und Politiker*innen als auch von Verbrechensopfern – illegal abgehört und deren Inhalt für sensationslüsterne Artikel genutzt wurde. Der Skandal führte zur Einstellung von Rupert Murdochs Zeitung *The News of the World*, der öffentlichen Untersuchung durch die sogenannte Leveson-Kommission und weitreichenden Schadensersatzklagen, die nach einem Jahrzehnt noch andauern. Traditionelle Zeitungsmedien in Großbritannien sind daher heute gezwungen, eine gewisse Zurückhaltung gegenüber ihren Subjekten zu demonstrieren.[37] Vor diesem Wandel, während der fünf Jahre ihres weltweiten Ruhms, wurde Winehouses Lebensstil – und die damit einhergehende Verschlechterung ihres Aussehens und ihrer Gesundheit aufgrund von Alkohol, Drogenmissbrauch und Bulimie – von Scharen von Fotograf*innen dokumentiert, bis schließlich die Abholung ihrer Leiche aus ihrem Haus in Camden Town auf die gleiche unmenschliche Art und Weise begleitet wurde.

In diesen Jahren wurde die Bemerkung, dass Winehouses bekanntes Lied *Rehab* ihr wirkliches Leben widerspiegelt, ein Klischee. Ihre Arbeit des Songschreibens, ihre häufige Arbeitsunfähigkeit, wenn sie betrunken zu ihren eigenen Auftritten erschien, das Nicht-Funktionieren ihres kollabierenden Körpers und die Aufarbeitung jedes Details ihres Privatlebens in der Boulevardpresse verschmolzen zu einem einzigen Junge-Mädchen-Artefakt. Ein anderer Teil der in Kapadias Film dargestellten Aufnahmen eröffnet noch einen weiteren Kontext. Die Verwendung von Archivmaterial von Winehouses Familie und Freund*innen macht den Dokumentarfilm zu einem medienhistorischen Protokoll von 27 Jahren Entwicklung im Bereich der Amateur-Videoaufnahmetechnik – von verrauschten analogen Camcorderaufnahmen über digitalen Film bis hin zu frühen Fotohandys. Gleichzeitig wird eine Veränderung in unserer Nutzung dieser Technologien erkennbar. Wie Kapadia in der Zeitschrift *Vogue* reflektierte, haben sich unsere Gewohnheiten auch in den wenigen Jahren seit Winehouses Tod stark gewandelt. Unbedachte Amateuraufnahmen wie jene, die Winehouses Freund*innen zu ihrer spontanen Belustigung produzierten, sind einer Situation gewichen, in der »man sich selbst filmt, um es auf Instagram zu posten«, und »jeder alles mit dem Gedanken filmt, dass es eines Tages nützlich sein könnte«.[38]

So wie viele andere prominente Frauen wurde Winehouse zum Jungen-Mädchen, als jeder Teil ihres Lebens zu Arbeit gemacht und in diesem Sinne für die Produktion von Bildern ausgeschlachtet wurde, wenngleich die Tatsache, dass diese Verwertung hauptsächlich *außerhalb* der sozialen Netzwerke geschah, ihren Fall heute wie aus einer anderen Welt erscheinen lässt. Gleichzeitig war Winehouse die Autorin eines Gesamtwerks, das zwar oft Überschneidungen mit oder Anspielungen auf Fakten ihres Lebens als öffentliche Person aufwies, davon aber auch losgelöst war. So konnte ihr Tod als der einer Künstlerin bedauert werden, mit Hommage-Alben und Coverversionen, und mit der Erfahrung einer neuen Intensität in der Bedeutung ihrer Musik, die erst rückblickend nach ihrem Tod zugänglich wurde. Wie aber können wir dann den öffentlichen Tod einer anderen jungen Frau verstehen, die einige Jahre nach Winehouse berühmt wurde und keine Künstlerin im engeren Sinne war, sondern Kolumnistin, Model und allgemeine Medienpersönlichkeit: Peaches Geldof? Als Geldof 2014 an einer Überdosis Heroin starb, war die Berichterstattung in den britischen Medien zum einen sehr umfangreich, zum anderen auch von einer Unbeholfenheit durchzogen, die sich nicht auf den Zynismus der üblichen Spötter und ihre Behauptung, die Aufmerksamkeit sei unverdient, beschränkte. Zweifellos waren viele Menschen aufrichtig traurig über den Tod dieser jungen Frau – aber was genau betrauerten sie?

Im Gegensatz zu Winehouse oder anderen eher traditionellen Künstler*innen hinterließ Geldof kein kohärentes *Werk*, mit dem sich ein Publikum identifizieren könnte. Vielmehr waren ihre *Werke* zum Zeitpunkt ihres Todes ihre Persönlichkeit und ihr Privatleben selbst, die sie in verschiedenen sozialen Medien präsentierte. Diane Charlesworth zufolge zeichnete sich Geldofs Twitter-Profil vor allem dadurch aus, dass sie als berühmte Persönlichkeit eine lockere Art der *Passt schon*-Mutterschaft vorführte. Nach der Geburt ihrer beiden Söhne strebte sie in ihrer Außendarstellung weder nach Perfektion noch zielte sie auf eine voyeuristische Zurschaustellung des totalen Chaos ab. Stattdessen erkannte man in ihr eine Normalität, die bei jüngeren Frauen und bei Frauen aus der Arbeiter*innenklasse gut ankam. In den Diskussionen, die sich in Antworten auf ihre Posts entfalteten, erzeugten Geldofs Follower*innen eine »kollektive Dynamik, in der Ratschläge angeboten und Informationen zwischen den Mitgliedern der Gruppe ausgetauscht wurden, nicht nur in Bezug auf Geldof«.[39] Angesichts derart lebendiger Auswirkungen eines Privatlebens, das an die Stelle einer eigenständigen kreativen Leistung tritt, könnte man sagen, dass der Tod von Geldof Menschen noch betroffener machte, gerade *weil* ein autonomes Werk fehlt, das an ihrer Stelle weiterleben könnte. Wenn das gesamte Werk einer Person ihre Persönlichkeit ist, ist es schwierig, ihren Tod anders als persönlich zu nehmen.[40] Die Figur, die dafür berühmt ist, berühmt zu sein, gab es zwar schon vor dem Plattformkapitalismus, aber die Möglichkeit eines ständig aktualisierten Werks, das das tägliche Leben dieser Person durchgehend protokolliert, ist eindeutig neu. Winehouse war der schädlichen Form der Jung-Mädchenwerdung, vor der Tiqqun uns warnen, unterworfen, und wurde wohl zumindest teilweise von ihr in den Tod getrieben. Aber das alles fand gleichzeitig auf der Grundlage eines autonomen Werks statt, das unser Junge-Mädchen-Dilemma selbst zum Gegenstand einer skeptischen Analyse machte. Geldofs Werk hingegen war ganz und gar Junges-Mädchen, und die historische Entwicklung von Amy zu Peaches, also das allmähliche Verschwinden einer Form der Arbeit, die von der öffentlichen Inszenierung unseres Privatlebens abtrennbar wäre, wird auch uns Nicht-Berühmten immer mehr aufgezwungen. In einer Zeit, in der sich die Kardashians und ihre Nachfolger∗innen so gekonnt als »ideales promiskes unternehmerisches Subjekt der eigenen Auf- und Verteilung, ... sowohl virales Subjekt als auch virales Objekt« positioniert haben, indem sie ihre alltägliche Existenz und ihre sich ständig verwandelnden Körper über mehrere Plattformen und Medien abbilden, erscheint selbst Geldofs Beispiel schon fast altbacken.[41] Anstatt jedoch das Phänomen nun weiter in den Zuspitzungen seiner Prominentenvariante zu verfolgen, wollen wir uns der Frage zuwenden, wie die Arbeitsstruktur, die sich in dem Junge-Mädchen-Tod dieser beiden Frauen herauskristallisiert hat, auch auf viel gewöhnlichere Erfahrungen zutrifft.

Die harte Arbeit des Jungen-Mädchens

»Ich hatte einfach viel Glück. Früher habe ich das nur für mich gemacht – jetzt kann ich davon leben!«[42]

Dieses Zitat stellt eine gängige Beobachtung unter der ersten Generation von YouTuber*innen dar, die mit ihrer Tätigkeit beträchtliche Geldbeträge verdienen. Es fasst ein Narrativ zusammen, das in den Anfangsjahren des Web 2.0 zentrale Bedeutung für die Mythologie des Internetruhmes hatte: User*innen der Video-Sharing-Plattform beginnen, in ihrer Freizeit Videos zu posten – aus Langeweile, zum Spaß, weil es nichts kostet, zur eigenen Unterhaltung, wegen des Austauschs mit anderen Nutzer*innen und der Gemeinschaftserfahrung. Sie sprechen über ihr Leben und ihre Interessen und filmen sich selbst dabei: Anleitungen, Rezensionen, Videospiele, Mode, Comedy, Politik, Chroniken persönlicher Krisen und des täglichen Lebens. Ihre Follower*innenschaft erreicht ein gewisses Niveau, und zu ihrer eigenen Überraschung beginnen sie, Einnahmen aus den vor ihren Beiträgen geschalteten Werbeanzeigen zu erzielen. Manche erreichen dabei das Level eines existenzsichernden oder sogar eines überdurchschnittlich hohen Gehalts. Auch andere soziale Medien, wie Instagram und Twitter, haben manchen, die sie aus anderen Gründen besucht und dort Beiträge veröffentlicht haben, eine Karriere ermöglicht. Diese Menschen teilen die Geschichte des zufälligen Ruhms, der durch die anfänglich unkalkulierte Selbstdarstellung im Internet zustande gekommen ist und daraufhin zur Arbeit wird: die Arbeit, man selbst zu sein.

In YouTubes Geschäftsmodell, das auf der Monopolisierung und Konzentration der Aufmerksamkeit für Werbeeinnahmen beruht, sind jene Content Creators, die mit ihrem kleinen Anteil am Gewinn des Unternehmens Millionen verdienen, natürlich die extreme Ausnahme. Gleichzeitig ist der Mehrheit derjenigen, die heutzutage in den sozialen Netzwerken berühmt werden, von Anfang an klar, dass sie ein Produkt verkaufen.[43] Nichtsdestotrotz bleibt der Mythos des zufälligen Internetruhmes in einem Medienformat, in dem die Darstellung von Intimität solch zentrale Bedeutung hat, weiterhin mächtig. Wir behaupten, dass dieser Mythos ebenfalls einen bemerkenswerten Moment in der Geschichte des Jungen-Mädchens festmacht. Zu Beginn dieses Buches haben wir Theodor W. Adornos Verständnis der Freizeit als dialektische Kehrseite der Arbeit, als bürgerliche Vorspiegelung einer »Oase des unvermittelten Lebens« erwähnt. Adorno behauptete, dass die Amerikaner*innen der 1960er Jahre dazu erzogen wurden, Sonnenbräune, Camping und D.I.Y. zu fetischisieren, damit sie nicht in Versuchung kamen, ihre freie Zeit zu nutzen, um radikale Kunst oder Kritik zu produzieren, die die Mechanismen, mittels derer sie ihre Arbeitskraft verkauften, in Frage stellen könnten.[44] So wurde das Hobby als Erfindung einer strukturierten, aber strikt unproduktiven Tätigkeit betrachtet, von der Arbeitswelt abgegrenzt, um diese zu erhalten und zu legitimieren. Auch wenn Adorno seinerzeit Recht hatte, als er behauptete, dass Hobbys die unregulierte, die Konsumgesellschaft bedrohende freie Zeit zähmten und dass Freizeit als Freiheit eine Illusion war, die die Arbeiter*innen gehorsam hielt, kann bemerkt werden, dass der heutige Kapitalismus ohne diese beiden Formen der Kontrolle auskommt. Kritiker*innen haben festgestellt, dass Formen der Gratisarbeit und der sogenannten *playbour* (ein Neologismus aus Spiel und Arbeit) in der digitalen Welt immer häufiger zu finden sind – angefangen bei den *Netzsklaven*, die in den frühen 1990er Jahren für das Unternehmen AOL Chatrooms führten, kontrollierten und regulierten und von dem Internetdienstanbieter, der mit den Chatrooms Millionen verdiente, nur durch freien

Internetzugang belohnt wurden, bis hin zu Modder*innen, die heute Spiele modifizieren und sie so für Spieler*innen, aber eben auch zum Nutzen der Spieleindustrie am Leben halten, ohne selbst monetär davon zu profitieren.[45] Im Mythos des zufälligen Ruhmes wird *playbour* zu einem Ideal erhoben, das scheinbar im Gegensatz zu Adornos Dialektik von Arbeitszeit und Hobby steht: dem Ideal des Spiels in der Freizeit nämlich, das nahtlos in eine Karriere übergeht.

In diesem Idealfall kommt die Arbeit unaufgefordert zu dem*der Hobbyist*in: Digitale Identifikationsakte und Persönlichkeitsdarstellungen werden scheinbar direkt in Popularität und Reichweite übersetzt, die sich wiederum unmittelbar in Geld zu verwandeln scheinen. Dies führt wiederum fast organisch zur Notwendigkeit wiederholter und professionalisierter Auftritte, um sowohl die Bekanntheit als auch das Einkommen zu erhalten. Die Selbstbehauptung mittels der verfügbaren Technologien ist in diesem Szenario so untrennbar mit der aktuellen Form des Marktes verwoben, dass aller Unterschied zwischen Freizeit und Arbeitszeit völlig unbedeutend erscheint. Im Mittelpunkt dieser Idee steht die sofortige finanzielle Belohnung für die Sympathischen, oder besser: die *Likeables*. Diese Idee blickt in Form der Belohnung des braven Mädchens auf eine lange Tradition zurück. In *Frau Holle*, einem der Märchen der Brüder Grimm aus dem 19. Jahrhundert, wird das »schöne und fleißige« Mädchen Goldmarie direkt von ihren Haushaltsaufgaben angesprochen. Brotlaibe schreien danach, aus dem Ofen geholt zu werden, reife Äpfel fordern, gepflückt zu werden, und Goldmarie führt die Aufgaben ohne Widerspruch aus. Schließlich wird das Mädchen mit einem Regen aus Goldmünzen belohnt, die an ihrem Kleid haften bleiben und ihre doppelte moralisch-häusliche und wirtschaftliche Güte bei ihrer Heimkehr als »die goldene Jungfrau« kennzeichnen.[46] Die alte Fantasie, in der es für das brave Mädchen Gold aus dem quasi-göttlichen Nirgendwo regnet, und in der somit Belohnung als dem Gehalt überlegene Form der Entlohnung gilt, findet ihre aktuellste Form im Phänomen der Social-Media-Berühmtheit.

Es gibt hier dennoch eine bemerkenswerte historische Besonderheit. Eine der seltsamen und scheinbar widersprüchlichen Auswirkungen der neuen Technologien des Internetruhmes besteht darin, dass Freizeit und Arbeit, Popularität und Vergütung so eng miteinander verbunden zu sein scheinen, gleichzeitig aber auch in einem noch nie dagewesenen Ausmaß voneinander getrennt sind. Eine Vloggerin, Gaby Dunn, beschreibt eine Erfahrung, die immer häufiger von »mittleren Web-Persönlichkeiten« gemacht wird, die nicht zu den Spitzenverdiener*innen gehören, also Menschen, die zwar sehr viele Fans und Follower*innen haben, aber nicht genug digitales Interesse wecken, um ein existenzsicherndes Einkommen zu erzielen. Diese Social-Media-Stars des Mittelrangs werden häufig von begeisterten Fans erkannt, müssen aber Nebenjobs annehmen, um über die Runden zu kommen, was zu unangenehmen Begegnungen an den Kassen von Coffeeshops und Kaufhäusern führt. Laut Dunn sind »Social-Media-Stars zu sichtbar, um ›echte‹ Jobs zu haben, aber zu pleite, um sie abzulehnen«. Es ist schwierig, dem Publikum zu versichern, dass man weiterhin authentisch ist, wenn die Produktplatzierung eine der wichtigsten Möglichkeiten ist, das Einkommen als Social-Media-Star oder Influencer*in aufzubessern, und wenn jede falsche Einschätzung der Reaktion des Publikums sofort mit *Unfollowing* bestraft wird.[47] Hier zeigt sich die Kehrseite des Goldmarie-Traums von der spontanen Entlohnung, die für unabhängige Online-Kreative nur allzu offensichtlich ist: Wo das Geld für die Beliebten plötzlich und scheinbar aus dem digitalen Nichts auftauchen kann, kann es genauso gut ausbleiben.

Einst war Ruhm in der Popkultur nur durch eine milliardenschwere Infrastruktur von Plattenlabels, Rundfunkanstalten, Filmstudios und Printmedien möglich. Diese Gatekeeper wählten die potenziellen Stars aus, teilten aber auch die Arbeit, die Risiken und die Profite, die mit der Verbreitung ihrer Werke einhergingen. Die sogenannte Demokratisierung digitaler Plattformen und deren Angebot an Möglichkeiten zur Selbstdarstellung hat zu einem außergewöhnlichen Übermaß an Popularitätsarbeit geführt. Zu einem Übermaß an freiwilligen, unbezahlten Inhalten, in struktureller Isolation produziert und von digitalen Hardware- und Softwareanbietern, Internet- und Stromunternehmen, den Verkäufer*innen und Käufer*innen von Big Data, Plattformen und Werbetreibenden monetarisiert und um ein Vielfaches in ihrem Wert gesteigert – wobei nur selten ein winziger Anteil bei manchen der Produzent*innen dieser Inhalte ankommt. Die Kreativwirtschaft baut schon seit langem auf prekäre Arbeitsverhältnisse, und Popularität war schon vor der Erfindung des Internets ein flüchtiges Gut. Aber die Vielfalt der Wege, auf denen die Vertreter*innen kapitalistischer Interessen soziale Betätigung im Internet anzapfen und ausbeuten, ist bemerkenswert. Bereits im Jahr 2000 argumentierte Tiziana Terranova, dass das Internet eine »unmittelbare Verwertung von Onlineaktivitäten an der Schnittstelle kultureller und technischer Arbeit« ermöglicht.[48] Heute nimmt YouTube all jene mit offenen Armen auf, die einst beim Casting abgewiesen wurden, ebenso wie die, die einfach nur in ihre Haarbürste singen wollen, und verdient Geld mit ihnen und ihrem Publikum. Dabei spielt es keine Rolle, ob diese Menschen ihre Beziehung zur Plattform als Arbeit oder als Spiel begreifen.[49]

Diese unmittelbare Verwertung des Lebens durch das Kapital kehrt, in gewisser Weise, den Mythos der spontanen Belohnung, die Geschichte der Goldmarie, um und zeigt so gleichzeitig ihr wahres Gesicht. Die Stars des Internets, die scheinbar ihr Freizeitspiel zu Geld machen, in Wirklichkeit aber gezwungen sind, ständig an der affektiven Arbeit der alltäglichen Popularität für einen sehr ungewissen Gewinn zu feilen, können emblematisch für die Mechanismen der Gig-Economy stehen, von *TaskRabbit* bis *Uber* – Berühmtheit selbst ist jetzt ein Null-Stunden-Vertrag geworden. YouTuber*innen und Podcaster*innen auf der einen und Gelegenheitsarbeiter*innen auf Plattformen wie *TaskRabbit* auf der anderen Seite haben gemeinsam, dass sie Zeug*innen der totalen Beseitigung der sozialen Infrastruktur traditioneller Arbeitsverhältnisse sind. In den neuen Strukturen gibt es keine regelmäßigen Gehälter, keine Renten, keine Sozialleistungen, keine Rechte, keine Kolleg*innen, kurz: keinen Job. Wenn ihre Verwertung unmittelbar ist, dann ist sie es im Sinne der im digitalen Kapitalismus fehlenden Vermittlung durch traditionelle Beschäftigungsverhältnisse. Ein solches Regime macht es leicht, Gratisarbeit anzuzapfen, aber es erschwert seinen Subjekten, im Kampf um bessere Arbeitsbedingungen einen greifbaren Gegner oder überhaupt ein Publikum für Beschwerden zu finden. Die harte Arbeit des Jungen-Mädchens von heute besteht also in der digital vermittelten Performance ihres Lebens, das seinerseits unmittelbar der Wertschöpfung des digitalen Kapitals zugänglich gemacht wird, während gleichzeitig die Strukturen und Angebote der Lohnarbeit schwinden.

Die Stars der sozialen Medien, die ihre Miete nicht bezahlen können, stellen sozusagen eine Weiterentwicklung jenes Trends dar, den wir bereits am Unterschied zwischen Amy und Peaches festgemacht haben – des Trends zur alltäglichen Berühmtheit und zum eigenen Leben als Werk. Der wichtigste Aspekt dieser alltäglichen Berühmtheit ist, dass niemand von uns völlig davon ausgenommen ist. Diejenigen von uns, die nicht aktiv in den sozialen Netzwerken Karriere machen, sind dennoch zunehmend gezwungen, sich online in denselben Formaten und nach denselben Regeln zu präsentieren. Facebook und Instagram mit ihren Milliarden Nutzer*innen sind nur die offensichtlichsten Beispiele für Plattformen, die mit ihrem Schwerpunkt auf visuellem Material und dem *Like*-Button ihre Nutzer*innen dazu erziehen, ihr Leben um der öffentlichen Beurteilung und Anerkennung willen zu dokumentieren und zu kuratieren.[50]

Das Berühmtheits-Prinzip, also die Arbeit aller an der eigenen Popularität als grundlegender Akt der sozialen Interaktion, wird auf digitalen Plattformen verstärkt und normalisiert; und selbst für Nicht-Berühmte nimmt es einige unerwartete monetarisierende Formen an. Ein frühes Beispiel war das Nutzen sozialer Netzwerke, um Geld für wohltätige Zwecke zu sammeln. Die Freund*innen von Freund*innen, die um Spenden in ihrem Namen bitten, wofür sie im Gegenzug einen Marathon laufen, den Kilimandscharo besteigen oder mit dem Fahrrad eine Wüste durchqueren – eine bekannte Figur der Mittelschicht der nuller Jahre. Doch schon bald wurde aus dem persönlichen Spendensammeln das Crowdfunding. Eine Reihe von Plattformen, wie *Kickstarter*, boten die Möglichkeit, ein großes Publikum um Geld zur Unterstützung kreativer Projekte und neu gegründeter Unternehmen (oder als Mini-Investition in diese) zu bitten, und andere, wie *Justgiving*, ermöglichten es, Geld für Menschen zu sammeln, die von einem persönlichen Unglück betroffen waren oder teure medizinische Versorgung benötigten. Beide Arten der Finanzierung haben außerordentliche Geldbeträge für Zwecke eingebracht, die online auf Interesse und Mitgefühl gestoßen sind, aber sie zeigen gleichzeitig, wie normal die Vorstellung geworden ist, sich selbst für das tägliche Überleben als Sympathieträger*in zu verkaufen. Wo es Kürzungen im Kulturetat gibt, kann man auf *Patreon* um Unterstützung für die eigene Kunst werben; wo es keine funktionierende öffentliche Gesundheitsversorgung gibt, kann man Fremde davon überzeugen, dass man das Geld für lebensrettende Operationen verdient. Anne Helen Petersen weist darauf hin, dass Crowdfunding-Kampagnen für Krankenhausrechnungen in den USA zunehmend üblich sind. Dabei sind gerade solche Sammlungen erfolgreich, die für die Behandlung einer »unschuldigen« Erkrankung wie Krebs gestartet werden, während Behandlungen von »schuldbelasteten« Krankheiten, etwa Sucht- oder psychische Probleme, weniger Geld akkumulieren.[51] Nicht jedermanns Verzweiflung ist so gut monetarisierbar wie die Tragödie von Joey Rott, einem jungen Vater von Drillingen, dessen Frau bei der Geburt starb, und nicht jedermann ist wie Kati McFarland in der Lage, die Aufmerksamkeit auf ihren Gesundheitszustand und ihre Crowdfunding-Kampagne zu lenken, indem sie ihren republikanischen Senator in einer Fernsehdebatte wortgewandt herausfordert und ihm mangelnden Zugang zu erschwinglicher Gesundheitsversorgung vorwirft.[52]

Wenngleich die private Wohltätigkeit immer zum Liberalismus und zur Reduzierung staatlich finanzierten Sozialwesens tendiert, geht die Crowdfunding-Wohltätigkeit noch einen Schritt weiter, indem sie die Gewohnheit normalisiert, grundlegende individuelle Bedürfnisse als Verkaufsargument zu präsentieren, das keinen Raum für die Artikulation von politischen Rechten und Forderungen lässt. An dieser Stelle ist anzumerken, dass Crowdfunding zwar oft moralistisch funktioniert, nicht aber an eine spezifische moralische Agenda gebunden ist. Einzelne Kampagnen, die sich um die Finanzierung von Brustimplantaten mit an Pornografie grenzenden Inhalten bemühen, haben sich als ebenso beliebt erwiesen wie die der *tugendhaften Kranken*. Der gemeinsame Nenner ist die Popularität, die Reichweite und Aufmerksamkeit, nicht der Moralismus, und während die digitale Goldmarie im jeweiligen sozial-digitalen Kontext immer die Arbeit tun muss, die verlangt wird, wird ihr Erfolg allein an der monetarisierten Popularität gemessen. Die Kehrseite dieser Form der *Sympathie-Ökonomie* zeigt sich womöglich auch in den immer größeren Schwierigkeiten, auf globalem Level nationale und private Geldgeber*innen für die Unterstützung von Krisengebieten aufzubringen. Für den zunehmenden Wunsch nach affektiver Arbeit und der Intimität des Einzelfalls sind andauernde Hungersnöte von Millionen von Menschen wohl eine zu abstrakte Größe.[53]

Wie wir zu Beginn dieses Kapitels beschrieben haben, verstehen wir die Historie des Jungen-Mädchens als eine Entwicklung von Tätigkeiten, die für das Kapital Geld verdienen, ohne dabei als Arbeit zu gelten. Eng damit verbunden ist ein weiterer Teil dieser Geschichte, nämlich die Verwicklung menschlichen Begehrens mit dem Kapital. Der beunruhigendste Aspekt der neuen Formen affektiver Arbeit, die wir in diesem Kapitel erörtert haben, und der Stolperstein für fast alle aktuellen Analysen von Mühe und Lust im 21. Jahrhundert ist genau dieser Teil der Geschichte: dass unser Begehren vom digitalen Kapitalismus so effektiv *zu Arbeit gemacht* wird. Wie aber kommen wir aus dem *Wunsch* nach Selbstverwertung heraus, und damit aus der Arbeit, die die brave Goldmarie für den Kapitalismus ableistet?

Jean-Jacques Rousseau vertrat 1755 in seinem *Diskurs über die Ungleichheit* die Auffassung, dass die Probleme der Menschheit begannen, als der Urmensch, zuvor unabhängig und frei, den Fehler beging, es nicht beim reproduktiven Sex zu belassen, und stattdessen Liebe und Sprache und in der Folge eine gemeinsame Kultur entwickelte:

> In dem Maße, in dem Begriffe und Gefühle aufeinander folgen, und der Geist und das Herz sich ausbilden, fährt das Menschengeschlecht fort, zahmer zu werden; die Beziehungen erweitern sich, und die Bindungen

> werden enger. Man nahm die Gewohnheit an, sich vor Hütten oder um einen großen Baum zu versammeln; Gesang und Tanz, echte Kinder der Liebe und der Muße, wurden das Vergnügen, oder vielmehr die Beschäftigung der müßig versammelten Männer und Frauen. Jeder begann, die anderen zu achten und seinerseits geachtet werden zu wollen, und das öffentliche Ansehen erhielt einen Wert. Wer am besten sang oder tanzte, wer der Schönste, der Gewandteste oder der Beredsamste war, wurde der Geachtetste; und dies war der erste Schritt zur Ungleichheit und zugleich zum Laster. Aus diesen ersten Bevorzugungen erwuchsen einerseits die Eitelkeit und die Verachtung, andererseits die Scham und der Neid; und die Gärung, die durch diese neuen Hefen verursacht wurde, erzeugte schließlich Zusammensetzungen, die für das Glück und die Unschuld verderblich waren.[54]

Rousseau erkennt hier bereits, dass Freizeitbeschäftigung eine Form von Arbeit ist – nämlich das Streben nach Anerkennung und öffentlichem Ansehen. Sein Bild einer ursprünglichen Rangelei um persönliche Wertschätzung entspricht dabei natürlich nicht der späteren marxistischen Idee der Selbstverwertung im Kapitalismus. Trotzdem weist Rousseau auf eine Art neolithisches Junges-Mädchen hin, das am Ursprung der Gesellschaft selbst, und daher auch am Ursprung allen folgenden Elends und aller folgenden Ungleichheit, arbeitet. Ihm zufolge führt eine klare Linie von rein funktionalem Sex über Liebe, Architektur, Familie, Sprache und Zeichen, Kunst und Kultur hin zur Sozialität als Raum für Angeberei und kalkulierte Selbstdarstellung, und damit letztlich zu Krieg und Gewalt. Man muss Rousseau nicht zustimmen, um zu erkennen, dass seine Sichtweise auf einige unlösbare Probleme der Diskussion über das menschliche Leben und die menschliche Arbeit hinweist. Jacques Derrida, Rousseaus wichtigster Leser des 20. Jahrhunderts, hat gezeigt, dass dessen Werk von einer doppelten Bewegung durchdrungen ist, die auf der einen Seite einen unschuldigen Ursprung der Menschheit festlegen will, während sie gleichzeitig anerkennt, dass das menschliche Leben bereits von Anfang an durch Technologie, Sprache und Artikulationsprozesse im weitesten Sinne vermittelt ist.[55] Wenn wir diese entscheidende philosophische Errungenschaft des vergangenen Jahrhunderts, die Anerkennung der unentwirrbaren *Technizität* des menschlichen Lebens und Arbeitens und damit des Sozialen, für unsere Betrachtung des Jungen-Mädchens berücksichtigen, können wir zu einer wichtigen Schlussfolgerung kommen: Es ist schlicht unmöglich, sich einen Ort vorzustellen, an dem wir unsere Sehnsüchte vollständig *offline* nehmen können, ebenso unmöglich, wie eine Online-Utopie zu denken, in der *Multituden* mittels Technologien miteinander in Kontakt treten, die ganz und gar außerhalb vermittelter Machtverhältnisse liegen.

Wir werden dieses Problem im Zusammenhang mit der Frage nach der Zukunft der Arbeit im nächsten Kapitel aufgreifen. Abschließend sei gesagt, dass die Anerkennung der ursprünglichen Technizität des Sozialen uns bereits dabei helfen könnte, unsere Perspektive auf einige der negativen Eigenschaften zu überdenken, die dem Jungen-Mädchen zugeschrieben werden. Wenn es von der steinzeitlichen Axt bis zum Make-up nicht so weit ist, wenn wir weiterhin anerkennen, dass das unbändige Potenzial menschlichen Begehrens immer auf irgendeine Weise durch Technologien solcher Art vermittelt und kanalisiert wird, dann könnten wir unsere Aufmerksamkeit darauf richten, unsere sozialen Technologien *neu* zu artikulieren, anstatt dem Versuch anzuhängen, sie ganz loszuwerden.

4

Drei Mal Wollen nach dem Kapitalismus

Wir greifen den Text, mit dem wir das letzte Kapitel abgeschlossen haben, noch einmal auf. Jean-Jacques Rousseaus *Zweiter Diskurs* beginnt mit einer bemerkenswerten Darstellung der Schwierigkeit, über die Vergangenheit zu schreiben. Jeder Denker, so Rousseau, der zurückblickend die Menschheit in ihrem *Naturzustand*, also vor dem Zivilisationsprozess, zu beschreiben versucht hat, ist letztendlich der Versuchung erlegen, Menschen einer entfernten Vergangenheit aus der eigenen Gegenwart abgeleitete Verhaltensweisen und Wünsche anzudichten. Hobbes und La Rochefoucauld – die berühmten Zyniker des 17. Jahrhunderts, die Rousseau hier ganz besonders im Sinn hat – glaubten, die Unausweichlichkeit ihres eigenen düsteren Menschenbilds zu demonstrieren, indem sie unsere ursprüngliche und natürliche Barbarei bewiesen. In Wirklichkeit, so Rousseau, waren ihre Behauptungen irreführend und selbstbestätigend, da sie schlichtweg das schlechte Verhalten ihrer eigenen Zeitgenoss*innen in die Vergangenheit projizierten: »Alle [diese Philosophen] haben, unaufhörlich von Bedürfnis, Habsucht, Unterdrückung, Begierden und Stolz redend, Begriffe auf den Naturzustand übertragen, die sie der Gesellschaft entnommen haben.« Ungeachtet ihrer anderen Leistungen in historischen Rekonstruktionen, so Rousseau, haben seine Vorgänger bei ihren Darstellungen des Naturzustandes versäumt, das menschliche Subjekt selbst zu historisieren.

Da dies in seinen früheren Erscheinungsformen notwendigerweise völlig unfassbar und nicht wiederherzustellen sei, »sprachen sie vom wilden Menschen und stellten den zivilisiert-bürgerlichen Menschen dar«.[1]

Dieser Analyse nach verhielten sich Rousseaus Vorgänger ähnlich wie die Serie *Familie Feuerstein* vom Hanna-Barbera-Zeichentrickstudio, die in prähistorischen Zeiten die moderne Musterfamilie und die vorstädtischen Konsumgewohnheiten der 1960er Jahre vorfindet. Es ist Rousseau wichtig, darauf hinzuweisen, dass die Philosophen, die er kritisiert, die bloße Möglichkeit eines guten und tugendhaften Frühmenschen außen vor lassen. An dieser Stelle wendet sich dann, was als Argument für die Unwägbarkeit der Vergangenheit begonnen hat, in Richtung der Möglichkeiten der Zukunft. Wenn es nämlich plausibel ist, dass die *schlechten* Begierden von heute lediglich kontextabhängig, historisch-kulturell erworben sind – und nicht dauerhaft und ursprünglich –, dann bedeutet dies, dass sie überwunden und unsere früheren *guten* Begierden wiedererlangt werden könnten. Anderswo wird diese Überlegung den Kern von Rousseaus utopischem politischen Projekt bilden; doch wie manche festgestellt haben, bringt ihn dieser Ansatz auch in eine Zwickmühle. Denn wie kann Rousseau sich anmaßen, über die Tugenden des menschlichen Subjekts, gewissermaßen vor dem Sündenfall, zu spekulieren, wenn gemäß seiner eigenen Kritik dieser Zustand durch seinen unüberwindbaren, nicht greifbaren Unterschied zu uns definiert ist?[2] Rousseau behauptet, dass er die Anmaßungen historischer Rekonstruktion umgehe, indem er ganz bewusst fiktive »hypothetische und bedingte Überlegungen« anstellen würde.[3] Aber wie kann man solche fiktiven Spekulationen über die Vergangenheit betreiben, wenn nicht aus der Gegenwart heraus, in all ihrer unwissenden Modernität?[4] Rousseau gerät zwangsläufig in seine eigene, umgekehrte Version von Hobbes' und La Rochefoucaulds *Feuerstein*-Fehlschluss: Auch er maßt sich an, die Tugenden prähistorischer Menschen zu beschreiben – doch auch seine fiktive Spekulation stellt sich zwangsläufig als eine an den Maßstäben der Gegenwart ausgerichtete Perspektive auf ein normativ-wünschenswertes Verhalten heraus. Da Rousseau seinen Ansatz zudem gebrauchen will, um Projektionen über die Menschen der Zukunft zu entwickeln, entsteht in seinem Fall ganz offensichtlich ein zusätzliches Problem, das wir hier als *Jetsons*-Fehlschluss bezeichnen wollen – benannt nach den *Jetsons*, der Schwesterserie der *Familie Feuerstein*, die die Geschichte einer Kleinfamilie mit Familieneinkommen in einer Zukunft vollautomatisierter Bequemlichkeiten erzählt. Dieser Fehlschluss geht davon aus, dass die Charaktere, Identitäten und Wünsche zukünftiger Menschen auch dann nach denen der Gegenwart beurteilt werden könnten, wenn sich alle anderen Aspekte ihres Lebens verändern. E. P. Thompson folgte Miguel Abensour in seiner Bemerkung, dass der Zweck der utopischen Schriften von William Morris gerade darin bestand, »das Begehren zu lehren, besser zu wollen, mehr zu wollen und vor allem auf andere Weise zu wollen«.[5] Doch dem *Jetsons*-Fehlschluss zufolge ist diese *andere Weise* kaum möglich, ist an den Begehren der Gegenwart nicht zu rütteln.

In diesem Kapitel untersuchen wir drei Variationen dieses Problems in aktuellen Post-Arbeits-Denkansätzen, drei Möglichkeiten des Wollens nach dem Kapitalismus. Zunächst nehmen wir unsere Kritik an Anti-Arbeits-Autor*innen aus dem ersten Kapitel wieder auf, diesmal jedoch nicht im Hinblick auf die Tendenz einiger dieser Autor*innen, in moralische Vorschriften zu verfallen, sondern auf den entgegengesetzten Versuch anderer, eine Art Utopie zu verlangen, die nicht versucht, *neue* Wünsche zu schaffen, sondern einfach die zu erfüllen, die wir heute bereits haben. Sie liefern damit die erste Form eines Wollens nach dem Kapitalismus, mit der wir uns beschäftigen. Den in gewisser Weise real existierenden Postkapitalismus des Silicon Valley nehmen wir uns als zweite mögliche Form eines Wollens in der Zukunft vor und zeigen, welche Probleme die essenzialisierenden und statischen Vorstellungen des Begehrens schaffen, auf denen die Methode des Silicon Valley beruht. Zum Schluss wenden wir uns einer positiveren Weiterentwicklung und einem anderen Ansatz bezüglich der Probleme des *Jetsons*-Fehlschlusses zu – und damit unserer dritten Variante des Wollens für eine neu organisierte Gemeinschaft und Wirtschaft. Wir spekulieren darüber, wie der Anti-Arbeits-Diskurs sein Befreiungsprojekt um unsere vermeintlich *schlechten Wünsche* herumbauen könnte, die sich entgegen Morris' Utopien des besseren Begehrens doch nicht verwandeln lassen.

Der *Jetsons*-Fehlschluss im Anti-Arbeits-Diskurs

Wie bereits erwähnt, hat John Maynard Keynes einen grundlegenden Beitrag zum modernen Genre des Post-Arbeits-Utopismus geleistet, indem er in »Wirtschaftliche Möglichkeiten für unsere Enkelkinder« (1930) aussprach, was als der eigentliche ethische Kern von Anti-Arbeits-Ideen gelten kann:

> Zum ersten Mal seit seiner Erschaffung wird der Mensch damit vor sein wirkliches, sein dauerhaftes Problem gestellt sein – wie seine Freiheit von drückenden wirtschaftlichen Sorgen zu verwenden, wie seine Freizeit auszufüllen ist, die Wissenschaft und Zinseszins für ihn gewonnen haben, damit er weise, angenehm und gut leben kann.[6]

Dies ist eine radikale Perspektive. Keynes behauptet geradeheraus, dass wir uns in einem Leben ohne Arbeit (oder mit viel weniger Arbeit) zum ersten Mal wirklich mit unseren Wünschen auseinandersetzen müssten. Wir werden uns nicht mehr auf Pflicht und Notwendigkeit berufen können (und auch nicht auf Erschöpfung): *Wir werden tun müssen, was wir tun wollen.* Doch die Frage, *was wir tun wollen,* als »dauerhaftes Problem« des Menschen zu bezeichnen bedeutet, ungewollt die skandalöse Möglichkeit offen zu lassen, dass das Problem nicht nur schon immer da war, sondern dass es – da es permanent ist – nie gelöst werden wird. Genau diese Behauptung wird zeitgleich mit Keynes von Sigmund Freud in *Das Unbehagen in der Kultur* (1930) aufgestellt. In der praktisch einzigen Erwähnung des sowjetischen Kommunismus in seinem Gesamtwerk bemerkt Freud, dass, unabhängig davon, ob die Sowjets in wirtschaftlicher Hinsicht Recht haben oder nicht, sie dann falsch liegen, wenn sie behaupten, der Kommunismus könne dazu führen, dass alle Menschen in friedlicher Harmonie »die notwendige Arbeit« verrichten und ihre restliche Zeit in Muße verbringen würden.[7] Freud versucht in seinem Text die Gründe dafür zu beschreiben. Wie das Begehren auf vielerlei Arten und Weisen seinen Objekten und Motiven vorausgeht und sie übertrifft, und wie leicht es abgelenkt, vereitelt, eingespannt wird und selbstzerstörerische Formen annimmt. Er geht davon aus, dass dies auf jede menschliche Kultur zutrifft, unabhängig von ihrem Wirtschaftsmodell und davon, wie viel oder wenig Arbeit es zu tun gibt. Menschliches Wollen bleibt, in Keynes' überdeterminierter Formulierung, das unlösbare *Dauerproblem*, selbst dann, wenn die meisten materiellen Hindernisse seiner Befriedigung beseitigt sind.

Es ist ein Dilemma, das mindestens bis Rousseau zurückreicht, aber das angebliche *Dauerproblem* des menschlichen Wollens muss beim Schreiben über die Zukunft zumindest teilweise verdrängt werden. Marx selbst ist ausdrücklich misstrauisch gegenüber Spekulationen, wie das Leben in der kommunistischen Gesellschaft aussehen würde – allerdings aus zwei scheinbar entgegengesetzten Gründen. Erstens müsse revolutionäre Veränderung, welche »den jetzigen Zustand aufhebt«, von materiellen, »jetzt bestehenden Voraussetzungen« ausgehen, nicht von weit entfernten Spekulationen; und zweitens könne der »vorhergegebne Maßstab« der bürgerlichen Kultur den Horizont des Wünschenswerten so sehr einengen, dass dieser die Möglichkeiten einer revolutionären Zukunft ausschließe.[8] Es ist folglich gefährlich, sich explizit über die Zukunft zu äußern, weil derlei Spekulationen unzureichend auf gegenwärtigen Bedürfnissen gegründet sind *und gleichzeitig* zu sehr von ihnen eingeschränkt werden. Für die anarchistische Feministin Emma Goldman scheiterte die Russische Revolution an letzterem Problem, also daran, dass ihre Reichweite durch die vorrevolutionäre Kultur zu sehr eingegrenzt wurde. Wo »fundamentale Ideen und Werte intakt« gelassen wurden, konnte »nur eine oberflächliche Veränderung« bewirkt werden.[9] Dass man nicht davon ausgehen darf, dass die repräsentative *Jetson*-Familie mit besseren und gerechter verteilten Gadgets, aber mit den gleichen Wünschen und Motivationen leben wird, darf als Grundregel für viele Projekte radikalen wirtschaftlichen und kulturellen Wandels gelten. Doch wie Kate Soper in ihrer Untersuchung der Rolle des Verlangens in sozialistischen Utopien feststellt, enthält solches Denken eine unmögliche Dimension. Ohne eine »minimale Kontinuität« zwischen den bestehenden »Bedürfnisstrukturen« und denen einer neuen Gesellschaft ist es schwer vorstellbar, wo »der politische Wille zur Revolution« überhaupt herkommen soll.[10] Jene Radikalen, die erst dann zugeben, dass eine Revolution stattgefunden hat, wenn von den alten Institutionen und Affekten keine Spur mehr zu finden ist, »fordern uns auf anzuerkennen, dass eine bestimmte Gesellschaftsform eine Verbesserung gegenüber derjenigen ist, die sie ersetzt, während sie vorgeben, nicht zu wissen, wer die Menschen sind, deren Bedürfnisse und Wünsche dort angeblich befriedigt werden«, so Soper.[11] Andererseits wird jeder Versuch, die utopische Zukunft zu konkretisieren, zwangsläufig versprechen, alle möglichen Wünsche zu erfüllen, die wir im Hier und Jetzt haben – obwohl sich diese Wünsche, wenn wir in einer zukünftigen Gesellschaft leben, bereits völlig verändert haben könnten.

Eine neue Variante dieses Dilemmas findet sich in dem gleichzeitig provokanten, satirischen und vollkommen aufrichtigen Slogan *Fully Automated Luxury Communism* (FALC), also vollautomatisierter Luxuskommunismus, und der damit beschworenen Version einer Post-Arbeits-Utopie. In einem kurzen Essay für die Zeitschrift *Vice* aus dem Jahr 2015, einige Jahre vor der Veröffentlichung seines gleichnamigen Manifests, stellt Aaron Bastani die Zukunftsvision des südafrikanischen Luxusgütermagnaten Johann Rupert derjenigen des damaligen britischen Finanzministers George Osborne gegenüber. Osbornes extreme Kürzungen der Staatsausgaben waren gerade bei den Wahlen 2015 von der Wählerschaft gebilligt worden, und er versuchte nun, diese Maßnahmen zu einer Zukunft der »permanenten Sparpolitik« auszuweiten. Rupert hingegen befürchtete, dass die von vielen Ökonom*innen vorhergesagte Massenautomatisierung und Arbeitslosigkeit eine existenzielle Krise für seine eigene Luxusmarkenbranche bedeuten würde, da sich immer weniger Menschen ihre Produkte leisten könnten. Bastani argumentierte in seinem Text, dass wir Rupert beim Wort nehmen und somit die Möglichkeit beim Schopf packen sollten, Osbornes Sparkurs zu überwinden. Vollautomatisierung *und* das Recht auf Luxuskonsum sollten so zum »politischen Abenteuer unseres Lebens« verbunden werden.

Eine Kombination aus der bekannten Forderung nach einer Befreiung von der Arbeit auf der einen Seite und »Cartier für jedermann, Montblanc für die Massen und Chloe für alle« auf der anderen.[12]

Der Traum von einer Zukunft nach der Knappheit, das zeigen zahlreiche Beispiele, wird oft aus der größten Knappheit heraus beschworen. Entscheidend für die rhetorische Ausrichtung des bereits erwähnten Textes von Keynes ist etwa, dass er mitten in der Großen Depression verfasst wurde, als die Ankunft des von ihm beschriebenen Wohlstands in der Tat sehr zweifelhaft erschien. Weiter gibt es eine Untergattung US-amerikanischer Volkslieder über eine Welt nach der Arbeit und nach der Knappheit, die allesamt von »Zigarettenbäumen« und »Seen voller Eintopf und Whiskey« handeln; in einem Lied stellt sich ein verarmter Landstreicher als Sprecher vor, dass »die Hühner weichgekochte Eier legen« und »es gar keine Schaufeln gibt«.[13] Wie im ersten Kapitel erwähnt, entstanden auch die Anti-Arbeits-Visionen der italienischen Postoperaist*innen und der *Lohn für Hausarbeit*-Bewegung vor dem Hintergrund von Wirtschaftskrisen und dem zerbrechenden ökonomischen Nachkriegskonsens. Die gegenwärtige Welle von Anti-Arbeits-Publikationen schließlich – mit dem FALC-Slogan als Emblem – folgt diesem Muster. Sie entstand während der Rezession nach der globalen Finanzkrise von 2008 und wurde unter prekären jungen Hochschulabsolvent*innen weiterverbreitet.[14]

Womöglich ist der übliche Gegensatz zwischen aktuellem Mangel und gefordertem Überfluss in Anti-Arbeits-Schriften dieser jüngsten Welle sogar noch ausgeprägter, da sie vor dem dystopischen Hintergrund der drohenden Klimakatastrophe entstand. FALC-Befürworter*innen geben sich Mühe, die grüne Seriosität von Post-Knappheits-Technologien wie 3D-Druck, Roboterarbeitern und im Labor erzeugten Lebensmitteln hochzuspielen und ihr Potenzial als Alternative zu den ungerechten und umweltzerstörerischen globalen Lieferketten von heute zu betonen. Doch dies kann die Ungereimtheit zwischen Bastanis Forderung nach »Cartier und Chloe für alle« auf der einen Seite und umweltpolitischen Forderungen nach einem Rückgang des Wachstums auf der anderen nicht gänzlich auflösen.[15]

FALC kann allerdings auch als der Versuch verstanden werden, mittels eines *Verfremdungseffektes* die allgemeinen Assoziationen der politischen Linken mit Stachanowscher Selbstdisziplin, verkrampft asketischer Moral und Misstrauen gegenüber populären Vergnügungen umzustoßen. Der Ansatz ist auch deswegen rhetorisch wirksam, weil es schwierig ist zu widersprechen, ohne selbst ein wenig humorlos zu wirken. Auch an die theoretischen Ungereimtheiten, die Soper in Marx' Ablehnung konkreter Zukunftsbilder diagnostiziert, geht FALC wie an einen gordischen Knoten heran. Anstelle der vorgetäuschten Unwissenheit, die sich Marxist*innen laut Soper auferlegen, wenn es darum geht zu sagen, welche gegenwärtigen Bedürfnisse und Wünsche ein zukünftiger Sozialismus befriedigen soll, holt FALC uns dort ab, wo unsere Wünsche sind, im Hier und Jetzt, und verspricht, sie von A bis Z zu befriedigen. Indem er schamlos das *Bling-Bling* von Luxusmarken mit hohem Wiedererkennungswert anbietet, umgeht FALC auch den Vorwurf, den wir im ersten Kapitel erhoben haben, nämlich dass die Anti-Arbeits-Autor*innen uns von der Arbeit befreien wollen, nur um uns zu ihrer eigenen Tugendbold-Vorstellung einer guten Zeit zu verdammen. Aber dieses Bekenntnis zum Luxus erfordert auch eine taktische Projektion gerade solcher Wünsche in die Zukunft, die von vielen radikalen Denker*innen nicht nur als spezifisch kapitalistisch betrachtet werden, sondern deren Überwindung viele sogar aktiv betreiben.

Ein einfaches Beispiel: Der hyperrealistische »blutende vegane Burger«, seit 2018 auf dem Markt, kommt als prototypisches FALC-Produkt daher. Wie jede*r, die oder der (wie die Autor*innen) in den 1990er Jahren Vegetarier*in wurde, bestätigen kann, sind herkömmliche Fleischersatzprodukte wenig überzeugend. Diese neuen Burger hingegen versuchen so weit wie möglich, die Textur von Fleisch nachzuahmen und sogar Rote-Bete-Saft zu *bluten*. (In einer Onlinebewertung heißt es: »Als jahrzehntelanger Vegetarier war ich von der Konsistenz völlig verstört und werde diesen Burger nie wieder essen.«) Man könnte das neue, realistische Fleischimitat sogar als einen Probelauf für die Normalisierung von im Labor gezüchtetem (und damit praktisch methan- und grausamkeitsfreiem) *echten* Fleisch interpretieren.[16] Es wird immer schwieriger zu leugnen, dass Veganismus zur existenziellen Notwendigkeit wird. Der Planet kann die industrielle Tierhaltung in ihrem derzeitigen Ausmaß nicht verkraften, und zusammen mit der gestiegenen Sichtbarkeit der nicht zu ignorierenden Grausamkeit in der Massentierhaltung überzeugt dies eine wachsende Anzahl von Menschen, sich vegan zu ernähren. Dieser Trend fällt jedoch auch mit dem Anstieg der fleischbetonten Paleo-Diäten im Westen zusammen (auf die Spitze getrieben von Kulturkrieger Jordan Peterson, der behauptet, sich ausschließlich von Rindfleisch zu ernähren), und sogar mit einer Zunahme der *Fleischigkeit* von Fleischprodukten in der populären Küche: das allgegenwärtige Pulled Pork, Hipster-Burger, die wie postmoderne Skulpturen aufgestapelt sind, und Pommes frites, die mit Bacon überhäuft werden.

Eine traditionelle Vorgehensweise der Kulturkritik wäre nun, zu hinterfragen, *warum* dieses Verlangen nach Fleisch im gegenwärtigen Kontext der ökologischen Krise entsteht. Wir könnten Roland Barthes konsultieren, der in *Mythen des Alltags* über die Beziehung zwischen rohem Steak und Nationalismus schreibt, könnten die Kritik des »Karnophallogozentrismus« bei Jacques Derrida oder im Rahmen der *écriture feminine* lesen, oder Carol J. Adams' feministisch-vegetarische Theorie zur Sexualpolitik des Fleischkonsums. Kurzum: Es gibt einen ganzen Kanon der Kritik an der symbolischen Gewalt, die sich im Laufe der Geschichte unseres Umgangs mit Fleisch angehäuft hat. Der FALC-Burger hingegen umgeht die Tradition der Kritik an unserem Verlangen nach leckeren, aber zerstörerischen Dingen, indem er Mittel der Technologie nutzt, um direkt die *materielle* Dimension der tatsächlichen Grausamkeit und Umweltzerstörung anzugehen, und dabei das Verlangen selbst unangetastet lässt. Der vegane Burger interessiert sich nicht für das Netzwerk von Verhaltensweisen, Haltungen und Unterdrückungen, die mit dem Wunsch, Fleisch zu essen, einhergehen, genauso wenig wie Bastani sich für die Gründe interessiert, warum der oder die Einzelne sich nach Cartier, Montblanc und Chloe sehnt. Unfreundlich gesinnte Leser*innen könnten FALC daher frei nach Slavoj Žižek interpretieren, als eine extreme Zuspitzung der Vorliebe des Neoliberalismus für »Produkte, die ihrer schädlichen Eigenschaften beraubt sind: Kaffee ohne Koffein, Sahne ohne Fett, Bier ohne Alkohol ... Kriegsführung ohne Opfer (auf unserer Seite natürlich)«. Mit anderen Worten: Kommunismus ohne die Notwendigkeit, auf die egoistischen, gewalttätigen und sexistischen Freuden des Kapitalismus zu verzichten.[17] Die wohlwollendere Alternativlesart besteht darin, FALC zuzusprechen, dass er die Notwendigkeit einer radikalen Zurückhaltung des normativen Urteils erkannt hat. Die kulturhistorische Plastizität des Begehrens einzuräumen hilft nicht dabei, vorherzusagen oder im Vorhinein zu bestimmen, welche Begehren ganz oder teilweise in die Post-Arbeits-Utopie passen und welche – wie die Laster der Zeitgenossen Rousseaus – auf der Strecke bleiben werden.

Ein zweiter neuerer Anti-Arbeits-Text, den wir bereits im ersten Kapitel erwähnten, *Die Zukunft erfinden* von Nick Srnicek und Alex Williams, betont ebenfalls, dass die politische Linke eine Zukunft des Überflusses für sich in Anspruch nehmen sollte. Zwar sind Srnicek und Williams nicht so unverhohlen populistisch wie Bastani, aber wenn sie ihre Vorstellung eines Lebens nach der Arbeit ausmalen, ist es ganz so, als ob das Genre selbst sie zwingt, bereits bestehende Wünsche der Gegenwart kontinuierlich in eine zukünftige Welt zu projizieren und zu verlängern:

> [I]n einer solchen Gesellschaft [wird] die verbleibende Arbeit uns nicht länger von einer äußeren Gewalt aufgezwungen – weder von Vorgesetzten oder Auftraggebern, noch von den Geboten des Überlebens. Arbeit entspränge *unserem eigenen Wollen*, nicht äußeren Vorgaben.[18]

Das Wollen, auf das sich Srnicek und Williams berufen, ist das Verlangen nach einer sinnvollen menschlichen Tätigkeit und nicht nach Bastanis Luxusgütern. Aber eine Version des zuvor beschriebenen *Jetsons*-Fehlschlusses trifft dennoch auch hier zu. Bastani beruft sich auf den heutigen Wunsch der Menschen nach schönen Uhren und Kleidern, die ihnen durch eine ungerechte Hierarchie vorenthalten werden, eine Hierarchie, deren Abschaffung er verlangt (womit er, wie oben besprochen, der Frage ausweicht, ob der Wunsch aus dieser Hierarchie selbst hervorgeht oder davon losgelöst existiert). Srnicek und Williams sind vorsichtiger, und trotzdem beschwören sie ein Verlangen nach sinnvoller Tätigkeit, das ebenfalls den Anschein hat, als sei es einfach *da*, immer schon vorhanden und nur aufgrund der durch »äußere Gewalt« und »äußere Vorgaben« auferlegten Grenzen unerfüllt. Die Psychoanalyse lehrt, dass wir nie einfach von unserem eigenen Wollen getrieben sind, weil unser Wollen nie auf einfache Weise unser *eigenes* ist. Es gibt immer ein gewisses Außen, das ihm auferlegt ist und ihm seine Form verleiht.

Dies ist eine Falle, die Srnicek und Williams an früherer Stelle ihres Buches ausdrücklich zu vermeiden versuchen, und zwar mit der Skizze eines Konzepts, das sie »synthetische Freiheit« nennen:

> Synthetische Freiheit [ist] eine geschaffene und nicht natürliche Freiheit, eine kollektive historische Errungenschaft und nicht ein simples Laisser-faire. Emanzipation heißt dementsprechend nicht, sich von der Welt abzusondern und eine ungebundene Seele zu befreien, sondern stattdessen die richtigen Verbindungen zu schaffen und zu kultivieren.

In der synthetischen Freiheit können wir »experimentieren und unkonventionelle Lebensentwürfe wagen, und wir können uns entscheiden, unsere kulturellen, intellektuellen und physischen Sensibilitäten zu fördern«, und gleichzeitig »offen für alles sein, was Menschen möglicherweise ersehnen«, auch wenn wir noch nicht vorhersehen können, was und wie diese Sehnsüchte sind.[19] In diesem Teil ihres Textes sind die Autoren eindeutig aus dem Schneider, was die Enthistorisierung des Begehrens angeht. Sie räumen ein, dass, was an Freiheit möglich ist, nicht auf dem bereits vorhandenen Willen des »abgesonderten« individuellen Subjekts beruht, sondern höchst plastisch und kontextuell ist. Doch diese Formulierung birgt ihre eigene theoretische Gefahr.

Wir haben bereits besprochen, wie die FALC-Idee es schafft, die Tendenz des Post-Arbeits-Diskurses zum präskriptiven Moralismus zu vermeiden. Bastani gelingt dies, nur um danach mit Anlauf in einen allzu simplen, seine historische Gebundenheit herunterspielenden Begriff des befreiten Wollens zu rasen. Im Vergleich dazu riskieren Srnicek und Williams mit ihren Versuchen, das Wollen zu nuancieren, sich in ein umgekehrtes Manöver zu verstricken. Wenn es keine menschliche Natur gibt, die die Formen zukünftigen Wollens von vornherein bestimmen kann, dann wird doch eine Art implizit-moralische äußere Vorschrift erforderlich (»Schaffung und Kultivierung *der richtigen* Bindungen«), zumindest wenn die beschriebene synthetische Freiheit mehr als bloßes Laisser-faire sein soll. Zum Ende des Buches bleibt dann auch, in letzter Konsequenz, jeder Anflug von lockerhemdsärmeligem Luxus in ihrer eigenen Version des vollautomatischen Luxuskommunismus auf der Strecke:

> Ein solches Vorhaben begleiten unausweichlich subjektive Veränderungen – tatsächlich werden Voraussetzungen geschaffen, damit die vom Kapitalismus geprägte egoistische Individualität sich zu kommunen und kreativen Formen des Sozialen wandeln kann, denen das Ende der Arbeit den Raum öffnet.[20]

Anscheinend ist der Post-Arbeits-Diskurs dazu verurteilt, zwischen dem Versuch, die Wünsche der Gegenwart auszulöschen (hier als »egoistisch« im Gegensatz zu »gemeinschaftlich und kreativ« moralisiert), und dem Versuch, sie enthusiastisch und unkritisch zu befriedigen, hin und her zu schwanken. Im weiteren Verlauf dieses Kapitels werden wir versuchen, einen Ausweg aus diesem Problem aufzuzeigen. Zunächst aber soll die Frage gestellt werden, wie ein bereits existierender technologischer Ansatz ins Bild passt, der nach eigener Beschreibung *utopisch* ist und den Anspruch erhebt, unsere Wünsche im Hier und Jetzt zu befriedigen – ganz ohne Vorschriften. Was also ist mit dem vollautomatisierten Luxuskapitalismus der heutigen digitalen Plattformen?

Was will das Silicon Valley?

Das Überraschende an Corey Peins Memoiren über sein Leben in San Franciscos Reservearmee der Tech-Industrie – jener Masse an überarbeiteten, um ihr berufliches Überleben kämpfenden Arbeiter*innen – ist, dass Aspekte dieser neoliberalen Dystopie einem gewissen utopischen Postkapitalismus ähneln. An der Spitze der Pyramide leben Programmierer*innen in Topunternehmen ein Post-Knappheits-Dasein, das genauso luxuriös ist wie der vollautomatische Luxuskommunismus es verspricht. Unterkunft, Wäscherei, Fitnessstudios, Fahrräder, Cafeterias und Alkohol sind kostenlos (»Bei GitHub gibt es auf jeder Etage eine Bar und einen geheimen Raum mit seltenen Whiskeys«), und Steak-Dinner werden auf den Schreibtischen der Mitarbeiter*innen serviert. Außerhalb dieses erlauchten Kreises organisieren weniger erfolgreiche Möchtegerns ihr Sozialleben um die kostenlosen Bars herum, die bei jedem App-Launch aufgebaut werden – »Ich weiß nicht, warum ich jemals für Alkohol bezahlt habe!« – und zu denen sie automatisch von der Eventbrite-App hingeführt werden.[21]

»Für die, die es sich leisten konnten, sich das Essen immer liefern zu lassen, und die sich daher nicht mit alltäglichen Aufgaben wie Wäschewaschen, Geschirrspülen oder Lebensmitteleinkaufen herumschlagen mussten, war es viel einfacher, ein Tech-Start-up zu gründen«, so Pein. Aus dieser Richtung kommt auch der Tekkie-Witz: »Die Tech-Kultur konzentriert sich nur auf eine Frage: Was tut meine Mutter nicht mehr für mich?«[22] Die von diesen Menschen entwickelten Apps und Produkte behaupten, uns alle betreffende Probleme zu erkennen und zu lösen. Ihr Erfolg scheint darauf zu beruhen, immer genauer anzupeilen, was wir schon immer wollten, und es uns dann auf dem Tablett zu servieren. Stattdessen ist es vielmehr so, dass sie umgekehrt Normen,

Wünsche, Geschäftspraktiken und Vorurteile (ganz zu schweigen von *Workaholism* und *De-Skilling*) universalisieren, die für San Franciscos seltsamen Vorposten des Spätkapitalismus so typisch sind. Im direktesten Sinne gilt dies dafür, wie der Plattformkapitalismus seit dem Finanzcrash sowohl ein ideologisches Feigenblatt als auch ein Modell für zunehmend unsichere Beschäftigungspraktiken im Westen geliefert hat.[23] Aber dieser Punkt trifft auch im übertragenen Sinne zu. Google kauft seinen geschätzten Mitarbeiter*innen 20-Dollar-Steaks, damit sie länger arbeiten, »aber mit der extra Arbeitszeit haben sie ihrem Arbeitgeber einen zusätzlichen Wert von zweihundert Dollar verschafft«.[24] Am Morgen werden sie in Bussen, mit WLAN ausgestattet, zur Arbeit gefahren und bekommen alle Annehmlichkeiten geschenkt, unter der geringfügigen Bedingung, dass sie ihre Arbeitsplätze so wenig wie möglich verlassen. Was ist das, wenn nicht eine etwas unheimliche, komprimierte Version jenes Handels, den der Plattformkapitalismus mit seinen Kund*innen abschließt: Alles umsonst bekommen, *aber die Plattform so wenig wie möglich verlassen.*

Dies ist der zweite Ansatz für das Wollen nach dem Kapitalismus, mit dem wir uns hier beschäftigen: die Rolle des Begehrens in den pseudo-postkapitalistischen Verträgen, die die großen digitalen Plattformen mit ihren Nutzer*innen abschließen und die den Zugang zu dieser wunderbaren Technologie nicht gegen Geld, sondern gegen Daten ermöglichen.[25] Ganz grundlegend ist es das Ziel dieser Plattformen, zu wissen, was wir wollen. Die Daten, die sie sammeln und nach denen ihre Algorithmen navigieren, sind stets die Aufzeichnung dieses Wollens: ein akkumuliertes Protokoll dessen, was Menschen, *deren Ähnlichkeit zu uns einkalkuliert wird*, dazu gebracht hat, auf das zu klicken, was sie angeklickt haben, das zu *liken*, was sie *geliked* haben und das zu tun, was sie getan haben.

Googles ursprüngliche Monetarisierung dieser Technologie, durch die Verknüpfung mit gezielter Werbung, hat unsere gesamte kulturelle Infrastruktur revolutioniert. Sie ermöglicht den Nutzer*innen (und sogar anderen Unternehmen, Websites und Plattformen) den Zugang zu modernsten Betriebssystemen, Kommunikationstechnologien, Landkarten, gestreamter Unterhaltung und vielem mehr, und zwar zu dem unwesentlichen Preis unserer Zustimmung dazu, dass diese Technologien ihre wahren Eigentümer*innen ständig über alles, was wir tun, informieren.[26] »Datenverkäufer rechtfertigen diese massive Datenerfassung mit dem Argument, dass sie versuchen, uns besser kennenzulernen, um *uns zu helfen*, um uns bessere Google-Suchergebnisse, bessere Amazon-Empfehlungen und bessere Facebook-Newsfeeds zu liefern«, so Nolen Gertz.[27] Jedoch tun sie dies, indem sie sich das zu eigen machen, was Shoshana Zuboff als die »wie ein Einwegspiegel funktionierende« Macht bezeichnet: »Möglichkeiten, mit einer automatisierten Architektur die Gedanken, Gefühle, Absichten und Interessen Einzelner wie ganzer Gruppen zu erschließen. Ohne Wissen oder Einwilligung der Betroffenen.«[28] Dies ist eine Revolution in der Archivierung unseres Begehrens und Wollens, und gleichzeitig ein nie dagewesener Einsatz von Technologie zu deren Befriedigung.

Zuboffs Begriff des *Überwachungskapitalismus* trifft einen großen Teil unserer Aktivitäten im digitalen Raum. Er verdeckt aber auch, dass die Plattformen in der Regel nicht einfach Überwachungssysteme sind, die uns bei unseren Tätigkeiten beobachten, als wären sie nicht da. Einige »always-on«-Systeme wie *Amazon Echo* überwachen uns tatsächlich auf diese passive und kontinuierliche Weise, und Google entwickelt sich ebenfalls in diese Richtung, mit zunehmender Datenerfassung auch der Zeiträume, in denen wir Websites nutzen, die nicht Teil von Googles Infrastruktur sind, oder in denen wir nicht einmal in unsere Apps eingeloggt sind. Abgesehen davon sind digitale Unternehmen allerdings ebenso hochmotiviert, unser Verhalten zu *ändern*. Nicht nur in Peins Sinne, also indem sie uns für die Bewältigung von Aufgaben, die wir früher selbst erledigt haben, von ihren Apps abhängig machen, sondern ganz generell, weil es im Interesse dieser Unternehmen liegt, dass wir *so viel Zeit wie möglich* auf Plattformen verbringen.[29] Es ist also kein Wunder, dass die CEOs an der Spitze dieser Unternehmen zu den enthusiastischsten Verfechter*innen der Idee eines universellen Grundeinkommens gehören, wenn das bedeuten würde, dass seine Empfänger*innen noch mehr Zeit zuhause an ihren Geräten verbringen könnten.

Mit der Ausbreitung der auf Daten basierenden Steuerungsmodelle digitaler Plattformen im täglichen Leben sowie in der staatlichen und betrieblichen Verwaltung geht die Expansion ihrer Kritik einher – aus rechtlicher, wirtschaftlicher, ethischer und pragmatischer Sicht.[30] Unser eigenes Argument in diesem Abschnitt ist vergleichsweise simpel; oder zumindest konzentriert es sich auf die Komplexität nur eines Teils der Funktionsweise dieser Plattformen, die ihre Architekt*innen als unkompliziert eingeschätzt zu haben scheinen. Die Grundlage des Handels, den wir mit diesen Plattformen eingehen, ist, dass ihre Algorithmen uns automatisch geben, was wir wollen. Jedoch beruht dieses Wollen im Plattformkapitalismus auf einer Vor-Freud'schen Theorie des Begehrens. Die Algorithmen gehen davon aus, dass *wir wollen, was wir wollen*. Mit anderen Worten: Es wird übersehen, dass wir Dinge wollen können, die uns gleichzeitig absolut unerträglich sind.[31] Man setzt sich an eine konkrete Aufgabe, kommt aber nicht weiter, weil man ständig von Facebook-Benachrichtigungen unterbrochen wird. Man verbringt ganze Abende mit dem Neid auf eine*n Rival*in auf Instagram. Man nimmt sich vor, früh ins Bett zu gehen, und ist in den frühen Morgenstunden immer noch online. Jede*r, die oder der diese Verhaltensweisen kennt, kann bestätigen, dass ein Teil unseres Verlangens, unseres Wollens, durchaus bereit ist, Befriedigung aus einer unterschwelligen Destruktivität zu ziehen, aus der wir kein bewusstes Glück schöpfen und für die wir uns vor anderen schämen würden.

Wie sonst soll man die gängige Warnung »Google nicht deine Symptome!« verstehen?[32] Jede*r, die oder der dies tut, wird schnell zur Selbstdiagnose der schrecklichsten Krankheiten mit den größten persönlichen Einschränkungen geführt. Warum hat der Algorithmus gelernt, uns dorthin zu leiten? Warum verbringen wir gerne Stunden damit, uns über grausame Krankheiten zu informieren, an denen wir höchstwahrscheinlich nicht erkrankt sind? In einem solchen Verhalten steckt ein selbstbestätigender Narzissmus, der sich daran erfreut, das Schlimmste zu *wissen* – und für Google ist all das umso erfreulicher, denn diese Stunden, in denen wir uns selbst verrückt machen, sind auch Stunden, in denen wir dem Konzern bereitwillig unsere intimen Daten zur Verfügung stellen.

Ein anderes Beispiel von Nolen Gertz: Woran liegt es, dass im Fall eines *Matchs* auf *Tinder*, wenn zwei Nutzer*innen der Dating-App einander ausgewählt haben, darauf nur sehr selten eine Nachricht von einer oder einem der beiden folgt? »Ein solches Verhalten deutet darauf hin«, so Gertz, »dass die Nutzer*innen von *Tinder* sich kaum auf gelegentliche Affären einlassen. Stattdessen entsteht der Eindruck, dass sie *die Suche suchen.*«[33] Ihr Vergnügen ist also vielmehr an den Nervenkitzel der automatischen App-Benachrichtigung gebunden, die sie über das *Match* informiert, als an eine anschließende menschliche Interaktion (nicht einmal eine Interaktion mittels der Nachrichtenfunktion innerhalb der App). Damit soll natürlich keineswegs behauptet werden, dass diese albernen Verhaltensweisen erst mit dem

Plattformkapitalismus begannen oder durch ihn verursacht wurden. Es erscheint aus dieser Perspektive jedoch ziemlich unverantwortlich, einen so großen Teil unserer kulturellen Infrastruktur an eine Technologiezu binden, die darauf ausgerichtet ist, unser Verlangen ohne Vermittlung oder Entscheidungsprozess zu befriedigen, wenn man bedenkt, dass wir einen nicht unbedeutenden Anteil dieses Verlangens selbst gar nicht ermutigen möchten.

Der Plattformkapitalismus ist jedoch nicht das erste Wirtschaftssystem, das den Anspruch erhebt, uns ein Maximum an Vergnügen zu bieten. In *Die Ethik der Psychoanalyse* (Seminar 7, 1959–1960) argumentiert Jacques Lacan, dass die Maxime von Jeremy Benthams utilitaristischer Ethik, »das größte Glück der größten Zahl«, den Übergang von göttlicher Tugend zu menschlichem Vergnügen als dem ultimativen sozialen Ziel der Moderne markiert. In Benthams Theorie ist eine Handlung dann moralisch richtig, wenn sie so vielen Menschen wie möglich nutzt. Um nach dieser Definition zu agieren, ging der Utilitarismus von der Gleichwertigkeit aller Menschen aus, musste allerdings auch das menschliche Glück als ein selbstverständliches und messbares Gut einstufen. Ein Fehler, so Lacan, den jeder aus dem persönlichen Bereich kennt: »Was ich will ist das Wohl der anderen, vorausgesetzt, es bleibt im Bild des meinen.« Ein utilitaristisches Regime konnte somit verlangen, dass jede*r nach den von vornherein festgelegten Methoden zur Herstellung dieses allgemein messbaren Glückes handele. In dieser Version des Vergnügens für alle steckt also eine gewisse normierende Tyrannei. Lacan sieht diese in der Industrialisierung des 19. Jahrhunderts am Werk, aber auch in den aufkommenden Sozialdemokratien der 1950er Jahre, also der Zeit, in der er sein Seminar veranstaltete. Als imperialistische Industrienationen den Anspruch erhoben, ihre Errungenschaften an ihre Arbeiter*innen und ihre Kolonien weiterzugeben, wurde der Nutzen aller zu einer »bestrickenden Macht«, die ihre Gewalt unter dem Deckmantel universellen menschlichen Vergnügens verbarg.[34]

Heutige Tech-Innovator*innen stimmen sicherlich gerne zu, dass Benthams Annahme, nach der »wir alle nach dem gleichen Glück streben«, eine gewisse Brutalität innewohnt, und würden mit Sicherheit behaupten – in lehrbuchartiger neoliberaler Manier –, uns von der fälschlich standardisierenden Lustvorstellung des Utilitarismus befreit zu haben. Schließlich werden im Plattformkapitalismus jeder*m einzelnen Nutzer*in Optionen angeboten, die auf seiner oder ihrer eigenen, einzigartigen Verhaltensgeschichte beruhen. Diese Differenzierung ist jedoch falsch. Wie Joan Copjec es in ihrem Kommentar zu Lacans Seminar darlegt, bestand das Problem des Utilitarismus nie nur darin, dass er von einem einheitlichen und identischen Vergnügen aller Menschen ausging, sondern auch darin, dass er sich »kein Subjekt vorstellen konnte, das seinen eigenen Willen behindert«.[35] Dies ist ein konzeptioneller Mangel, den der Plattformkapitalismus ebenfalls übersieht und unbehoben lässt. Dass wir ständig selbst unseren eigenen Willen behindern, ist die grundlegendste der Freud'schen Entdeckungen. Menschliche Triebe erscheinen nicht in instinktiver Klarheit, sondern sind, wie Freud es ausdrückt, »außerordentlich plastisch«.[36] Wenn, wie im vorangegangenen Abschnitt angedeutet, auf kultureller und kollektiver Ebene menschliche Triebe sich von einer Epoche auf die nächste verändern können, dann gilt dies auch auf der Ebene des einzelnen Subjekts. Eines Subjekts, das ständigen inneren Kämpfen ausgesetzt ist, in denen seine Wünsche Plätze tauschen und der eine befriedigt wird, um den anderen, enttäuschten, zu kompensieren. Ein System, das mir automatisch *gibt, was ich will*, weist ein schwerwiegendes Missverständnis des menschlichen Begehrens auf.

Lacans Unterscheidung zwischen zwei verschiedenen Formen des Vergnügens im Seminar 7 ist hier hilfreich. Zum einen gibt es das Lustprinzip, das, wie schon Freud herausgearbeitet hatte, nicht das Streben nach ungezügeltem Genuss bedeutet, sondern die Vermeidung von übermäßiger Erregung und *Unlust.* Das Gebot des Lustprinzips, so Lacan, bestehe eigentlich darin, so wenig wie möglich zu genießen – das heißt, nur so viel, wie nötig ist, um weiterzumachen, um morgens aus dem Bett zu kommen, um unseren psychischen Status quo zu erhalten.[37] Davon unterscheidet Lacan *Jouissance*, die Art von Vergnügen, die über das Lustprinzip hinausgeht. Er definiert Jouissance als eine Form der Erregung, der wir nicht entkommen können, die aber zu intensiv ist, um Vergnügen zu bringen, und stattdessen Schmerzen verursacht (den Schmerz der Überschreitung äußerlicher Bezugsrahmen, der Normen, die wir selbst als die Grenzen des Möglichen verinnerlicht haben, oder in Lacans Terminologie: die Überschreitung der symbolischen Ordnung).[38]

Es gibt aber auch eine andere Sichtweise auf die Jouissance – die diese nicht unbedingt als selbstzerstörerisch, aber vielleicht als die Zerstörung unseres Status quo begreift, sowohl psychologisch als auch politisch. Diese Art von Jouissance könnte sogar als relativ gewöhnliche, alltägliche Erscheinung betrachtet werden. Für Roland Barthes finden wir sie in der Begegnung mit bestimmten anspruchsvollen Kunstformen, die das bloße Lustprinzip – das Pläsir der Bestätigung unserer Erwartungen – hinter sich lassen und stattdessen vertraute Codes in überraschende und freudige Formen der Jouissance aufbrechen.[39] Alenka Zupančič bringt Jouissance mit der angenehmen Überraschung in Verbindung, die sich einstellt, wenn wir eine bestimmte Sache erwarten und eine andere bekommen, eine Logik, die sie als grundlegend für die Erfahrung des Verliebtseins beschreibt:

> Die komische Seite einer Liebesbegegnung [liegt] genau darin, dass der andere (dem wir begegnen) eine Antwort auf *keines* unserer Gebete und auf *keinen* unserer Träume ist, sondern vielmehr der Träger eines unerwarteten Surplus-Elements, von dem wir vielleicht nur in dem, was folgt, träumen können.[40]

Sicherlich wird niemand es für völlig ausgeschlossen halten, dass bei spontanen Onlinebegegnungen der Funke dieses »unerwarteten Überschusses« überspringen kann, so wie überall sonst. Dystopische Darstellungen von Algorithmen, die alle menschlichen Handlungen kontrollieren, indem sie uns mit ihren Angeboten augenblicklich in gezähmte Zombies verwandeln, passen nicht zu den unzähligen Gelegenheiten, bei denen das, was uns der Algorithmus bietet, alles andere als die Antwort auf unsere »Gebete und Träume« ist. Wir kennen alle die komischen Fälle von *Malgorithmen*, bei denen der Algorithmus aufgrund einer oberflächlichen Verbindung Werbung einblendet, die überhaupt nicht zu dem Inhalt passt, den wir gerade ansehen, oder die Autokorrekturfehler programmierbarer Tastaturen, die Redewendungen, die wir in dem einen sozialen Kontext gerne verwenden, in einem anderen vorschlagen, in dem sie völlig unpassend sind. Wir gehen vielmehr davon aus, dass der Plattformkapitalismus, wenn er sich anmaßt, mit seinen durch Algorithmen gesteuerten und gesammelten Daten zu definieren und anzubieten, was wir wollen, den sich wiederholenden, konservativen Tendenzen des Lustprinzips Vorrang einräumt und sie durch Übertreibung noch verstärkt. Er verhält sich sogar so, als ob das, *was wir wollen,* auf diese eine Seite des Begehrens beschränkt werden könnte – als gäbe es die Momente der Jouissance gar nicht.[41]

Einfach ausgedrückt: Ein Entscheidungssystem, das darauf beruht, aus einem riesigen Archiv *früherer* Ereignisse auf künftiges Verhalten zu schließen *und* Anreize für dieses Verhalten zu schaffen, entspricht der sich wiederholenden Logik des Lustprinzips, weil es (ungeachtet der Behauptungen seiner Befürworter*innen) kaum mit der Möglichkeit rechnet, dass die Dinge beim nächsten Mal anders sein werden.[42] Kritiker*innen wie Safiya Umoja Noble warnen zu Recht davor, dass die algorithmische Entscheidungsfindung in ihrer jetzigen Form regressiv ist, da sie häufig offline bestehende Vorurteile gegenüber und Benachteiligungen von Minderheitengruppen verstärkt.[43] Aber auch von dieser Kritik abgesehen ist das Modell in einem generelleren Sinne regressiv: Es geht davon aus, dass unser aktuelles Wollen auf der Grundlage unseres vorherigen Wollens und dem anderer mit ähnlichen Datenprofilen antizipiert werden kann, in einem Prozess, den wir als pathologische Normalisierung bezeichnen könnten. Es bedarf allerdings eines weiteren Gedankenschrittes, denn Wiederholung ist niemals einfach nur Replikation, und sei es nur deshalb, weil die wiederholte Handlung in einem Kontext auftritt, in dem die frühere Iteration bereits existiert. Das bedeutet, dass jede Wiederholung eine Art Rest oder Rückstand erzeugt, der wiederum zur Summe dessen addiert wird, was in der nächsten Iteration wiederholt wird. Dies könnte eine Erklärung dafür sein, warum Verhaltensweisen, die auf dem Lustprinzip beruhen, oft so seltsame, zwanghafte Formen annehmen: Einerseits individuell, denn niemand glaubt, dass man aus eigenem Willen den ganzen Abend mit dem *Refreshen* von Dating-Apps oder Messageboards verbringt, genauso wenig wie man glaubt, dass man an seinen Nägeln kauen *will*; andererseits auch kollektiv, im Sinne solcher Inhalte, die Algorithmen gelernt haben für uns zu produzieren (die »bad virality« von extremen, verstörenden oder einfach nur bizarren Online-Inhalten).[44]

Es stellt sich die Frage, ob unsere Beschwerden über den repetitiven, normalisierenden Impetus neuer Technologien in diesem Kapitel nicht in das gleiche Schema passen, in dem sich die zahlreichen Darbietungen romantischer und technophober Kulturkritik der letzten zwei Jahrhunderte einordnen, die immer wieder das spontane Leben gegen die tödliche Technik verteidigen.[45] Oder noch schlimmer: Wenn wir annehmen, dass unsere Wünsche, deren Erfüllung uns durch digitale Technologie erbarmungslos und ständig angeboten wird, problematisch sind, ziehen wir uns dann nicht auf ein misanthropisches Terrain zurück? Zeichnen wir nicht, frei nach Joseph Conrads Klassikerroman, ein »Herz der Finsternis« in den Tiefen menschlichen Begehrens, das nur ein verblendeter moderner Prometheus wagen würde aufzurütteln? Ein einfacher historischer Vergleich, den wir unserer Argumentation gegenüberstellen können, zeigt uns die Angst vor einer ganz anderen Technologie, die am Höhepunkt des Viktorianischen Zeitalters herrschte. Diese Technologie absorbierte zu viel Aufmerksamkeit, verschaffte zu schnell Befriedigung und war zu sehr auf Wiederholung angewiesen: der populäre Roman. Die Lesehistorikerin Leah Price zeigt auf, dass die Gesellschaft des 19. Jahrhunderts der Gewohnheit der individuellen Romanlektüre zwiespältig gegenüberstand, indem sie sie hier feierte und dort angriff, Letzteres insbesondere dann, wenn sie von jungen Frauen ausgeübt wurde. Wie zahlreiche Romane, Ratgeber und satirische Karikaturen darstellen, betrachteten viele Menschen des Viktorianischen Zeitalters die zwanghafte Lektüre von Belletristik als Ursache für die Schlampigkeit ihrer Bediensteten und – wie im herausragenden Beispiel der Romanfigur Emma Bovary – als Ursache für die Vernachlässigung ehelicher Pflichten durch die Frauen.[46] Worin besteht die Differenz zwischen diesen – aus heutiger Sicht altmodischen – Befürchtungen und unserer Kritik an den zu repetitiven, zu absorbierenden Tendenzen der digitalen Plattformen?

Der grundlegende Unterschied besteht darin, dass das frühere Objekt der Kritik, der Roman, eine Form der Begehrens-Technologie war, mit der bestimmte Gruppen freiwillig ihre Zeit verbrachten (wie dies auch bei einer ganzen Reihe späterer Zeitvertreibe der Fall war, die ebenfalls moralische Panik auslösten, z. B. Rock'n'Roll, Horrorvideos und Computerspiele, oder sogar manchen Interaktionen digitaler Subkulturen wie *Sexting*), während der Plattformkapitalismus eine technische Dynamik beschreibt, der wir in zunehmendem Maße ausgeliefert sind. Algorithmisch gesteuerte Interaktionen sind nicht nur irgendeine Form unseres alltäglichen Verhaltens. Sie sind *das* Modell, nach dem unsere passiven, unsere unterschwelligsten Wünsche verstärkt, verarbeitet und dann an uns zurückgegeben werden. In unserem Regime der *Lebensarbeit* werden in einem Sektor nach dem anderen die Struktur und das Begehrensverständnis dieses Modells eingeführt. Was das vermeintliche Herz der Finsternis, also die Idee menschlichen Begehrens als in letzter Instanz gefährlich und verdorben, betrifft, so ist es hier wichtig zu betonen, dass das Begehren, ob als gut oder schlecht beurteilt, in unserem Verständnis keine gespannte Feder darstellt, die von der Technologie der digitalen Plattformen gelöst wird. Wir sind Subjekte, deren Begehren sich wandelt und – in Copjecs Worten – auch hin und wieder danach strebt, »seinen eigenen Willen zu behindern«. Und daher wird eine Technologie, die uns naiv und automatisiert anbietet, *was wir wollen*, sich unweigerlich in schädigende und kontraproduktive Widersprüche verwickeln. Es soll hier genügen, darauf hinzuweisen, dass eine vollautomatisierte Gesellschaft mit algorithmisch navigierten, datengesteuerten Robotern zuerst ihre Theorie des Begehrens aktualisieren müsste, bevor sie uns anbietet, die Welt nach dem Bild unserer Wünsche neu zu schaffen.

Repurpose your desire: Umfunktioniertes Verlangen

Man könnte die Idee der obligatorischen Begehrenstechnologien dahingehend weiterführen, dass der digitale Kapitalismus, wenn er danach strebt, die Grenze zwischen Arbeit und Nichtarbeit zu verwischen, gleichzeitig auch die Grenze zwischen Wollen und Brauchen, Wunsch und Notwendigkeit aufzuheben versucht. Wer will schon sagen, ob all die selbstständigen Kreativen, die zwanghaft alle zehn Sekunden ihre Twitter-Benachrichtigungen aktualisieren, süchtig nach Bestätigung sind oder aber pflichtbewusst ihre *Marke* verwalten? Ob es da noch einen Unterschied gibt? Im dritten Kapitel hatten wir die Anforderung an uns beschrieben, die Junge-Mädchen-hafte Inszenierung unserer persönlichen Attraktivität und der Begehrlichkeit unseres Lebens als Teil unserer Arbeit zu begreifen. Im vorigen Abschnitt haben wir nun dargelegt, wie in unserem Leben online die Chronik unserer eigenen früheren Begehren, in einem algorithmisch verengten Appell an das Lustprinzip, in der Wiederholung an uns zurückverkauft wird. Der digitale Kapitalismus macht sich das, was wir wollen, auf immer kompliziertere und zugleich automatisiertere Weise zunutze. Vielleicht ist dies einer der Gründe, warum neuerdings das Begehren per se wieder zu einem stärker politisierten Thema geworden ist.

Zwei entgegengesetzte Beispiele kultureller Kritik aus dem Jahr 2018 umreißen diese Debatte. In »On Liking Women« vertritt Andrea Long Chu die provokante These, dass die Erfahrung von Gender durch trans Frauen wie sie selbst nicht auf Identität, sondern auf Begehren beruhe. Diese Erfahrung sei »eine Frage nicht dessen, wer man ist, sondern dessen, was man will«. Wie jedes Begehren, so Chu, sei auch das Begehren von trans Personen widerspenstig: Nicht nur sei es schmerzlich und drohe nur teilweise erfüllt zu werden – »deine Brüste werden vielleicht nie wachsen, deine

Stimme wird vielleicht nie als die einer Frau durchgehen, deine Eltern werden vielleicht nie zurückrufen« –, sondern es sei auch wahrscheinlich, dass es mit tief verankerten politischen Idealen in Konflikt gerate. Chu verweist auf das Scheitern des Projekts des politischen Lesbianismus der 1970er Jahre, der versucht hatte, aufgrund politischer Prinzipien das Begehren nach Männern auszuschalten. Weiterhin deutet sie auf den üblichen Vorwurf hin, den heute einige radikale trans-exklusive Feminist*innen gegen trans Frauen erheben: dass sie genau jenen körperlichen und stilistischen Signifikanten patriarchalisch definierter Weiblichkeit nachjagen würden, die der Feminismus, zusammen mit dem Patriarchat selbst, abschaffen wollte. Anstatt diesen Vorwurf als simplifizierend zurückzuweisen, besteht Chu in bewusster Provokation auf dem Recht, genau diese Signifikanten zu *wollen*, trotz ihrer patriarchalischen Implikationen. Sie weist darauf hin, dass das Begehren im Allgemeinen unaufgefordert entsteht, und kommt zu dem Schluss, dass »nichts Gutes dabei herauskommt, wenn man [es] zwingt, sich einem politischen Prinzip anzupassen«.[47]

Auch wenn sie nicht explizit darauf eingeht, weist Chus Intervention in Richtung eines lacanianischen Verständnisses des Subjekts und betont dessen Wert für einen anderen Ansatz bezüglich der heutigen Kämpfe um Genderidentität: Wenn die Arbeit des Begehrens uns zu dem macht, was wir sind, kann der Körper, mit dem wir geboren werden, nicht den Anspruch erheben, der entscheidende Faktor in diesem Prozess zu sein. An dieser Stelle sei darauf hingewiesen, dass, wie Chu selbst es ausdrückt, der Einsatz des »Gender Abolition«-Arguments in heutigen Anfeindungen gegen trans Personen (die absurde Behauptung nämlich, dass der betont feminine *high-femme*-Stil einer statistisch marginalen Zahl von trans Frauen die Abschaffung des Patriarchats behindern würde) normalerweise lediglich »eine Briefkastenfirma für ganz regulären moralischen Ekel« ist. Man könnte noch hinzufügen, dass diese Abscheu letztlich in der paranoiden Verteidigung einer transzendentalen, quasi-rassifizierten, biologistischen Weiblichkeit liegt.[48] Anscheinend hat Simone de Beauvoir aus der Sicht einiger Feminist*innen den falschen Weg eingeschlagen, die heute wohl lieber sagen würden: Man wird nicht zur Frau gemacht, sondern man wird als Frau geboren. Doch Chus antigonehaftes Beharren auf der autonomen Macht des Begehrens entschärft den Biologismus ebenso wie unaufrichtige Varianten des Gender-Abschaffungsarguments. Wie Lacans Psychoanalyse macht auch Chu die endgültige menschliche Erfahrung nicht in der Befriedigung von Bedürfnissen oder einer unveränderlichen Identität fest, sondern im Begehren, das notwendigerweise schmerzhaft ist und nie ganz erfüllt wird. In einer von Identitätspolitik geprägten Kultur ist eine solche Behauptung zwangsläufig umstritten, aber Chu zeigt elegant, dass ihre Position im Hinblick auf die Rechte von trans Personen verteidigt werden kann. Wie sie an anderer Stelle betont, »behält sich die Transgender-Medizin, solange sie die Linderung von Schmerzen als Maßstab für ihren Erfolg ansieht, mit dem Wohlwollen eines Diktators das Recht vor, gewünschte Behandlungen vorzuenthalten«. Man könnte dies als einen weiteren Fall der normierenden Gewalt der Moderne anführen, die, wie im vorangegangenen Abschnitt besprochen, Lacan zufolge unter dem Deckmantel des utilitaristischen Vergnügens für alle lauert. Gegen eine Vorstellung von Gender, die allein auf einer zufriedenen Selbstidentität beruht und so das Begehren einer Person als unauthentisch disqualifiziert, wenn es mit Leiden einhergeht, schlägt Chu eine radikale Alternative vor, in der das Begehren respektiert wird und »die negativen Leidenschaften – Trauer, Selbstverachtung, Scham, Bedauern – ebenso ein Menschenrecht sind wie eine allgemeine Gesundheitsversorgung oder Nahrung«.[49]

Teilweise als Reaktion auf Chus Provokation untersucht Amia Srinivasan in einem Artikel mit dem Titel »Does Anyone Have the Right to Sex?« (Gibt es ein Recht auf Sex?) die Sexualpolitik der digitalen Kultur, von den Onlinemanifesten jugendlicher Amokläufer bis hin zu Dating-Apps und -Websites. Sie zeigt auf, wie die scheinbar harmlose Onlinekategorie der »persönlichen Vorlieben« romantische und sexuelle Begegnungen kontrolliert und so die Ausschluss- und Dominationsmechanismen, die mit Frauenfeindlichkeit, Rassismus, Behindertenfeindlichkeit und Transphobie einhergehen, algorithmisch reproduziert: »Persönliche Vorlieben – NO DICKS, NO FEMS, NO FATS, NO BLACKS, NO ARABS, NO RICE, NO SPICE, MASC-FOR-MASC – sind niemals nur persönlich.« Angesichts der kategorialen Zuschneidung des Begehrens durch die digitale Kultur kommt Srinivasan zu dem Schluss, dass es zwar nie eine Verpflichtung geben kann, jemand Bestimmtes zu begehren, aber möglicherweise eben doch die »Pflicht, unser Begehren so gut wie möglich zu transformieren«. Die Hinweise darauf, dass individuelle Wünsche im Internet durch schädliche, aber profitable hierarchische Kategorisierungen kanalisiert und verzerrt werden, markieren ein Problem, für das sich Chu weniger interessiert: Wo sich manche Begehren als unerschütterlich etablieren, erweisen sich andere als elastisch. Und wo einerseits moralistische Predigten einen Wunsch, der für die Aufrechterhaltung eines Selbstgefühls grundlegend ist, nicht ändern können und sollten, gibt es andere Wünsche, die der Plattformkapitalismus, wie im vorigen Abschnitt erörtert, durchaus in immer beschränktere Bahnen manövrieren kann.[50]

Die beiden gegensätzlichen Positionen von Chu und Srinivasan lassen sich produktiv auf die Schwierigkeiten der Post-Arbeits-Autor*innen übertragen, den Kapitalismus imaginär zu überwinden: Wie wir oben erörtert haben, müssen wir, um überhaupt eine andere Welt zu wollen, an einigen gegenwärtigen Wünschen festhalten, von denen wir glauben, dass sie in die Zukunft reichen. Gleichzeitig erfordert das Offenhalten eines Horizonts des radikalen Wandels aber auch die Möglichkeit wesentlich veränderter Wünsche.[51] Während Post-Arbeits-Denker*innen zwischen dem Versprechen, die materiellen Wünsche von heute zu erfüllen, und der Vorgabe neuer Wünsche hin und her schwanken, schwankt die zeitgenössische Kultur in vergleichbarer Weise in ihrer Einstellung zu persönlichem Begehren. In beiden Fällen ist der Horizont eine bessere Welt und das Risiko ein Moralismus. Wir schlagen vor, dass dieser zweite Fall – persönliches Begehren vs. Moralismus – eine andere Möglichkeit aufzeigt, uns der zentralen Frage der Post-Arbeits-Utopismen, *Was können wir nach dem Kapitalismus wollen?*, zu nähern.

Um auf die Idee der Transformation persönlichen Begehrens zurückzukommen: Srinivasans Beispiel aus Lindy Wests Body-Positivity-Kampagne, bei der man sich Fotos von Menschen ansieht, die man unattraktiv findet, um persönliches Begehren und Selbstbild zu korrigieren, scheint kein geeignetes Rezept, um das Problem andauernder und verschärfter sozialer Marginalisierung durch Onlinekategorien für »sexuelle Präferenzen« zu lösen. Wer würde einem auch dafür danken, dass man das eigene Begehren aktiv auf ihn oder sie konditioniert hat? Hier ist keine Spur vom Schock des Unkalkulierbaren in Zupančičs »unerwartetem Überschuss« des sexuellen Begehrens zu finden. Überhaupt leiden bereits jetzt viele marginalisierte Gruppen darunter, dass sie auf der Grundlage ihrer Marginalitätsmerkmale auf Dating-Sites reduktiv fetischisiert werden. Davon abgesehen vermag kein persönliches und individuelles Begehrenstraining die materiellen und strukturellen Grundlagen der Unterdrückung marginalisierter Gruppen in einer Gesellschaft zu ändern. Aber materielle Veränderungen können es, und, wie in diesem Fall besonders deutlich wird: Materieller Wandel ist kultureller Wandel. Den Kampf um kooperative oder öffentliche Non-Profit-Plattformen zu gewinnen, wie von der digitalen Linken zunehmend gefordert wird, wäre ein erster Schritt.[52] Ein Schritt in Richtung besserer Programmierung für unser Sozialleben im Internet, die, statt uns durch süchtig machende emotionale Manipulation und kalkulierbar vereinfachte Vergnügungen zu fesseln, mehr Raum für Zufall, für Pausen und für jene überraschenden Begegnungen schafft, die gegenwärtig sowohl aus unseren Suchergebnissen wie aus unseren sexuellen Präferenzen herausgeschnitten werden. Diese neuen Plattformen könnten ihr volles Potenzial nur in einer Welt entfalten, in der ausreichend Zeit außerhalb der Arbeit zur Verfügung steht, um Momente der Jouissance neben anderen Vergnügungen zu erforschen, aber dass es sie geben *könnte*, zeigt, worum es hier geht: Wenn wir nicht wollen, dass der digitale Kapitalismus unsere Sehnsüchte für sich arbeiten lässt, ist ein Strukturwandel erforderlich, keine individuelle Umschulung.

Auf der kulturellen Ebene könnten wir Srinivasans Beschreibung einer »Pflicht, unser Begehren so gut wie möglich zu transformieren« sogar als Beschreibung einer neuen Stimmung in den 2010er Jahren im globalisierten Westen auffassen. Molly Fischer beschreibt, wie in der amerikanischen Populärkultur der letzten Jahre »ein angestrengtes Bewusstsein moralischer Pflicht in Fragen der Identität, der Integration und der Repräsentation die Diskussionen unter Macher*innen, Kritiker*innen und Konsument*innen gleichermaßen dominiert hat«.[53] Dieses große »Awokening«, wie Fischer es beschreibt, habe im besten Fall dazu geführt, dass Stimmen aus unter- und fehlrepräsentierten Gruppen mehr Gehör fanden und diese Gruppen neue, einschneidende Formen von Alltagskulturkritik entwickelten; im schlimmsten Fall führe es zu einer alibihaften *Token*-Inklusivität in unveränderten Strukturen und zu gehässigem Puritanismus.[54] Innerhalb der öffentlichen Debatte gaben so manche, die Selbstkritik nicht gewöhnt waren, relativ demütig zu, dass sie strukturelle soziale Privilegien ausgenutzt hatten; andere holten derweil alles aus dem ewigen Angebot des Moralismus heraus: eine Schablone und die Chance für selbstgefällige, buchstabengetreue Korrektheit, die jeden Kontext verleugnet und als Waffe zur Erhaltung des Status quo eingesetzt wird.[55] So real und bemerkenswert dieses neue Interesse an kulturell verankerten Machtverhältnissen in allen Lebensbereichen auch ist, es enthält auch eine Warnung, politische Kämpfe auf eine kulturelle Umerziehung zu reduzieren, die bald auf das Niveau der Ästhetik herabsinkt. Die damalige Präsidentschaftskandidatin Hillary Clinton adressierte ihr Publikum Anfang 2016 auf einer Kundgebung mit der rhetorischen Frage: »Wenn wir morgen die großen Banken zerschlagen würden ... würde das den Rassismus beenden? Würde das den Sexismus beenden?«[56] Die Annahme, dass wirtschaftliche Reformen von der Bekämpfung von Rassismus und Sexismus zu trennen sind oder sogar eine unerwünschte Ablenkung darstellen, fasst eine Version der Kultur der 2010er Jahre zusammen, in der eine Ästhetik der Gleichberechtigung an die Stelle des politischen Kampfes für sie tritt.

Die Versuche, tiefgreifende strukturelle Ungleichheiten allein durch kulturellen Wandel auszugleichen, noch dazu durch einen kulturellen Wandel, der sich zuweilen auf vereinfachende moralische Dogmen stützt, waren bisher nicht sehr vielversprechend. Diese Versuche leiden, nach Wendy Browns Formel, an einer »verletzten Bindung« an die kapitalistische Gegenwart. Die Ziele, die sich der Kampf gegen Diskriminierung in Bezug auf Gender, *race* und Sexualität setzt, sind determiniert von den Grenzen des Wünschenswerten *innerhalb* der liberalen kapitalistischen Kultur. Radikalere und ehrgeizigere Herausforderungen der Herrschafts- und Ausbeutungsstrukturen, etwa aus einer klassenkämpferischen Perspektive, sind so aus der Debatte ausgeschlossen.[57]

Anderswo, in einer Renaissance theoretischer Ansätze der feministischen Linken, wird die Frage, wie persönliches Begehren auf Kapitalismus und Technologie trifft, anders angegangen. Das Kollektiv Laboria Cuboniks zum Beispiel skizziert in seinem Manifest »Xenofeminismus: Eine Politik für die Entfremdung« einen queer- und trans-inklusiven kommunistischen Feminismus, der, wie Donna Haraways Cyborg-Feminismus, von der untrennbaren Beziehung unserer Körper zur Technologie ausgeht. Als »Technomaterialismus« zielt er darauf ab, der kapitalistischen Techno-Wissenschaft zu widerstehen, und zwar nicht durch die Ablehnung ihrer verdorbenen Mittel, sondern durch deren »Umfunktionierung« (*repurposing*). Die Geste ist entwaffnend einfach: Wir wissen, dass die kapitalistische Biotechnokultur schlecht für uns ist und dass wir in vielerlei Hinsicht ihre Produkte sind, weswegen »absolute Vorsicht«, wie es im Manifest heißt, unmöglich ist. Trotzdem kann Widerstand mit Besitzergreifung beginnen.[58] Das Ziel, das das Kollektiv mit anderen Autor*innen der technologisch orientierten Linken teilt, die in diesem Buch bereits besprochen wurden, besteht darin, das Eigentum und die Kontrolle der technologischen und wissenschaftlichen Infrastruktur des täglichen Lebens direkt in Frage zu stellen und so den angeblich alternativlosen Neoliberalismus dort zu bekämpfen, wo er uns auf die allgegenwärtigste und doch oft unsichtbarste Weise für sich arbeiten lässt.

Es ist dieses unbeeindruckte Herangehen an unsere Ausgangssituation als Körper und Subjekte eines technologisierten Kapitalismus, gepaart mit dem Glauben, dass Veränderungen möglich sind, das hier Raum für eine andere Haltung zu persönlichem Begehren schafft. Helen Hester zum Beispiel, Mitglied von Laboria Cuboniks, nimmt die Tatsache, dass Frauenkörper routinemäßig technisch »hybridisiert werden« (vor allem pharmakologisch, durch chemische Verhütung und andere Formen der hormonellen Regulierung), als Grundlage eines aktivistischen Gender-Abolitionismus. Dieser jedoch soll, durch die Förderung von Experimentierfreudigkeit, gleichbedeutend mit einer Vervielfachung der Möglichkeiten sein: »Xenofeminismus ist kein Aufruf zum Verzicht und zur Entbehrung von Geschlecht, sondern für das Überwinden von Geschlechterknappheit!«[59] Wo gefordert wird, »hundert Geschlechter erblühen zu lassen«, ist kein Platz für die radikalfeministische Klage über die Aufrechterhaltung patriarchalischer Geschlechterideale durch trans Personen oder für weitere Beschwerden über individuelle Körperveränderungen anderer Menschen. Das übergeordnete Ziel, Geschlecht als Herrschaftssystem zu überwinden, wird in ein Angebot kreativer körperlicher Autonomie übersetzt. Also, frei nach Bastani und mit dem gleichen utopischen Charme: *Vollautomatisierte luxuriös-kommunistische Geschlechtervervielfachung*. Hier bedeutet der Anspruch auf Frauenrechte auch das Recht für jede*n, eine Frau zu sein, oder auch nicht, oder irgendetwas anderes. Was für Lacan die ultimative Ethik der Psychoanalyse ist, »nicht nachzugeben, was das ureigene Begehren betrifft«, wird hier einfach zu einem Angebot der Autonomie als Teil kommunistischer Solidarität.[60] Das wäre also unsere dritte Form des Wollens nach dem Kapitalismus: Autonomie plus Solidarität. Dementsprechend müsste niemand sein Verlangen in die Umschulung schicken wie bei Srinivasan, kann es aber doch umfunktionieren in dem Sinne, dass es Teil eines gemeinsamen Zukunftsprojekts wird.

Es gibt also einige Neuformulierungen feministisch-sozialistischer Utopien, die Chus »Recht zu begehren, was schlecht für dich ist« berücksichtigen.[61] Man könnte es auch so ausdrücken, dass hier eine andere Zuversicht herrscht. Eine Zuversicht, die es erlaubt, den Einzelnen dort zu begegnen, wo sie sich mit ihren Wünschen und Bedürfnissen in der Gegenwart befinden, ohne Furcht, dass dies dem Kampf mit dem Technokapitalismus im Wege stehen wird. Im Gegenteil, es kann sogar zur Grundlage dieses Kampfes werden: Nehmen wir zum Beispiel Sophie Lewis' Arbeit zum Thema der Leihmutterschaft. Sie bietet den Slogan »Volle Leihmutterschaft sofort« als »Ausdruck der Solidarität mit den Wünschen der Leihmütter unter dem Gesichtspunkt des Kampfes gegen die Arbeit« an.[62] In ihrem Buch setzt sie sich für die Rechte kommerzieller Leihmütter ein, damit ihre höchst umstrittene Arbeit als solche besser anerkannt und in der Gegenwart besser geschützt wird; mittelfristig plädiert sie für eine Neudefinition ihrer Rolle, zum Beispiel für fortgesetzten Kontakt zu den Kindern, die sie geboren haben, wo dies gewünscht wird; und langfristig wird all dies mit Blick auf eine utopische Zukunft betrachtet, in der die Leihmutterschaft keine kommerzielle Dienstleistung ist, sondern ein Teil von und Modell für verwandtschaftliche Strukturen, die nicht mehr auf Reproduktion allein, sondern auf gegenseitige Fürsorge über die Familie hinaus aufbauen.

Wie verhält es sich also mit dem, was wir als das charakteristische Problem der Anti-Arbeits-Position bezeichnet haben – dass nämlich ihre Vorschläge für die Zeit nach der Abschaffung der kapitalistischen Arbeit oft zu Vorschriften für das gute Leben werden? Die einfachste Antwort ist politischer Natur: Wenn echte Demokratie auf der Teilung der bestehenden Mittel beruhen muss, weil nur so sichergestellt werden kann, dass alle vollständig und fair in Entscheidungsprozesse einbezogen werden, dann ist es bereits genug, diesen demokratischen Zustand zu erreichen. Die einzige Frage wird dann die sein, die Peter Frase in *Four*

Futures stellt, nämlich, ob die verfügbaren Ressourcen und Bedingungen zu »Kommunismus: Gleichberechtigung und Überfluss« oder zu »Sozialismus: Gleichberechtigung und Knappheit« führen.[63] Diese Annahmen enthalten eine Wahrheit, die oft verschwiegen wird, wenn Wähler*innen linke Politik angeboten wird: dass es letztlich keinen Weg zu dieser besseren Organisationsform unserer Politik, Wirtschaft und Kultur gibt, der ohne einen *Glaubenssprung*, ohne einen gewissen blinden Vertrauensvorschuss auskommt. Wenn Menschen auf eine Weise leben dürfen, die sie von der Lohnsklaverei befreit und ihnen echte Entscheidungsbefugnisse einräumt, wer weiß, welche Entscheidungen sie in Bezug auf die Gestaltung ihrer Kulturen, Begierden, Wünsche treffen werden, und wer weiß, was sie mit ihrer Zeit anfangen werden. Der Vertrauensvorschuss des Postkapitalismus muss darin bestehen, dass es gut ausgehen wird, wenn die systemische Ausbeutung und Entfremdung durch ein System ersetzt wird, das darauf abzielt, die Bedürfnisse jeder und jedes Einzelnen zu befriedigen, aber ihnen auch die Freiheit zu geben, ihr eigenes Ding zu machen. Wir werden nicht in einem Krieg enden, in dem sich plötzlich alle feindselig gegenüberstehen, sondern mit etwas Besserem als dem, was die Welt bisher gesehen hat. Was das Begehren betrifft, so muss sich jede Zukunftsvision an dem orientieren, was wir *jetzt* am meisten wollen – bis zum Zeitpunkt ihres Eintretens ist unsere Zukunft immer die Gesamtheit unseres gegenwärtigen Begehrens. Aber wenn Zukunftsvisionen der Forderung radikal sozialistischer Demokratie gerecht werden wollen, täten sie gut daran, selbstbewusster und ehrlicher mit dem erforderlichen Risiko umzugehen – dem Risiko nämlich, dass wir viele Aspekte dieser Zukunft nicht kennen und sie uns wahrscheinlich noch nicht einmal vorstellen können, und sie dennoch gestalten wollen. Dementsprechend müssen wir uns auf das Vorläufige einlassen und so viel Raum wie möglich für Unterschiede und Eigenheiten, für Differenzen und Abweichungen in den prothetischen Wünschen einräumen, die wir brauchen, um in Richtung einer lebenswerten Zukunft in Gang zu kommen.

Epilog: Teile deine Grenzen

In diesem Buch haben wir uns mit der Frage befasst, wie der Kapitalismus mit Hilfe globalisierter digitaler Technologien unsere Zeit, unsere Subjektivität, unsere Erfahrungen und unser Begehren in nie dagewesenem Ausmaß zu seinen Zwecken einsetzt. Für sozialistische Denker*innen war die Rolle der Technik im menschlichen Leben von Anfang an ambivalent. In einem kuriosen Manuskriptaufsatz aus dem Jahr 1876 mit dem Titel *Anteil der Arbeit an der Menschwerdung des Affen* versucht sich Friedrich Engels an einer historisch-materialistischen Neuerzählung der Evolutionsgeschichte aus der Perspektive der Arbeit, verstrickt sich dabei aber in das Problem der Technik. Engels sieht den entscheidenden Evolutionsschritt vom Affen zum Menschen in der Entwicklung einer geschickteren menschlichen Hand; er stellt sich vor, wie kleine und partielle Erfolge von Proto-Händen bei jenen Aufgaben, die ihnen die Evolution in den Weg gestellt hat, im Verlauf zum »Freiwerden« der menschlichen Hand führten: »So ist die Hand nicht nur das Organ der Arbeit, *sie ist auch ihr Produkt*«.[1] Demnach hat es Arbeit gegeben, bevor es Menschen gab, und der Mensch entstand erst, nachdem die Arbeit seine Hand in ein Werkzeug verwandelt hatte. Hier bekräftigt Engels nicht nur den technischen Materialismus von Marx, sondern er nimmt auch heutige Technikphilosophien verschiedenster politischer Positionen vorweg. So sieht etwa Bernard Stiegler Technik und menschliche Spezies in untrennbarer Ko-Evolution verbunden – »die Hand ist nur eine Hand, insofern sie Zugang zur Kunst, zum Artefakt und zur *tekhnē* gibt«.[2] Engels' Hand als Produkt der Arbeit zeigt also in Richtung jener Philosoph*innen, die seit der zweiten Hälfte des 20. Jahrhunderts verschiedene Ideen menschlicher Technizität propagieren. Sie alle haben ein Verständnis des Menschen als Wesen der *tekhnē* gemeinsam, ein Begriff, der alles künstlich Geschaffene umschließt, also Technik im engen Sinne sowie Kunst und Handwerk, Sprache und Schrift.[3]

Engels' eigener Schwerpunkt liegt auf der Arbeit als solcher: Er zeichnet ein Bild, in dem die Arbeit Frühmenschen zusammenführt und so zunächst Sprache, verbesserte Werkzeuge, eine komplexe Ernährung und die Anpassung an verschiedene Klimazonen und Orte und schließlich die Entwicklung von Landwirtschaft, Handel, Industrie, Kunst und Wissenschaft hervorbringt. Was Engels jedoch am meisten interessiert, ist, wie menschliche Arbeit ihre Umwelt umgestaltet, mit oft nicht vorhersehbaren und kontrollierbaren Folgen. Er befasst sich mit »natürlichen Auswirkungen« wie Wüstenbildungen, die auf die Rodung von Wäldern folgen, sowie mit »sozialen Auswirkungen« wie dem Verhungern von Millionen Menschen in der irischen Hungersnot von 1847, als das Hauptanbauprodukt der Insel, die Kartoffel, der Kartoffelfäule zum Opfer fiel. Schließlich bleibt Engels an der Dampfmaschine hängen:

> Die Männer, die im siebzehnten und achtzehnten Jahrhundert an der Herstellung der Dampfmaschine arbeiteten, ahnten nicht, daß sie das Werkzeug fertigstellten, das mehr als jedes andre die Gesellschaftszustände der ganzen Welt revolutionieren und namentlich in Europa durch Konzentrierung des Reichtums auf Seite der Minderzahl, und der Besitzlosigkeit

> auf Seite der ungeheuren Mehrzahl, zuerst der Bourgeoisie die soziale und politische Herrschaft verschaffen, dann aber einen Klassenkampf zwischen Bourgeoisie und Proletariat erzeugen sollte, der nur mit dem Sturz der Bourgeoisie und der Abschaffung aller Klassengegensätze endigen kann.[4]

Nach Engels' Darstellung ist der industrielle Kapitalismus also das – wenn auch unbeabsichtigte – Produkt der Evolution menschlicher Arbeit. Seine eilige Ankündigung, dass dieses tölpelhafte Stadium der Menschheitsgeschichte bald durch den Klassenkampf überwunden werden wird, zeugt von seiner peinlichen Berührtheit. Der überwältigende Eindruck an dieser Stelle des Aufsatzes ist, dass menschliche Arbeit und ihre Werkzeuge – mit anderen Worten, die Technik – als natürliches Ergebnis der Evolution sowohl die menschliche Gattung als auch den Kapitalismus hervorgebracht haben. Engels' Gesamtausblick ist entschieden hoffnungsvoll. Sein Argument ist, dass der Kapitalismus, so erklärbar er durch die Evolution der Arbeit auch sein mag, die *falsche* Verwendung der Werkzeuge darstellt, atavistisch in seiner mangelnden Voraussicht und in seiner auf unmittelbaren Gewinn abzielenden Zerstörungswut gegenüber Menschen und Umwelt. Der Kapitalismus stelle also, so Engels, lediglich die Jugend der Menschheit dar, die bald durch eine erwachsenere Geschichtsperiode ersetzt werde, deren besseres Verständnis der Tatsache, »dass wir mit Fleisch und Blut und Hirn [der Natur] angehören«, in der Folge die natürlichen und sozialen Auswirkungen menschlicher Technologien regulieren wird.[5] Und dennoch kann man sich, wenn Engels die Entwicklung der menschlichen Hand und von quasi allem, was danach kam, zum Produkt der Arbeit erklärt hat, schwerlich des Bildes erwehren, dass Menschen mit faustischer Unabwendbarkeit von den eisernen Klauen ihrer Dampfmaschinen gepackt werden, um dann die Zerstörung ihrer natürlichen Umwelt und ihrer selbst vorwärtszutreiben. Ist der industrielle Kapitalismus eine Verirrung menschlicher Arbeit oder das Ergebnis der unvermeidlichen technologischen Entwicklung? Wenn historisch gesehen »alle höheren Formen der Produktion zur Trennung der Bevölkerung in verschiedene Klassen« führten, kann dann die Technik zukünftig wirklich einen anderen Weg gehen? Bevor das Manuskript abrupt und unvollendet abbricht, widmet sich Engels düsteren Bildern kurzsichtiger Zerstörung durch den Kapitalismus wie dem des kahlen Felsens, den die Erosion hinterlässt, nachdem ein Bergwald für ein einjähriges Anbauprodukt abgebrannt wurde.[6]

Wie Engels' Erzählung scheint auch die vorherrschende Stimmung unserer Zeit zwischen zwei Polen zu schwanken. Auf der einen Seite bringt das Konzept des *Anthropozäns,* welches das Erdzeitalter beschreibt, in dem Menschen Geologie, Ökologie und Atmosphäre gravierend verändert haben, so manche zu resignierter Akzeptanz. Die Vorstellung, dass mit dem ersten menschlichen Feuer auch der menschengemachte Klimawandel eingeleitet wurde, spitzt sich zum Gedanken zu, dass der Mensch schon immer dazu bestimmt war, seine bewohnbare Welt zu zerstören. Auf der anderen Seite bietet das alternative Konzept des *Kapitalozäns,* das ein Verständnis der Menschheitsgeschichte bezeichnet, in dem es das unersättliche Verlangen nach exponenziellem Wirtschaftswachstum ist, das uns an den Rand der Klimakatastrophe gebracht hat, zumindest die Hoffnung, dass eine postkapitalistische Wirtschaft den Schaden begrenzen könnte.[7] So oder so besteht die Versuchung, die Technik als eine böse und pseudo-mythische Zerstörungsgewalt zu betrachten. Und doch verspricht Engels' Vorstellung vom Menschen als Produkt seiner Arbeit – und nicht umgekehrt – auch eine andere Sichtweise auf uns als technische Wesen. In erster Linie eröffnet sie eine Dezentrierung des Menschen: Es gibt kein Menschsein ohne Technologie, aber eben auch gar kein anderes Sein ohne sie. Wie David Harvey bemerkt, ist ein Ameisenhaufen nicht natürlicher als Manhattan; *tekhnē* oder Werkzeug, bauliches Fachwissen oder die strategische Neuanordnung von Materie waren an der Entstehung beider beteiligt.[8] Wenn wir, so wie andere Lebewesen, unserer Umwelt durch notwendige, technische Prothesen begegnen, kann keine Rede von der Technik als einer äußeren Kraft sein, die wir absolut zähmen oder der wir absolut entrinnen können. Das bedeutet aber auch, dass sie keine fremde, undurchschaubare Macht ist. Wie Haraway im *Cyborg Manifesto* selbstbewusst feststellt:

> Die Maschine ist kein *es*, das belebt, beseelt oder beherrscht werden müßte. Die Maschine sind wir, unsere Prozesse, ein Aspekt unserer Verkörperung. Wir können für Maschinen verantwortlich sein; sie beherrschen oder bedrohen uns nicht. *Wir sind für die Grenzen verantwortlich, wir sind sie.*[9]

Maschinen bedrohen uns selbstverständlich doch, und ständig. Aber als Schöpfungen der Technik sind sie provisorisch. Und deshalb können wir sie anpassen, verschrotten, neu erfinden, je nachdem, wie es der Einzelfall erfordert, und uns so zusammen mit unseren Prothesen verändern. Zweifellos verdienen es viele unserer digitalen Technologien, vergessen zu werden oder sich bis zur Unkenntlichkeit zu verändern; allerdings können in manchen Fällen scheinbare Auswüchse des digitalen Kapitalismus auch helfen, politische Veränderungen herbeizuführen.

Selbst in ihrer nicht rekonstruierten, kapitalistischen Form haben linke Aktivist*innen Kommunikationstechnologien für radikale, antikapitalistische Zwecke genutzt. Nach 2015 bildete die Generation, die am meisten an die im vierten Kapitel analysierte schlechte Befriedigung des Web 2.0 gewöhnt ist, die aktivistische Basis für eine neue Welle radikaler sozialistischer Parteien und Bewegungen in Europa und den USA. Im Vereinigten Königreich war die linke Kampagnengruppe *Momentum* (gegründet mit dem Ziel, Jeremy Corbyns Führung der Labour-Partei außerhalb des Parlaments zu unterstützen) erfolgreich, indem sie linke Politik in die alltäglichsten sozialen Techniken ihrer jungen Unterstützer*innen integrierte. In viralen Comic-Videos, in *WhatsApp*-Nachrichten, die zur Weiterleitung an alle Kontakte verfasst wurden, in einer Smartphone-App, die die telefonische Wahlwerbung weg von den begrenzten Räumlichkeiten und Telefonanlagen der Wahlkampfbüros und in die Freizeit der einzelnen Aktivist*innen verlagerte, und in einer *My Nearest Marginal*-Mitfahr-App, die es den Aktivist*innen ermöglichte, in Bezirke transportiert zu werden, in denen ihre Wahlwerbung die größte Wirkung hatte. In den Worten Tiziana Terranovas ist eine alternative Nutzung jener Technologien, die darauf ausgelegt sind, »Körper dem Kapital zu unterwerfen«, auch dazu in der Lage, »auf eine andere maschinelle Infrastruktur des Gemeinsamen« hinzuarbeiten.[10]

Das Beispiel weist darauf hin, was hinter dem Bild *schlechter* Technik verborgen ist: nicht der unaufhaltsam-bösartige Motor der Geschichte, sondern die Erfahrung politischer Ohnmacht gegenüber einem System, das unser gegenwärtiges technisches Dasein auf eine so bösartige Weise formt. Der Ausweg aus dieser Ohnmacht muss politisch sein, aber der historische Moment, in dem wir uns befinden, bietet auch die Gelegenheit, unsere sich ständig wandelnde Erfahrung technischen Seins in den Mittelpunkt politischen Wandels zu stellen. Diese Chance liegt unserer Meinung nach darin, uns selbst als die hybriden, prothesen-gebundenen, provisorischen Wesen einer Technik zu sehen, die wir *gemeinsam* verändern können. Denn wenn wir unfertige Wesen sind, die durch *tekhnē* miteinander und mit der Welt verbunden sind, macht Individualismus keinen Sinn. Wir haben neue links-feministische Schriften erörtert, die in ihrem Bestreben, das technologisierte Leben in Richtung einer anti-essenzialistischen Politik zu wenden, Haraways Cyborg-Feminismus aufgreifen – »misstrauisch gegenüber dem Holismus, aber süchtig nach Kontakt«.[11] Neben diese Form des *Kontakts* könnte man noch einmal Jean-Luc Nancys Ansicht stellen, nach der »singuläre Seiende ihre Grenzen miteinander [teilen]« und »sich auf ihren Grenzen [aufteilen]«.[12] Das Risiko und die Chance, dass ein Gefühl für unser Selbst Form annimmt und sich verändert, wenn wir anderen Lebewesen und Dingen ausgesetzt sind, sei es an der Grenze unserer Haut, unserer Ideen oder anderer modifizierender Objekte, könnten wir sogar ganz generell als unsere technische Beziehung zum Leben verstehen. Mit Derrida stellen wir fest, dass »*tekhnē* vielleicht immer eine Erfindung von Grenzen« ist, und ergänzen mit Nancy, dass *Gemeinschaft* die Erfahrung ist, unterbrochen und auseinandergenommen zu werden, wo wir diesen Grenzen begegnen.[13]

Teile deine Grenzen könnte in diesem Kontext ein Slogan für eine postkapitalistische Perspektive auf unsere Technologien sein. Ausgehend von Nancys Idee der konnektiven Unterbrechung könnten wir die Herausforderung annehmen, unsere Technologien neu zu gestalten, nicht nur, um die Klimakatastrophe zu minimieren und die Ressourcen umzuverteilen, sondern auch, um Raum für menschliche Begegnungen zu schaffen. Menschliche Begegnungen also, die uns erstmal *auseinandernehmen*, uns im Sinne des *désœuvrements* funktionsuntüchtig machen, bevor sie neue Formen eines offeneren Selbstverständnisses des *Singulär-plural-*

Seins ermöglichen. In *politischer* Hinsicht könnte dies bedeuten, statt nach Harmonie und einem breiten Konsens zu suchen nach der Art von kreativem »demokratischen Agonismus« Ausschau zu halten, wie ihn Chantal Mouffe vorschlägt. In *philosophischer* Hinsicht könnte dies das Streben nach dem sein, was Jeremy Gilbert einen »experimentellen Anti-Individualismus« nennt, der »den Verlockungen eines konformistischen Kommunitarismus« widersteht. Und in Bezug auf die Arbeit könnte das ganz einfach bedeuten, dass wir, wenn wir den Kampf um jene Technologien gewinnen, die mehr freie Zeit für alle schaffen können, auch mehr Raum für das gewinnen, was Walter Benjamin als die Essenz des kindlichen Spiels angesehen hat: Experimentieren und Offenheit für alle, die mitmachen wollen.[14]

Anmerkungen

Vorwort zur deutschen Ausgabe

1 Michel Houellebecq, »En un peu pire«, *Radio France*, 4. Mai 2020 [https://www.franceinter.fr/emissions/lettres-d-interieur/lettres-d-interieur-04-mai-2020].
2 Mareile Pfannebecker und James A. Smith, »The Right has Perfected Making People Expendable – But a Coronavirus Recession Will Take it Further Than Ever«, in: *The Independent*, 13. März 2020 [https://www.independent.co.uk/voices/coronavirus-recession-budget-rishi-sunak-windrush-universal-credit-a9399581.html].
3 »NHS staff feel like Covid cannon fodder, not heroes, survey finds«, *BBC News*, 13. Dezember 2021 [https://www.bbc.co.uk/news/uk-england-bristol-59634523].
4 Peter Birke, »Die Fleischindustrie in der Coronakrise: Eine Studie zu Migration, Arbeit und multipler Prekarität«, in: *Sozial. Geschichte Online* 29 (2021), S. 41–87, S. 85 [https://sozialgeschichte-online.org].
5 C. Heneghan, M. Dietrich, J. Brassey, T. Jefferson, A.J. Kay, »CG Report 6: Effects of COVID-19 In Care Homes. A Mixed Methods Review«, (Version 1) *ColateralGlobal*, 3. Dezember 2021 [https://s3.eu-west-2.amazonaws.com/uploads.collateralglobal.org/2021/12/18235434/CG-REPORT-6_-CARE-HOMES_FINAL-2.pdf-2.pdf].
6 »5 % of Unvaccinated Adults Say They Left a Job Due to a Vaccine Requirement«, *Kaiser Family Foundation*, 28. Oktober 2021 [https://www.kff.org/coronavirus-covid-19/press-release/1-in-4-workers-say-their-employer-required-them-

to-get-a-covid-19-vaccine-up-since-june-5-of-unvaccinated-adults-say-they-left-a-job-due-to-a-vaccine-requirement/].

Einleitung: Alles wird zu Arbeit

1 Jonathan Crary, *24/7. Schlaflos im Spätkapitalismus.* Übersetzung: Thomas Laugstien. Wagenbach, Berlin 2014, S. 32.
2 Theodor W. Adorno, »Freizeit«, in: *Gesammelte Schriften,* Bd. 10/2, Suhrkamp, Berlin 2003, S. 646.

1 Lebensarbeit

1 Siehe Keith Grint und Darren Nixon, *The Sociology of Work.* Polity, London 2015, Kapitel 3. Eine der seltenen Auseinandersetzungen mit dieser Tradition in der Anti-Arbeits-Literatur, James Chamberlains Besprechung von Nancys Auffassung des *désœuvrement* in seinem kürzlich veröffentlichten Buch, hat Gemeinsamkeiten mit dem letzten Abschnitt des vorliegenden Kapitels. Siehe James Chamberlain, *Undoing Work, Rethinking Community. A Critique of the Social Function of Work.* Cornell University Press, Ithaca, NY 2018, S. 123–130.
2 Michel Foucault, *Wahnsinn und Gesellschaft. Eine Geschichte des Wahns im Zeitalter der Vernunft.* Übersetzung: Ulrich Köppen. Suhrkamp, Frankfurt 1973, S. 92. Übersetzung aus dem Französischen zum besseren Verständnis abgeändert (Anm. d. Ü.).
3 Roy Porter, »Foucault's Great Confinement«, in: *History of the Human Sciences* 3/1 (1990), S. 47–54, S. 49.
4 Die Bemerkungen über »die modernen Künstler des Wahnsinns« sind nicht in der gekürzten deutschen Ausgabe enthalten. Siehe Foucault, *L'histoire de la folie.* Gallimard, Paris 1972, S. 555.
5 Allem Anschein nach taucht Foucaults Bemerkung über das blinde Wagnis seines Ausdrucks »Wahnsinn als Abwesenheit des Werkes« nur in der umfangreichen englischen Neuauflage auf. Siehe Foucault, *History of Madness. A History of Insanity in the Age of Reason.* Herausgeber und Übersetzer:

Jean Khalfa und Jonathan Murphy. Routledge, London 2009, S. xxxix (Anm. d. Ü.).

6 Maurice Blanchot, *Der literarische Raum.* Übersetzung: Marco Gutjahr und Johannes Hock. Diaphanes, Zürich 2012, S. 177–182. Übersetzung angepasst (Anm. d. Ü.).

7 Richard Sennett, *Der flexible Mensch. Die Kultur des neuen Kapitalismus.* Übersetzung: Martin Richter. Berlin Verlag, Berlin 1998, Kapitel 4.

8 Siehe Grint und Nixon, *Sociology of Work*, Kapitel 9, für die Geschichte des Begriffs.

9 Sennett, *Der flexible Mensch*, S. 92.

10 Beispiele finden sich in: Erik Brynjofsson und Andrew McAfee, *The Second Machine Age. Wie die nächste digitale Revolution unser aller Leben verändern wird.* Übersetzung: Petra Pyka. Plassen Verlag, Kulmbach 2014; Martin Ford, *Aufstieg der Roboter.* Übersetzung: Matthias Schulz. Plassen Verlag, Kulmbach 2016; und mit größerer historischer Reichweite und begleitender Skepsis: John Urry, *What is the Future?* Polity, Cambridge 2016.

11 Perry Anderson, *The Origins of Postmodernity.* Verso, London 1998, S. 85.

12 Franco Moretti, *Der Bourgeois. Eine Schlüsselfigur der Moderne.* Übersetzung: Frank Jakubzik. Suhrkamp, Berlin 2014, S. 40.

13 Richard Susskind und Daniel Susskind, *The Future of the Professions. How Technology Will Transform the Work of Human Experts.* Oxford University Press, Oxford 2015.

14 Peter Fairbrother und Gavin Poynter, »State Restructuring. Managerialism, Marketisation and the Implications for Labour«, in: *Competition and Change* 5 (2001), S. 311–333, S. 319.

15 Umfragen zufolge verstehen 40 % aller Brit*innen ihre Arbeit in diesem Sinne. David Graeber, *Bullshit Jobs. Vom wahren Sinn der Arbeit.* Übersetzung: Sebastian Vogel. Klett-Cotta, Stuttgart 2018, S. xxii.

16 »Anders gesagt: Immaterielle Arbeit ist heute in der Position, in der sich vor 150 Jahren die Industriearbeit befand, die damals nur für einen kleinen Teil der Produktion weltweit eine Rolle spielte und, obwohl nur in einem kleinen Teil der Welt konzentriert, über alle anderen Formen der Produktion He-

gemonie ausübte. So wie in jener Epoche alle Formen der Arbeit und die Gesellschaft selbst sich industrialisieren mussten, müssen sich heute Arbeit und Gesellschaft informatisieren, müssen intelligent, kommunikativ und affektiv werden.« Michael Hardt und Antonio Negri, *Multitude. Krieg und Demokratie im Empire*. Übersetzung: Thomas Atzert und Andreas Wirthensohn. Campus, Frankfurt 2004, S. 109.

17 David Frayne, *The Refusal of Work. The Theory and Practice of Resistance to Work*. Zed Books, London 2015, S. 40.

18 Im Jahr 2017 wurden in Großbritannien durchschnittlich sechzig Kinder pro Woche, hauptsächlich muslimische Jungen, gemeldet, oft mit keiner besseren Begründung als Anzeichen »übermäßig leidenschaftlicher Meinungen« oder geringen Selbstwertgefühls. Karma Nabulsi schildert, dass Kritiken westlicher Außenpolitik, als Zeichen »empfundener Missstände«, ebenfalls gemeldet werden sollen, und somit Widerspruch pathologisiert und kritische politische Auseinandersetzung in »einen Indikator, ja sogar ein Beweismittel für Extremismus« verwandelt wird. »Don't Go to the Doctor«, in: *London Review of Books*, 18. Mai 2017 [https://www.lrb.co.uk/the-paper/v39/n10/karma-nabulsi/don-t-go-to-the-doctor].

19 »A Guide to the Hostile Environment. The Border Controls Dividing Our Communities – And How We Can Bring Them Down«, in: *Liberty* (2018) [https://www.libertyhumanrights.org.uk/issue/report-a-guide-to-the-hostile-environment/].

20 Chantal Mouffe, *Für einen linken Populismus*. Übersetzung: Richard Barth. Suhrkamp, Berlin 2018, S. 50.

21 Chamberlain beginnt sein Buch *Undoing Work. Rethinking Community* mit einer ähnlichen Beobachtung über die Fokussierung auf Arbeit in radikalen Ansätzen an beiden Enden des politischen Spektrums. Siehe S. 1f.

22 Andrea Komlosy, *Arbeit. Eine globalhistorische Perspektive. 13. bis 21. Jahrhundert*. Promedia, Wien 2014, S. 160.

23 Robert Castel, *Die Metamorphosen der sozialen Frage. Eine Chronik der Lohnarbeit*. UVK Verlag, München 2000, S. 11.

24 Guy Standing, *Work after Globalization. Building Occupational Citizenship*. Edward Elgar, Northampton, MA 2009, S. 43.

25 William Beveridge, zitiert in David Kynaston, *Austerity Britain, 1945–51*. Bloomsbury, London 2007, S. 26.

26 Nancy Fraser, »Contradictions of Capital and Care«, in: *New Left Review* 100 (2016), S. 99–117, S. 111.
27 Mariarosa Dalla Costa und Selma James, *The Power of Women and the Subversion of Community*. Falling Wall Press, Bristol 1975, S. 9.
28 Angela Davis, *Rassismus und Sexismus. Schwarze Frauen und Klassenkampf in den USA*. Übersetzung: Erika Stöppler. Elefanten Press, Berlin 1982, S. 18.
29 Shulamith Firestone, *Frauenbefreiung und sexuelle Revolution. »The Dialectic of Sex«*. Übersetzung: Gesine Strempel-Frohner. Fischer, Frankfurt 1975, S. 103.
30 Ira Katznelson, *When Affirmative Action was White. An Untold History of Racial Inequality in Twentieth-Century America*. Norton, New York 2005, S. 142 f.; Jill Quadagno, *The Colour of Welfare. How Racism Undermined the War on Poverty*. Oxford University Press, Oxford 1994.
31 Isabell Lorey, *Die Regierung der Prekären*, Turia und Kant, Wien 2020, S. 60.
32 Siehe J. A. Smith, »Fake News Literary Criticism«, in: *Brexit and Literature. Critical and Cultural Responses*. Herausgeber: Robert Eaglestone. Routledge, London 2018, S. 118–130.
33 Zitiert in Anton Jäger, »Why ›Post-Work‹ Doesn't Work«, in: *Jacobin*, 19. November 2018.
34 Franco »Bifo« Berardi et al., zitiert in: Mark Fisher, *K-Punk. Ausgewählte Schriften*. Übersetzung: Robert Zwarg. Edition Tiamat, Berlin 2020, S. 568 f.
35 Andy Beckett, *When the Lights Go Out. What Really Happened to Britain in the Seventies*. Faber and Faber, London 2009, S. 143 f.
36 Peter Frase, *Four Futures. Life after Capitalism*. Verso, London/New York 2012, S. 43.
37 Siehe z. B. Richard Hoggart, *The Uses of Literacy. Aspects of Working-Class Life*. London, Penguin 2009 [1957] und die Sammlung von Schriften F. R. Leavis' aus den 1960er Jahren, F. R. Leavis, *Nor Shall My Sword. Discourses on Pluralism, Compassion and Social Hope*, Chatto & Windus, London 1972, besprochen in Smith, »Fake News Literary Criticism«.
38 Frayne, *The Refusal of Work*, S. 83. Für Beiträge zum Thema aus der Zeit zwischen den oben beschriebenen Momenten siehe Jeremy Rifkin, *Das Ende der Arbeit und ihre Zukunft*.

Übersetzung: Thomas Steiner. Campus, Frankfurt 1995; Stanley Aronowitz und Jonathan Cutler (Hrsg.), *Post-Work. The Wages of Cybernation.* Routledge, New York 1998.

39 Frederick Harry Pitts, »Beyond the Fragment: Postoperaismo, Postcapitalism and Marx's ›Notes on Machines‹, 45 Years On«, in: *Economy and Society* 46/3–4 (2017), S. 324–345.

40 William Mitchell und Thomas Fazi, *Reclaiming the State. A Progressive Vision for a Post-Neoliberal World.* Pluto, London 2017, Kapitel 9.

41 Zur Notwendigkeit einer separaten philosophischen Dimension in der Fragestellung siehe John Danaher, »Will Life Be Worth Living in a World Without Work? Technological Unemployment and the Meaning of Life«, in: *Science and Engineering Ethics* 23/1 (2017), S. 41–64.

42 Frayne, *The Refusal of Work*, S. 158

43 André Gorz, *Arbeit zwischen Misere und Utopie.* Übersetzung: Jadja Wolf. Hrsg. v. Ulrich Beck. Suhrkamp, Frankfurt 2000, S. 161.

44 Frayne, *The Refusal of Work*, S. 180, und weiterhin: »Die Menschen waren von einem Gefühl wahrer Nützlichkeit motiviert: von einem Verlangen, Neues zu schaffen, anderen zu helfen, und ethisch zweifelhafte Arbeit zu vermeiden. Erfolg wurde nicht im Hinblick auf materielle Anreicherung oder soziale Stellung definiert, sondern auf die Gelegenheiten, persönliche Fähigkeiten weiterzuentwickeln … Einige nutzten ihre Zeit, um sich um ihre älteren Eltern zu kümmern oder mit ihren Kindern zu spielen« (S. 155).

45 Virginia Woolf, *Ein eigenes Zimmer. Drei Guineen. Zwei Essays.* Übersetzung: Heidi Zerning und Brigitte Walitzek, Fischer, Frankfurt 2001, S. 204.

46 Q.D. Leavis, »Caterpillars of the Commonwealth Unite!«, in: *Scrutiny* 7 (1938), S. 203–214.

47 Eine erstaunlich genaue Umkehrung von Leavis' Kombination konservativer Auslegung der Geschlechterrollen einerseits mit radikalem Klassenverständnis andererseits ist aus einer Unterhaltung Woolfs dokumentiert. Als Woolf den Ratschlag erhielt (von der Gründerin der Fabian Society, Beatrice Webb), ihre Ehe einfach als »Papierkorb der Gefühle« zu behandeln, um ihren Kopf für die Kunst klar zu halten, antwortet diese: »Ich nehme an, dass es ein alter

Familiendiener auch tut.« Leonard Woolf, *Beginning Again. An Autobiography of the Years 1911 to 1918.* Hogarth Press, London 1964, S. 40.

48 Frayne, *The Refusal of Work*, S. 40.

49 Frase, *Four Futures*, S. 46 f.; Nick Srnicek und Alex Williams, *Die Zukunft erfinden.* Übersetzung: Thomas Atzert. Edition Tiamat, Berlin 2016, S. 183; Helen Hester, *Xenofeminismus.* Übersetzung: Jennifer Theodor. Merve, Leipzig 2020, Kapitel 1; Sophie Lewis, *Full Surrogacy Now: Feminism Against Family.* Verso, London 2019.

50 Srnicek und Williams, *Die Zukunft erfinden*, S. 183. Übersetzung angepasst: Ich kann Atzerts Übersetzung, die uns für »pain« und »suffering« von Schwangerschaft und Geburt hier »Unbequemlichkeiten« anbietet, in diesem Punkt nicht folgen (Anm. d. Ü.).

51 Karl Marx und Friedrich Engels, »Die deutsche Ideologie«, in: *MEW*, Bd. 3, S. 33.

52 Kathi Weeks, *The Problem With Work. Feminism, Marxism, Antiwork Politics and Postwork Imaginaries.* Duke University Press, Durham, NC 2011, S. 204, S. 209.

53 Erich Fromm, *Das Menschenbild bei Marx.* Übersetzung: Renate Müller-Isenburg und C. Barry-Hyams. Ullstein, Frankfurt 1988, S. 62.

54 Srnicek und Williams, *Die Zukunft erfinden*, S. 139.

55 Frayne, *The Refusal of Work*, S. 36.

56 Owen Hatherley, »Work and Non-Work«, *Libcom*, 22. April 2013.

57 Jean-Luc Nancy, *Die undarstellbare Gemeinschaft.* Übersetzung: Gisela Febel und Jutta Legueil. Patricia Schwarz, Stuttgart 1988, S. 13. Die deutsche Übersetzung des französischen Titels, wie Nancy selbst in seinem Vorwort der deutschen Ausgabe bemerkt, »übersetzt nicht, sondern ersetzt vielmehr den französischen Titel – *La communauté désœuvrée*«, da »jede mögliche Übersetzung von ›désœuvré‹ (entwerkt, nicht bewerkstelligt ...) – in dem Sinn, wie Blanchot dieses Wort verstanden hat (als das, was am Werk über das Werk hinausgeht oder es auflöst) – als Buchtitel zu schwerfällig und auch zu unverständlich« schien. S. 5 (Anm. d. Ü.).

58 William Empson, *Some Versions of Pastoral.* Penguin, London 1995 [1935], S. 20.

59 Nancy, *Die undarstellbare Gemeinschaft*, S. 14.
60 Ebd., S. 22.
61 Donald E. Pizer (Hrsg.), *American Communal Utopias*. University of North Carolina Press, Chapel Hill 1997.
62 Nancy, *Die undarstellbare Gemeinschaft*, S. 16.
63 Nancy, *singulär plural sein*. Übersetzung: Ulrich Müller-Schöll. Diaphanes, Berlin 2004, S. 106.
64 Nancy, *Die undarstellbare Gemeinschaft*, S. 63.
65 Raymond Williams, »The Bloomsbury Fraction«, in: *Culture and Materialism*. Verso, London 2005, S. 148–169. »Splendid isolation«, also »herrliche Abgeschiedenheit«, ist ein stehender Begriff, der sich auf die Rolle der geografischen Insellage des Vereinigten Königreichs in dessen Außenpolitik im späten 19. und frühen 20. Jahrhundert bezieht (Anm. d. Ü).
66 Nancy, *Die undarstellbare Gemeinschaft*, S. 89. Aus diesem Grund zählt Jeremy Gilbert Nancy zu den Denkern der »nicht-faschistischen Menge«, also des Gemeinschaftlichen, das nicht die Zerstörung des Individuums fordert. Siehe *Common Ground. Democracy and Collectivity in an Age of Individualism*. Pluto, London 2014, Kapitel 5.
67 »Ein singulär Seiendes (›Sie‹ oder ›ich‹) hat ganz genau die Struktur und das Wesen eines schriftlichen Seienden: es existiert nur in der Mitteilung ...« Nancy, *Die undarstellbare Gemeinschaft*, S. 164.
68 Ebd., S. 66. Übersetzung angepasst (Anm. d. Ü.).
69 Ebd., S. 163. Übersetzung angepasst (Anm. d. Ü.).
70 Jacques Derrida, *Grammatologie*. Übersetzung: Hans-Jörg Rheinberger und Hanns Zischler. Suhrkamp, Frankfurt 1974, S. 274.

2 Arbeit als Vertreibung

1 Siehe Christopher Ricks, *T.S. Eliot and Prejudice*. University of California Press, Berkeley, L.A. 1988, Kapitel 1.
2 Walter Benjamin, *Angelus Novus. Ausgewählte Schriften 2*. Suhrkamp, Frankfurt 2011, S. 250.
3 Vielen Dank an Sue Tilley für die Bestätigung dieser Angaben.
4 Die Angst vor der »abnormalen ›Abhängigkeit‹ der ›welfare

mothers‹, der Mütter auf Sozialleistungen« in den 90er Jahren, so Fraser und Gordon, reflektierte letztendlich die Angst vor der abnormalen Unabhängigkeit der Dienstboten von außer Haus im 17. Jahrhundert, da beide Gruppen »zu Sinnbildern für soziale Unruhe wurden, die diffuse kulturelle Ängste bündelten«. Nancy Fraser, *Fortunes of Feminism. From State Managed Capitalism to Neoliberal Crisis.* Verso, London 2020, S. 121, S. 138. Siehe auch Ruth Levitas, *The Inclusive Society. Social Exclusion and New Labour.* Palgrave, Hampshire 2005, S. 15.

5 Adam Perkins, *The Welfare Trait.* Palgrave, London 2015.

6 Damit soll die Bedeutung der Veränderungen, die sie schon zu diesem Zeitpunkt erreicht hatten, nicht geschmälert werden. Für eine Darstellung der damaligen Erfahrungen mit Arbeitslosigkeit und den neuen Einschränkungen der Arbeitslosenunterstützung sowie des organisierten Widerstands gegen die neue Politik siehe Brian Marren, *We Shall Not Be Moved: How Liverpool's Working Class Fought Redundancies, Closures and Cuts in the Age of Thatcher.* Manchester University Press, Manchester 2016, Kapitel 4.

7 Social Justice Policy Group, *Breakthrough Britain. Ending the Costs of Social Breakdown.* London 2007, S. 215 [https://www.centreforsocialjustice.org.uk /wp-content/uploads/2018/03/BBChairmansOverview.pdf]. Interessanterweise geht dieser rechtsgerichtete Text, der die Blaupause für die Reformen der Koalitionsregierung von 2010 lieferte, davon aus, dass zwischen 1942 und 1985 immer weniger Bedingungen an Sozialleistungen geknüpft wurden. Nach Ansicht der Autoren markiert das Jahr 1996 den Beginn der »Wiedereinführung der Konditionalität«.

8 Gerry Mooney und Alex Law, »New Labour, ›Modernisation‹ and Welfare Worker Resistance«, in: *New Labour/Hard Labour? Restructuring and Resistance Inside the Welfare Industry.* Herausgeber: Gerry Mooney und Alex Law. The Policy Press, Bristol 2007, S. 1–22, S. 4.

9 Stuart Hall, *Selected Political Writings. The Great Moving Right Show and Other Essays.* Hrsg. von Sally Davison, David Featherstone, Michael Rustin und Bill Schwarz. Lawrence and Wishart, London 2017, S. 288.

10 Andrew Wallace, *Remaking Community? New Labour and the*

Governance of Poor Neighbourhoods. Ashgate, Farnham 2010, S. 23; Levitas, *The Inclusive Society*, S. 191.

11 Levitas, *The Inclusive Society*, S. 11.

12 Debate in the House of Lords, »Social Exclusion Unit«, Hansard Archives, 9. Dezember 1997 [https://hansard.parliament.uk /Lords/1997-12-09/debates/d95b17b9-4247-445c-b962-82696 768e313/SocialExclusionUnit].

13 Frank Field, MP: »Seine Irrtümer in Bezug auf Fakten oder seine ungewöhnliche Interpretation sollten niemanden von Murrays Hauptaussage ablenken.« Frank Field, »Britain's Underclass: Countering the Growth«, in: *Charles Murray and the Underclass. The Developing Debate,* Hrsg.: David G. Green. IEA, London 1996, S. 57–60, S. 57.

14 Richard Seymour, *Corbyn. The Strange Rebirth of Radical Politics.* Verso, London 2016, S. 155.

15 Richard Power Sayeed, *1997. The Future That Never Happened.* Zed Books, London 2017. Der Blair-treue Intellektuelle Anthony Giddens (zu dem nachstehend mehr zu lesen ist) räumte im Rückblick auf Blairs Abgang als Premierminister ein, dass »Labour sich mit seinen egalitären Bestrebungen zurückgehalten und sie in die vage Sprache der sozialen Ausgrenzung gekleidet hat«, mit dem Ergebnis, dass man »daran zweifeln könne«, wie standhaft das Engagement der Partei für soziale Gerechtigkeit wirklich sei. *Over to You Mr Brown. How Labour Can Win Again.* Polity, Cambridge 2007, S. 28.

16 Peter Mandelson, *Labour's Next Steps: Tackling Social Exclusion.* Fabian Society, London 1997, S. 35.

17 Alex Callinicos, »Social Theory Put to the Test of Politics: Pierre Bourdieu and Anthony Giddens«, in: *New Left Review* 1/236 (1999), S. 77–102, S. 86f.

18 Anthony Giddens, *Modernity and Self-Identity. Self and Society in the Late Modern Age.* Polity, Cambridge 1991, S. 81.

19 David Harvey, *Kleine Geschichte des Neoliberalismus.* Übersetzung: Niels Kadritzke. Rotpunkt, Zürich 2007, S. 89.

20 Wallace, *Remaking Community?*, S. 20.

21 Tom Slater, »The Myth of ›Broken Britain‹. Welfare Reform and the Production of Ignorance«, in: *Antipode* 46/4 (2012), S. 948–968, S. 956.

22 Giddens, *Modernity and Self-Identity*, S. 129.

23 Andreas Cebulla, Karl Ashworth, David Greenberg und

Robert Walker, *Welfare-To-Work. New Labour and the US Experience.* Ashgate, Aldershot 2005, S. 4.

24 Ivor Southwood, *Non-Stop Inertia.* Zero Books, Winchester 2011, S. 49.

25 Zu *work for labour* siehe Guy Standing, »Understanding the Precariat through Labour and Work«, in: *Development and Change* 45/5 (2014), S. 956–980, S. 963.

26 Slater, »The Myth of ›Broken Britain‹«, S. 660.

27 Zum Zusammenhang zwischen Online-Plattformen und prekärer Arbeit siehe J. A. Smith, *Other People's Politics: Populism to Corbynism.* Zero Books, Winchester 2020, S. 17f.

28 Beasleys Inserat auf Craigslist, zitiert in Hanna Rosin, »Murder by Craigslist«, *The Atlantic*, September 2013 [https://www.theatlantic.com/magazine/archive/2013/09/advertisement-for-murder/309435/].

29 Wie Hanna Rosin feststellte, unterschätzte Beasley jedoch Ersatzintimität, die sich unter Bedingungen wirtschaftlichen und familiären Zusammenbruchs zwischen den Männern, die er ansprach, herausbildete: »alte Schulfreunde, die so oft am Tag plaudern, dass sie sich Walkie-Talkies kaufen; ein Vater, der seinen fast erwachsenen Söhnen Textnachrichten schreibt, wenn er abends ins Bett geht und morgens aufwacht«. Rosin, »Murder by Craigslist« [https://www.theatlantic.com/magazine/archive /2013/09/advertisement-for-murder/309435/].

30 Russ Castronovo, »Occupy Bartleby«, in: *J19: The Journal of Nineteenth-Century Americanists* 2/2 (2014), S. 253–272.

31 Charles Dickens, *Martin Chuzzlewit.* Übersetzung: Gustav Meyrink. Holzinger, Berlin 2017, S. 602.

32 Arthur Conan Doyle, *Die Abenteuer des Sherlock Holmes.* Übersetzung: Böcking/Geiger/Jung-Grell/Krüger-Dürr/Oeser/Polz/Spreitzer/Timmermann/Wasel. Reclam, Ditzingen 2020, S. 336, 47, 249.

33 Bram Stoker, *Dracula.* Übersetzung: Karl Bruno Leder. Insel, Berlin 2017, S. 29.

34 Henry James, *Die Drehung der Schraube.* Übersetzung: Ingrid Rein. Manesse, München 2010, S. 19f.

35 Siehe zum Beispiel Alexander Cooke, »Resistance, Potentiality and the Law: Deleuze and Agamben on ›Bartleby‹«, in:

Angelaki. Journal of the Theoretical Humanities 10/3 (2005), S. 79–89.

36 Southwood, *Non-Stop Inertia*, S. 79.

37 Letztere Ironie findet sich in Andrew Knighton, »The Bartleby Industry and Bartleby's Idleness«, in: *ESQ. A Journal of the American Renaissance* 53/2 (2007), S. 184–215.

38 Allen Clarke, *The Effects of the Factory System.* Grant Richards, London 1899, S. 51f., S. 32.

39 Philip Alston, »Statement on Visit to the United Kingdom« (2018), United Nations Human Rights Office of the High Commissioner [https://www.ohchr.org/EN/NewsEvents/Pages/DisplayNews.aspx?LangID=E&NewsID=23881].

40 Jonathan Watkins et al., »Effects of Health and Social Care Spending Constraints on Mortality in England: a Time Trend Analysis«, in: *British Medical Journal Open* 7 (2017) [https://bmjopen.bmj.com/content/bmjopen/7/11/e017722.full.pdf].

41 Jason Heyes, Mark Tomlinson und Adam White, »Underemployment and Well-Being in the UK Before and After the Great Recession«, in: *Work, Employment and Society* 31/1 (2017), S. 71–89, S. 85.

42 Frayne, *Refusal of Work*, S. 38.

43 Jamie Woodcock, *Working the Phones: Control and Resistance in Call Centers*, Pluto, London 2017, S. 71f.

44 Frayne, *Refusal of Work*, S. 148.

45 Nic Murray, »No Crying in the Breakroom«, in: *The Work Cure. Critical Essays on Work and Wellness.* Hrsg. v. David Frayne, PCC Books, Monmouth 2019, S. 45–60, S. 53.

46 Zitiert in Tim Bale, *The Conservative Party. From Thatcher to Cameron.* Polity, Cambridge 2010, S. 146. Für eine klatschhafte Darstellung der an der Ausrichtung der Sozialpolitik der Koalition beteiligten internen Kräfte siehe Matthew D'Ancona, *In It Together: The Inside Story of the Coalition Government*, Penguin, London 2013, Kapitel 8.

47 Alex Hern, »Tesco's Unpaid Labour Shows the Flaw at the Heart of Workfare«, in: *Left Foot Forward*, 16. Februar 2012 [https://leftfootforward.org/2012/02/tescos-unpaid-labour-shows-the-flaw-at-the-heart-of-workfare]; Ewa Jasiewicz, »Poverty Pay is No Alternative to Workfare: Why We're Telling Sainsbury's to Pay Up«, in: *Red Pepper*, 1. Juli 2012 [https://www.redpepper.org.uk/poverty-pay-workfare];

Martin Dunne, »My Job Was Replaced by a Workfare Placement«, in: *Guardian*, 3. März 2012 [https://www.theguardian.com/commentisfree/2012/mar/03/job-replaced-workfare-placement].

48 Patrick Butler, »Shelter Warns of Leap in Working Homeless as Families Struggle«, in: *Guardian*, 23. Juli 2018 [https://www.theguardian.com/society/2018/jul/23/shelter-warns-of-leap-in-working-homeless-as-families-struggle].

49 Michael Adler, »A New Leviathan: Benefit Sanctions in the Twenty-First Century«, in: *Journal of Law and Society* 43/2 (2016), S. 195–227, S. 201 f.

50 »4 Out of 10 PIP Claimants Do Not Appeal as it would be Too Stressful«, *Disability Rights UK* 10. September 2018 [https://www.disabilityrightsuk.org/news/2018/september/4-out-10-pip-claimants-do-not-appeal-it-would-be-too-stressful].

51 Ivor Southwood, »The Black Dog«, in: *The Work Cure*, S. 29–44, S. 39.

52 Alston, »Statement on Visit to the United Kingdom«.

53 Del Roy Fletcher und Sharon Wright, »A Hand Up or a Slap Down? Criminalising Benefit Claimants in Britain via Strategies of Surveillance, Sanctions and Deterrence«, in: *Critical Social Policy* 38/2 (2017), S. 323–344, S. 344.

54 »Der Haupteffekt der Verhängung von Sanktionen besteht darin, die Antragsteller aus dem Sozialleistungssystem zu vertreiben und sie noch weiter von der Arbeitswelt zu entfernen«. Adler, »A New Leviathan«, S. 219.

55 Saskia Sassen, *Ausgrenzungen. Brutalität und Komplexität in der globalen Wirtschaft*. Übersetzung: Sebastian Vogel. Fischer, Frankfurt 2015, S. 47 f.

56 Siehe auch Andrew Gibson, *Modernity and the Political Fix*. Bloomsbury, London 2019, S. 3.

57 Internationale Arbeitsorganisation (ILO), *Women and Men in the Informal Economy: A Statistical Picture. Third Edition* (2018) [https://www.ilo.org/wcmsp5/groups/public/---dgreports/---dcomm/documents/publication/wcms_626831.pdf]. Der Forscher zum Thema »ungebundene« Arbeit in Entwicklungsländern, Jan Breman, fasst die zunehmende Austauschbarkeit von »formeller« und »informeller« Beschäftigung treffend und im Einklang mit unserer Analyse

zusammen: »Eine große Zahl von Arbeitnehmer*innen ist innerhalb der formellen Wirtschaft unter informellen Bedingungen beschäftigt, durch Outsourcing und Unterauftragsvergabe. Die »Informalität« bedeutet hier einfach die Senkung des Arbeitspreises, die Reduzierung von Arbeitskraft zu reiner Ware, ohne Sicherheit oder stabile Arbeitsbedingungen, geschweige denn Schutz vor Widrigkeiten. Man kauft Arbeitskraft, aber nur so lange, wie man sie braucht, dann wird man sie wieder los. So funktioniert die informelle Wirtschaft. Ein weiterer wichtiger Grund, warum die Schattenwirtschaft bei den Arbeitgebern und Kapitaleignern – ganz zu schweigen von IWF und Weltbank – so beliebt ist, liegt darin, dass sie kollektives Handeln erschwert: Eine treibende, nicht festangestellte Arbeiterschaft ist schwer zu organisieren. Wenn man seine Arbeitskraft auf dem morgendlichen Markt verkauft, wie kann man da mit seinen Konkurrent*innen kollektive Maßnahmen ergreifen?« »A Footloose Scholar«, in: *New Left Review* 94 (2015), S. 45–75, S. 57 f.

3 Wir Jungen-Mädchen

1 Laurel Ptak, »Löhne für Facebook« [http://wagesforfacebook.com].

2 Christian Fuchs, *Digital Labour and Karl Marx*. Routledge, New York 2014, S. 248. Für eine Übersicht über Neologismen zum Thema und die Übernahme dieser Begriffe in der Wissenschaft siehe Richard Heeks, »Digital Economy and Digital Labour Terminology«, in: *Centre for Development Informatics*, working paper 70 (2017).

3 Nick Srnicek, *Plattform-Kapitalismus*. Übersetzung: Ursel Schäfer. Hamburger Edition, Hamburg 2018, S. 43.

4 Silvia Federici, *Lohn gegen Hausarbeit*. Übersetzung: Pieke Biermann. P. Biermann, Berlin 1977.

5 Dies wurde in allgemeinerer Form von Kylie Jarrett festgestellt: »Die Formen immaterieller und affektiver Arbeit, die in den Wirtschaftskreisläufen des kommerziellen Netzes ausgebeutet werden, können mit Hilfe von Ansätzen, die für das Verständnis der Rolle der Hausarbeit im Kapitalismus entwickelt wurden, sinnvoll befragt werden.« Kylie Jarrett,

Feminism, Labour and Digital Media. Routledge, New York 2016, S. 3.

6 Federici, *Lohn gegen Hausarbeit,* S. 6, S. 7. Übersetzung angepasst (Anm. d. Ü.).

7 Louise Toupin, *Wages for Housework: A History of the International Feminist Movement, 1972–77.* Pluto, London 2017, S. 63f.

8 Tiqqun, *Grundbausteine einer Theorie des Jungen-Mädchens.* Übersetzung: Deutsche Sektion der PI (Parti Imaginaire). Merve, Berlin 2009, S. 15. Tiqquns Konzept des Jungen-Mädchens, *Jeune-Fille* im französischen Originaltext, soll zwar Akteur*innen jeden Genders einschließen, dennoch bezieht sich das Wort »Junge« hier nicht auf männliche Kinder oder Jugendliche, sondern auf die Jugend des imaginierten Mädchens (Anm. d. Ü.).

9 Elizabeth Gaskell, *Norden und Süden* (1855). Übersetzung: Christina Neth. BoD, Norderstedt 2015, S. 19.

10 Jane Austen, *Stolz und Vorurteil* (1813). Übersetzung: Ursula und Christian Grawe. Reclam, Ditzingen 2019, S. 48. Den Ausführungen folgt Elizabeth Bennetts treffender Witz: »Dann wundert es mich gar nicht, dass sie nur sechs gebildete Frauen kennen; ich bin eher überrascht, dass Sie überhaupt welche kennen.«

11 Tiqqun, *Grundbausteine,* S. 15, S. 17f.

12 Ebd., S. 17. Paul Sorrentinos Fernsehserie spielt einen PR-versierten, kommodifizierten Vatikan und einen amerikanischen, ultrakonservativen Papst der Millennials-Generation gegeneinander aus.

13 Ebd., S. 14.

14 Heather Warren-Crow, *Girlhood and the Plastic Image.* Dartmouth College Press, Hanover 2014, S. 73; Nina Power, »She's Just Not That into You«, in: *Radical Philosophy* 177 (2013) [https://www.radicalphilosophy.com/reviews/individual-reviews/rp177-shes-just-not-that-into-you].

15 Jacqueline Rose, »Corkscrew in the Neck«, in: *London Review of Books* 37/17 (2015) [https://www.lrb.co.uk/v37/n17/jacqueline-rose/corkscrew-in-the-neck]. Der Artikel ist eine Rezension der Bestsellerromane *Girl on the Train* (2015) und *Gone Girl* (2012), zu denen wir noch *The Girl With the Dragon Tattoo* (Verfilmung 2011) und *The Girls* (2016) hinzufügen

könnten. Zu der Faszination der 2010er Popkultur mit jungen Frauenfiguren, die durch sexuellen Missbrauch psychologischen Schaden erlitten haben, und den verbundenen Auswirkungen, siehe Alex Dymock, »Flogging Sexual Transgression: Interrogating the Costs of the ›*Fifty Shades* effect‹«, in: *Sexualities* 16/8 (2013), S. 880–895. Für eine positivere akademische Inanspruchnahme des Begriffs »girl« siehe die interdisziplinäre Zeitschrift *Girlhood Studies* (2008-).

16 Sianne Ngai, *Our Aesthetic Categories: Zany, Cute, Interesting.* Harvard University Press, Cambridge, Massachusetts 2012, S. 65.

17 Siehe Susan Watkins über die südamerikanischen (#NiUna Menos) und mediterranen (#NonUnaDiMeno) Formen der Bewegung, die es durch Kampagnen für mehr Sicherheit am Arbeitsplatz für prekär Beschäftigte und politische Selbstbestimmung für Sexarbeiter*innen schafften, Solidarität in den Vordergrund zu stellen. Susan Watkins, »Which Feminisms?«, in: *New Left Review* 109 (2018), S. 5–76, S. 60–64.

18 Siehe Sandra M. Gilbert und Susan Gubar, *The Madwoman in the Attic. The Woman Writer and the Nineteenth-Century Literary Imagination.* Yale University Press, New Haven 1984.

19 Power, »She's Just Not That into You«.

20 Mit paternalistischem Pathos und nostalgischem Sexismus erklären die *Grundbausteine*, unter anderem, dass »das Junge-Mädchen alles Erhabene auf das Niveau ihres Hinterns reduziert« (S. 34), dass »das junge Mädchen nicht da ist, um kritisiert zu werden« (S. 35). Und am absurdesten: »Es gibt sicherlich keinen Ort, an dem man sich so allein fühlt wie in den Armen des jungen Mädchens.« (S. 33) Anm. d. Ü.: Übersetzung abgeändert.

21 Max Horkheimer, »Das Ende der Vernunft«, in: *Studien zur Philosophie und Sozialwissenschaft* 9/3 (1941), S. 366–388, S. 382.

22 Stuart Ewen, *Captains of Consciousness. Advertising and the Social Roots of the Consumer Culture.* MacGraw-Hill, New York 1976, S. 131–149; Nancy Woloch, *A Class by Herself. Protective Laws for Women Workers, 1890s–1990s.* Princeton University Press, Princeton, NJ 2015; Fraser, »Contradictions of Capital and Care«, S. 105–108.

23 Siegfried Kracauer, *Die Angestellten. Aus dem neuesten Deutschland.* Suhrkamp, Frankfurt 1971, S. 53–59.
24 Stefan Zweig, *Die Welt von Gestern.* Insel, Berlin 2013, S. 45, S. 54.
25 Thomas Mann, *Der Tod in Venedig.* Fischer, Frankfurt 1992, S. 34f.
26 Davis, *Rassismus und Sexismus*, S. 230–232.
27 Ewen, *Captains of Consciousness*, S. 159–184, S. 182.
28 Maurizio Lazzarato, »Immaterial Labor«, in: *Radical Thought in Italy: A Potential Politics*, hrsg. v. Paolo Virno und Michael Hardt. University of Minnesota Press, Minneapolis 1996, S. 133–146, S. 136.
29 Michael Hardt, »Affective Labor«, in: *boundary 2*, 26/2 (1999), S. 89–100, S. 96.
30 Arlie Russell Hochschild, *Das gekaufte Herz. Zur Kommerzialisierung der Gefühle.* Übersetzung: Ernst von Kardorff. Campus, Frankfurt 1990.
31 Maria Mies, Veronika Bennholdt Thomsen und Claudia von Werlhof, *Women: The Last Colony.* Zed Books, London 1988.
32 Paul B. Preciado, *Testo Junkie. Sex, Drogen und Biopolitik in der Ära der Pharmapornographie.* Übersetzung: Stephan Geene. b_books, Berlin 2016, S. 282, S. 283, S. 300.
33 Tiqqun, *Grundbausteine*, S. 14.
34 Ebd., S. 21.
35 Ebd.
36 Donna Haraway, *Die Neuerfindung der Natur. Primaten, Cyborgs und Frauen.* Übersetzung: Carmen Hammer und Immanuel Stieß. Campus, Frankfurt 1995, S. 48, S. 55. Die Bemerkung über Arbeitszeiten ist in der gekürzten deutschen Fassung nicht enthalten. Siehe Haraway, *Simians, Cyborgs and Women. The Reinvention of Nature.* Free Association Books, London 1991, S. 171.
37 Der damalige Premierminister David Cameron kündigte die Leveson-Kommission in demselben Monat an, in dem Winehouse starb; es gab ungeklärte Berichte, dass Winehouses eigenes Telefon von Journalisten gehackt worden war.
38 »Director Asif Kapadia on His Moving New Amy Winehouse Documentary«, in: *Vogue*, 7. Juli 2015 [http://www.vogue.com/article/amy-winehouse-documentary-director-asif-kapadia].

39 Diane Charlesworth, »Performing Celebrity Motherhood on Twitter. Courting Homage and (Momentary) Disaster – the Case of Peaches Geldof«, in: *Celebrity Studies* 5/4 (2014), S. 508–510, S. 509.

40 So argumentierten wir in »For Peaches«, in: EDA Collective, *Twerking to Turking: Everyday Analysis volume 2*, hrsg. v. Alfie Bown und Daniel Bristow. Zero Books, Winchester 2015, S. 87 f.

41 Robert Payne, *The Promiscuity of Network Culture. Queer Theory and Digital Media.* Routledge, London 2015, S. 71.

42 Fleur de Force, »Internet Famous. Fleur de Force«, *Channel 4*, 2015.

43 Siehe Theresa Senft, »Microcelebrity and the Branded Self«, in: *A Companion to New Media Dynamics.* Hrsg. von John Hartley, Jean Burgess und Axel Bruns. Wiley, Malden, MA 2013, S. 346–354.

44 Adorno, »Freizeit«, S. 647–649.

45 Siehe Lisa Margonelli, »Inside AOL's Cyber-Sweatshop«, in: *Wired*, Oktober 1999 [https://www.wired.com/1999/10/volunteers/]; Tiziana Terranova, »Free Labor: Producing Culture for the Digital Economy«, in: *Social Text*, 18/2 (2000), S. 33–58; Julian Kücklich, »FCJ-025 Precarious Playbour: Modders and the Digital Games Industry«, in: *The Fibreculture Journal* 5 (2005) [http://five.fibreculturejournal.org/fcj-025-precarious-playbour-modders-and-the-digital-games-industry].

46 Jacob Grimm und Wilhelm Grimm, »Frau Holle«, in: *Die Kinder- und Hausmärchen der Brüder Grimm.* Beltz, Weinheim 2012, S. 97–101.

47 Gaby Dunn, »Get Rich or Die Vlogging. The Sad Economics of Internet Fame«, in: *Fusion*, 14.12.15 [http://fusion.net/story/244545/famous-and-broke-on-youtube-instagram-social-media/].

48 Terranova, »Free Labour«, S. 53.

49 Zu den Gefahren der Erosion kultureller »Gatekeeper« in der Online-Wirtschaft siehe Evgeny Morozov, *To Save Everything, Click Here: Technology, Solutionism, and the Urge to Fix Problems That Don't Exist.* Penguin, London 2013, S. 173–180; Andrew Ross, *Nice Work if You Can Get It: Life and Labour in Precarious Times.* New York University Press, New York 2009, Kapitel 1.

50 Alice Marwick hat in diesem Sinne argumentiert, dass die Technologie der sozialen Medien es den Einzelnen ermöglicht, »in einer Subjektivität der Berühmtheit zu verweilen, die derjenigen der konventionell Berühmten ähnelt«. Alice Marwick, »You May Know Me from YouTube. (Micro-)Celebrity in Social Media«, in: *A Companion to Celebrity*, hrsg. v. P. D. Marshall und S. Redmond. Wiley, Hoboken, NJ 2015.

51 Anne Helen Petersen, »The Real Peril of Crowdfunding Healthcare«, 10. März 2017 [https://www.buzzfeed.com/annehelenpetersen/real-peril-of-crowdfunding-healthcare?utm_term=.ofvQJ1nM0#.urLaJ8xVr].

52 Luke O'Neil, »Go Viral or Die Trying«, in: *Esquire*, 27. März 2017 [http: //www.esquire.com/news-politics/a54132/go-viral-or-die-trying/].

53 »Amid Humanitarian Funding Gap, 20 Million People across Africa, Yemen at risk of Starvation, Emergency Relief Chief Warns Council«, 10. März 2017 [https://www.un.org/press/en/2017/sc12748.doc.htm].

54 Jean-Jacques Rousseau, *Abhandlung über den Ursprung und die Grundlagen der Ungleichheit unter den Menschen*. Übersetzung: Philipp Rippel. Reclam, Ditzingen 2018, S. 81.

55 Jacques Derrida, *Grammatologie*, S. 283–458.

4 Drei Mal Wollen nach dem Kapitalismus

1 Rousseau, *Abhandlung über den Ursprung und die Grundlagen der Ungleichheit*, S. 32f.

2 Siehe Paul de Man, *Allegorien des Lesens II: Die Rousseau-Aufsätze*. Übersetzung: Sylvia Rexing-Lieberwirth. Matthes und Seitz, Berlin 2012, S. 11–48. Jacques Derrida demonstriert, dass das volle Ausmaß von Rousseaus Geschichtsproblem im *Essai sur l'origine des langues* zum Vorschein kommt, wo Rousseaus Bemühungen nur zeigen, dass man keinen rein tugendhaften Menschen vor dem Fall in die Schrift, Technologie und Zivilisation identifizieren kann, ebenso wie man keinen ersten Menschen von seinen Vorfahren absolut zu unterscheiden vermag.

3 Rousseau, *Abhandlung über den Ursprung und die Grundlagen der Ungleichheit*, S. 33.

4 Siehe de Man, *Allegorien des Lesens II*, S. 14: »Wenn wir auch einräumen, dass die Seinsweise des Naturzustands und die Seinsweise des gegenwärtigen entfremdeten Zustands des Menschen vielleicht radikal unvereinbar sind und kein Weg den einen mit dem anderen verbindet – so bleibt dennoch die Frage bestehen, warum diese radikale Fiktion … auch weiterhin unentbehrlich für jegliches Verstehen der Gegenwart ist«.

5 Miguel Abensour, zitiert in: E. P. Thompson, *William Morris: Romantic to Revolutionary*. Pantheon, New York 1977, S. 791.

6 John Maynard Keynes, »Wirtschaftliche Möglichkeiten für unsere Enkelkinder« [1930], in: Norbert Reuter, *Wachstumseuphorie und Verteilungsrealität. Wirtschaftspolitische Leitbilder zwischen Gestern und Morgen*. Mit Texten zum Thema von John Maynard Keynes und Wassily W. Leontief. Übersetzung: Norbert Reuter. Metropolis, Marburg 2007, S. 135–147, S. 142. Übersetzung angepasst (Anm. d. Ü.).

7 Sigmund Freud, *Das Unbehagen in der Kultur*. Fischer, Frankfurt 1994, S. 77–79.

8 Karl Marx und Friedrich Engels, »Die Deutsche Ideologie«, in: *MEW*, Bd. 3, S. 35; Marx, »Grundrisse«, in: *MEW*, Bd. 42, S. 396.

9 Emma Goldman, *My Disillusionment in Russia*. Doubleday, New York 1923 [https://www.marxists.org/reference/archive/goldman/works/1920s/disillusionment/afterword.htm].

10 Kate Soper, »Other Pleasures: The Attractions of Post-Consumerism«, in: *Necessary and Unnecessary Utopias: Socialist Register 2000*. Hrsg. von Leo Panitch und Colin Leys. Merlin, Rendlesham 1999, S. 115–132, S. 117.

11 Kate Soper, »Marxismus und Moral«, in: *New Left Review* 163 (1987), S. 101–113, S. 106.

12 Aaron Bastani, »We Don't Need More Austerity. We Need Luxury Communism«, in: *Vice*, 11. Juni 2015 [https://www.vice.com/en_uk/article/ppxpdm/luxury-communism-933].

13 Siehe Robert Phelps, »Songs of the American Hobo«, in: *The Journal of Popular Culture* 17/2 (1983), S. 1–21, S. 6–8.

14 Philip Cunliffe zeichnet ein verächtliches Bild von FALC und seinen Repräsentant*innen: »die Zukunft, wie sie von unterbeschäftigten, arbeitsscheuen graduierten Studenten erträumt wird, die sich vorstellen, dass das ganze Leben damit

verbracht werden könnte, in einem überteuerten Café im Osten Londons auf einen Laptop einzudreschen«, in: Philip Cunliffe, *Lenin Lives! Reimagining The Russian Revolution, 1917–2017.* Alresford, Zero Books 2017, S. 120.

15 UN-Berichten zufolge ist das unterentwickelte Kuba das einzige ökologisch nachhaltige Land der Welt. Für eine hervorragende Zusammenfassung der aktuellen Positionen zum Thema Wachstumsrückgang und der noch ungelösten Debatte darüber, ob Variationen eines *Green New Deal* zu einer Schrumpfung oder einer beträchtlichen Ausweitung des Lebensstandards führen würden, siehe Lola Seaton, »Green Questions«, in: *New Left Review* 115 (2019), S. 105–129.

16 Siehe Bastani, *Fully Automated Luxury Communism: A Manifesto.* Verso, London 2019, Kapitel 8.

17 Slavoj Žižek, *Willkommen in der Wüste des Realen.* Übersetzung: Maximilian Probst, Passagen Verlag, Wien 2014, S. 21 f. Zur Beteiligung großer Fleischkonzerne an der Entwicklung neuer veganer Lebensmittel siehe Amelia Tait, »How Veganism Went from a Fringe Food Cult to a Multibillion-Pound Industry«, in: *New Statesman*, 20. März 2019 [https://www.newstatesman.com/2019/03/how-veganism-went-fringe-food-cult-multibillion-pound-industry].

18 Srnicek und Williams, *Die Zukunft erfinden*, S. 289 f. Hervorhebung hinzugefügt, Übersetzung angepasst (Anm. d. Ü.).

19 Ebd., S. 133 f.

20 Ebd., S. 289.

21 Corey Pein, *Live Work Work Work Die.* Metropolitan Books, New York 2017, S. 22.

22 Ebd., S. 23.

23 Smith, *Other People's Politics*, S. 17 f.

24 Pein, *Live Work Work Work Die*, S. 68.

25 Zu der Auffassung, dass die gegenwärtige Phase des Kapitalismus bereits einen »Kommunismus des Kapitals« darstellt, siehe Paolo Virno, *Grammatik der Multitude.* Übersetzung: Thomas Atzert, ID Verlag, Berlin 2005. S. 128 f.

26 Srniceks Taxonomie nach beziehen wir uns hier in erster Linie auf »Werbeplattformen«, obwohl unser Argument über ihre regressive Logik in unterschiedlicher Weise für alle Verwendungen aggregierter Daten gilt; Srnicek, *Plattform-Kapitalismus*, S. 53–61.

27 Nolen Gertz, *Technology and Nihilism*. Rowman and Littlefield, London 2018, S. 98.

28 Shoshana Zuboff, *Das Zeitalter des Überwachungskapitalismus*. Übersetzung: Bernhard Schmid. Campus, Frankfurt 2018, S. 103.

29 »Facebooks Ziel ist es, dass seine Nutzer_innen ihr abgeschlossenes Ökosystem niemals verlassen müssen: Nachrichten, Videos, Audio, Messaging, E-Mail und sogar der Einkauf von Konsumgütern – all das wurde nach und nach auf die Plattform geholt.«; Srnicek, *Plattform-Kapitalismus*, S. 110. Zur Unmöglichkeit, die Dienste der »Big Five« Tech-Unternehmen zu vermeiden, siehe die Artikelserie »Goodbye Big Five« von Kashmir Hill für *Gizmodo* (Januar/Februar 2019) [https://gizmodo.com/c/goodbye-big-five].

30 Sie reicht von der Perspektive des Kartellrechts (die Regierungen waren gegenüber dem Monopolstreben digitaler Unternehmen nachsichtiger als gegenüber jeder anderen Art von Unternehmen) zum Ansatzpunkt bürgerlicher Freiheiten (Googles Aufstieg ist untrennbar mit seinem Beitrag zum Wachstum des US-Sicherheitsstaates nach den Ereignissen des 11. September 2001 verbunden), über Fragen der Demokratie (die angebliche Entstehung von »Filterblasen«, welche den Meinungsbildungsprozess verzerren), bis hin zu praktischen Fragen über fehlerhafte Ergebnisse nach der Abschaffung menschlicher Entscheidungsfindung.

31 Wir werden an dieser Stelle der Frage, inwiefern unsere Kritik auf die Behandlung des Begehrens im Neoliberalismus im Allgemeinen oder sogar auf den Kapitalismus als solchen angewandt werden könnte, nicht weiter nachgehen. Allerdings stellt ein Essay von Evgeny Morozov, »Digital Socialism?«, einen wichtigen Anhaltspunkt für die Beantwortung dieser Frage dar, insbesondere seine Schlussfolgerung, dass datenbasierte Transaktionen keine wesentliche Neuerung des Kapitalismus darstellen. *New Left Review* 116/117 (2019), S. 33–67, S. 36–42.

32 Im Jahr 2016 wurde der damalige britische Gesundheitsminister Jeremy Hunt dafür kritisiert, dass er Patient*innen empfahl, den Druck auf den von Sparmaßnahmen betroffenen NHS zu verringern, indem sie genau dies tun sollten:

»Wenn Sie sich Sorgen um einen Ausschlag Ihres Kindes machen, kann eine Online-Alternative – bei der Sie sich Fotos ansehen und sehen: ›Der Ausschlag meines Kindes sieht genau so aus‹ – ein schnellerer Weg sein, um herauszufinden, ob es sich um eine ernsthafte Erkrankung handelt oder nicht.«; Ashley Cowburn, »Jeremy Hunt's Advice to Parents ›Could Put Lives at Risk‹, Doctors Say«, in: *The Independent*, 31. Januar 2016 [https://www.independent.co.uk/news/uk/jeremy-hunt-s-ad vice-to-parents-could-put-lives-at-risk-doctors-say-a6844936 .html].

33 Nolen Gertz, *Technology and Nihilism*, S. 127.

34 Jacques Lacan, *Die Ethik der Psychoanalyse*. Hrsg. v. Jacques Alain-Miller, Übersetzung: Norbert Haas. Quadriga, Berlin 1996, S. 20 f., S. 226 f., S. 237.

35 Joan Copjec, *Read My Desire: Lacan Against the Historicists*. Verso, London 1994, S. 103.

36 Zitiert in Lacan, *Die Ethik der Psychoanalyse*. S. 113.

37 Ebd., S. 147.

38 Ebd., S. 100, S. 215.

39 Roland Barthes, *Die Lust am Text*. Übersetzung: Traugott König, Suhrkamp, Frankfurt 1974.

40 Alenka Zupančič, *Der Geist der Komödie*. Übersetzung: Frank Ruda und Jan Völker, Merve, Berlin 2014, S. 154.

41 Wie zu erwarten bei Lacans barocken theoretischen Entwicklungen, bleibt die vereinfachte Opposition zwischen Lustprinzip und Jouissance, mit der wir hier arbeiten, nicht ganz so einfach. Ein Jahrzehnt nach der *Ethik*, in *L'envers de la psychanalyse* (Seminar 17), werden Jouissance und die ihr entgegengesetzte Kategorie als viel stärker miteinander verknüpfte Phänomene formuliert, mit der letzteren als »Überschuss-Jouissance«. Das Potenzial eines Überschusses an Jouissance als Konzept für die Kritik von Werbeplattformen muss noch erforscht werden, wobei nützliche Anwendungen auf den zeitgenössischen Kapitalismus im Allgemeinen bereits vorliegen: Samo Tomšič, *The Capitalist Unconscious: Marx and Lacan*. Verso, London 2015; und Stijn Vanheule, »Capitalist Discourse, Subjectivity and Lacanian Psychoanalysis«, in: *Frontiers in Psychology* 7 (2016), S. 1–14.

42 David Beer liefert eine kritische Erfassung der Versuche,

Datenaggregation im Gegenteil als eine »prophetische« Technik darzustellen. David Beer, *The Data Gaze: Capitalism, Power, Perception*. SAGE, London 2018, S. 27–29.

43 Safiya Umoja Noble, *Algorithms of Oppression: How Search Engines Reinforce Racism*, NYU Press, New York 2018.

44 Zu »bad virality«, einem Begriff, der Berichten von YouTube-Mitarbeiter*innen zufolge für fragwürdige Inhalte verwendet wird, die von den Algorithmen dennoch als profitabel und wünschenswert anerkannt werden, siehe Mark Bergen, »YouTube Executives Ignored Warnings, Letting Toxic Videos Run Rampant«, *Bloomberg*, 2. April 2019 [https://www.bloomberg.com/news/features/2019-04-02/youtube-executives-ignored-warnings-letting-toxic-videos-run-rampant]. Für eine Fallstudie des bizarren und manchmal ekelerregenden Materials, das von Algorithmen (und von – was auf dasselbe hinausläuft – Menschen, die sich als Algorithmen ausgeben) in der bereits hochautomatisierten Welt von YouTube für Kinder produziert wird, siehe James Bridle, *New Dark Age. Der Sieg der Technologie und das Ende der Zukunft*, C.H. Beck, München 2019, Kapitel 9.

45 Siehe Francis Mulhern, *Culture/Metaculture*. Routledge, London 2000, Kap. 1. Ein klassisches Beispiel für die Ausweitung dieses langlebigen Genres auf die Kritik an der digitalen Kultur ist Sherry Turkle, *Verloren unter 100 Freunden. Wie wir in der digitalen Welt seelisch verkümmern*. Übersetzung: Joannis Stefanidis. Riemann, München 2012.

46 Siehe Leah Price, *How to Do Things with Books in Nineteenth-Century Britain*. Princeton University Press, Princeton NJ 2012, S. 68.

47 Andrea Long Chu, »On Liking Women«, in: *n+1*, 30 (2018) [https://nplusonemag.com/issue-30/essays/on-liking-women/].

48 Siehe z.B. »Female Erasure«, *femaleerasure.com*, wie von Lewis in *Full Surrogacy Now*, S. 53, hervorgehoben.

49 Andrea Long Chu, »My New Vagina Won't Make Me Happy: And It Shouldn't Have To«, *New York Times*, 24. November 2018 [https://www.nytimes.com/2018/11/24/opinion/sunday/vaginoplasty-transgender-medicine.html].

50 Amia Srinivasan, »Does Anyone Have the Right to Sex?«, in:

London Review of Books, 40/6, 22. März 2018 [https://www.lrb.co.uk/v40/n06/amia-srinivasan/does-anyone-have-the-right-to-sex].

51 Während Bastani vorschlägt, dass der Kommunismus auch dann gedeihen könnte, wenn wir an unseren fleischfressenden und kapitalistischen Begierden festhalten, besteht Chu auf dem Recht auf Geschlechtsangleichung, auch wenn sie dadurch ihren gegenwärtigen Kummer nicht los wird.

52 Trebor Scholz, »How Platform Cooperativism Can Unleash the Network«, in: *Ours to Hack and to Own. The Rise of Platform Cooperativism, A New Vision for the Future of Work and a Fairer Internet*, hrsg. von Trebor Scholz und Nathan Schneider. Or Books, New York 2016, S. 20–26; Morozov, »Digital Socialism?«.

53 Molly Fischer, »The Great Awokening. What happens to Culture in an Era of Identity Politics?«, in: *The Cut*, 1. Oktober 2018 [https://www.thecut.com/2018/01/pop-cultures-great-awokening.html].

54 Die Extreme werden sogar anhand von Beispielen aus dem Mainstream-Kino sichtbar. Auf der einen Seite haben Jordan Peeles *Get Out* (2017) und Boot Rileys *Sorry to Bother You* (2018) echte Innovationen der Schwarzen Komödie als Form für antirassistische und antikapitalistische Kunst geboten, auf der anderen Seite wurden die banalen Superhelden-Blockbuster *Wonder Woman* (2017) und *Captain Marvel* (2019) für ihren vermeintlich aufklärerischen Feminismus gefeiert.

55 Die demütige öffentliche Entschuldigung des Produzenten Dan Harmon für seine sexuelle Belästigung einer ehemaligen Mitarbeiterin, Megan Ganz (die diese als »kathartisch ... wie ein Gegengift« bezeichnete), könnte dem Versuch der Talkshow-Moderatorin Meghan McCain gegenübergestellt werden, die Rolle der Sprecherin für alle amerikanischen Juden für sich in Anspruch zu nehmen, um somit die Kommentare der Abgeordneten Ilhan Omar zur Finanzierung der Pro-Israel-Lobby als antisemitisch zu verurteilen. Siehe Dan Harmon, »Don't Let Him Wipe or Flush«, Harmontown-Podcast (2018); Megan Ganz, *This American Life*-Podcast, Folge 674 (2019). Zu Meghan McCain siehe die brillante Karikatur und

den Kommentar von Eli Valley in: Shuja Haider, »Eli Valley is Not Sorry«, *popula.com*, 11. März 2019 [https://popula.com/2019/03/11/eli-valley-is-not-sorry/].

56 »Clinton in Nevada«, in: *The Washington Post*, 13. Februar 2016 [https://www.washingtonpost.com/news/post-politics/wp /2016/02/13/clinton-in-nevada-not-everything-is-about-an-economic-theory/?utm_term=.be869ec17587].

57 Wendy Brown, »Wounded Attachments«, in: *Political Theory* 21/3 (1993) S. 390–410, S. 395.

58 Laboria Cuboniks, »Xenofeminismus, eine Politik für die Entfremdung« [laboriacuboniks.net/manifesto/xenofeminis-mus-eine-politik-fur-die-entfremdung/].

59 Helen Hester, *Xenofeminismus*, S. 36.

60 Lacan, *Die Ethik der Psychoanalyse*, S. 371–376.

61 *The Point*-Podcast, Folge 3 (Mai 2018).

62 Lewis, *Full Surrogacy Now*, S. 28.

63 Frase, *Four Futures*.

Epilog: Teile deine Grenzen

1 Friedrich Engels, »Anteil der Arbeit an der Menschwerdung des Affen«, in: *MEW*, Bd. 20, Dietz, Berlin 1975, S. 444–455, S. 445.

2 Bernard Stiegler, *Technik und Zeit. Der Fehler des Epimetheus.* Übersetzung: Gabriele Ricke und Ronald Voullié. Diaphanes, Berlin 2009, S. 153. Marx bemerkt zum Thema der Spinnmaschine: »Die Technologie enthüllt … den unmittelbaren Produktionsprozess [menschlichen] Lebens, damit auch seiner gesellschaftlichen Lebensverhältnisse und der ihnen entquellenden geistigen Vorstellungen.« Marx, *Das Kapital. Erster Teil,* in: *MEW,* Bd. 23, Dietz, Berlin, 1975. S. 393 Fn. 89.

3 Für eine Einführung und Übersicht siehe Arthur Bradley, *Originary Technicity, The Theory of Technology from Marx to Derrida.* Palgrave Macmillan, Basingstoke 2011.

4 Engels, »Anteil der Arbeit«, S. 454.

5 Ebd., S. 453.

6 Ebd., S. 454 f.

7 Siehe Jason Moore (Hrsg.), *Anthropocene or Capitalocene?* PM Press, Oakland, CA 2016.

8 David Harvey, *Das Rätsel des Kapitals entschlüsseln*. Übersetzung: Christian Frings. VSA, Hamburg 2014, S. 89.
9 Haraway, *Die Neuerfindung der Natur*, S. 70.
10 Tiziana Terranova, »Red Stack Attack! Algorithmen, Kapital und die Automatisierung des Gemeinsamen«, *EuroNomade*, 8. März 2014 [http://www.euronomade.info/?p=2268].
11 Haraway, *Die Neuerfindung der Natur*, S. 35. Übersetzung angepasst, Hervorhebung hinzugefügt (Anm. d. Ü.).
12 Nancy, *Die undarstellbare Gemeinschaft*, S. 89. Übersetzung angepasst (Anm. d. Ü.).
13 Jacques Derrida, *Das Tier und der Souverän*, Bd. I. Übersetzung: Markus Sedlaczek. Passagen, Wien 2015, S. 409; Nancy, *Die undarstellbare Gemeinschaft*, S. 79.
14 Chantal Mouffe, *Agonistik. Die Welt politisch denken*. Suhrkamp, Berlin 2014; Gilbert, *Common Ground: Democracy and Individuality*, S. 216; Walter Benjamin, *Das Passagen-Werk*. Suhrkamp, Frankfurt 1984, S. 455 f.

Quellenverzeichnis

Monografien und Aufsätze

ADLER, MICHAEL, »A New Leviathan: Benefit Sanctions in the Twenty-First Century«, in: *Journal of Law and Society* 43/2 (2016).

ADORNO, THEODOR W., »Freizeit«, in: *Gesammelte Schriften.* Bd. 10/2, Suhrkamp, Berlin 2003.

ALSTON, PHILIP, »Statement on Visit to the United Kingdom«, 16. November 2018, United Nations Human Rights Office of the High Commissioner [https://www.ohchr.org/EN/News-Events/Pages/DisplayNews.aspx?LangID=E&NewsID=23881].

ANDERSON, PERRY, *The Origins of Postmodernity.* Verso, London 1998.

ARONOWITZ, STANLEY; CUTLER, JONATHAN (Hrsg.), *Post-Work. The Wages of Cybernation.* Routledge, New York 1998.

BALE, TIM, *The Conservative Party. From Thatcher to Cameron.* Polity, Cambridge 2010.

BARTHES, ROLAND, *Die Lust am Text.* Übersetzung: Traugott König. Suhrkamp, Frankfurt 1974.

BASTANI, AARON, »We Don't Need More Austerity. We Need Luxury Communism«, *Vice,* 11. Juni 2015 [https://www.vice.com/en_uk/article/ppxpdm/luxury-communism-933].

– *Fully Automated Luxury Capitalism: A Manifesto.* Verso, London 2019.

BECKETT, ANDY, *When the Lights Go Out. What Really Happened to Britain in the Seventies.* Faber and Faber, London 2009.

BEER, DAVID, *The Data Gaze: Capitalism, Power, Perception.* SAGE, London 2018.

BENJAMIN, WALTER, *Das Passagen-Werk.* Suhrkamp, Frankfurt 1984.

Benjamin, Walter, *Angelus Novus. Ausgewählte Schriften 2.* Suhrkamp, Frankfurt 2011.

Bergen, Mark, »YouTube Executives Ignored Warnings, Letting Toxic Videos Run Rampant«, *Bloomberg,* 2. April 2019 [https://www.bloomberg.com/news/features/2019-04-02/youtube-executives-ignored-warnings-letting-toxic-videos-run-rampant].

Birke, Peter, »Die Fleischindustrie in der Coronakrise: Eine Studie zu Migration, Arbeit und multipler Prekarität«, in: *Sozial. Geschichte Online* 29 (2021), S. 41–87 [https://duepublico2.uni-due.de/receive/duepublico_mods_00074351].

Blanchot, Maurice, *Der literarische Raum.* Übersetzung: Marco Gutjahr und Johannes Hock. Diaphanes, Zürich 2012.

Bradley, Arthur, *Originary Technicity, The Theory of Technology from Marx to Derrida.* Palgrave Macmillan, Basingstoke 2011.

Breman, Jan, »A Footloose Scholar«, in: *New Left Review* 94 (2015), S. 45–75.

Bridle, James, *New Dark Age. Der Sieg der Technologie und das Ende der Zukunft,* C. H. Beck, München 2019.

Butler, Patrick, »Shelter Warns of Leap in Working Homeless as Families Struggle«, *Guardian,* 23. Juli 2018 [https://www.theguardian.com/society/2018/jul/23/shelter-warns-of-leap-in-working-homeless-as-families-struggle].

Brown, Wendy, »Wounded Attachments«, in: *Political Theory* 21/3 (1993), S. 390–410.

Brynjofsson, Erik; McAfee, Andrew, *The Second Machine Age. Wie die nächste digitale Revolution unser aller Leben verändern wird.* Übersetzung: Petra Pyka. Plassen, Kulmbach 2014.

Callinicos, Alex, »Social Theory Put to the Test of Politics: Pierre Bourdieu and Anthony Giddens«, in: *New Left Review* 1/236 (1999).

Castel, Robert, *Die Metamorphosen der sozialen Frage. Eine Chronik der Lohnarbeit.* UVK Verlag, München 2000.

Castronovo, Russ, »Occupy Bartleby«, in: *J19: The Journal of Nineteenth-Century Americanists* 2/2 (2014), S. 253–272.

Cebulla, Andreas; Ashworth, Karl; Greenberg, David; Walker, Robert, *Welfare-To-Work. New Labour and the US Experience.* Ashgate, Aldershot 2005.

Charlesworth, Diane, »Performing Celebrity Motherhood on Twitter. Courting Homage and (Momentary) Disaster –

the Case of Peaches Geldof«, in: *Celebrity Studies* 5/4 (2014), S. 508–510.

Chamberlain, James, *Undoing Work, Rethinking Community. A Critique of the Social Function of Work.* Cornell University Press, Ithaca, NY 2018.

Chu, Andrea Long, »On Liking Women«, *n+1,* 30 (2018) [https://nplusonemag.com/issue-30/essays/on-liking-women/].

Chu, Andrea Long, »My New Vagina Won't Make Me Happy: And It Shouldn't Have To«, *New York Times,* 24. November 2018 [https://www.nytimes.com/2018/11/24/opinion/sunday/vaginoplasty-transgender-medicine.html].

Clarke, Allen, *The Effects of the Factory System.* Grant Richards, London 1899.

Cooke, Alexander, »Resistance, Potentiality and the Law: Deleuze and Agamben on ›Bartleby‹«, in: *Angelaki. Journal of the Theoretical Humanities* 10/3 (2005), S. 79–89.

Cowburn, Ashley, »Jeremy Hunt's Advice to Parents ›Could Put Lives at Risk‹, Doctors Say«, *Independent,* 31. Januar 2016 [https://www.independent.co.uk/news/uk/jeremy-hunt-s-advice-to-parents-could-put-lives-at-risk-doctors-say-a6844936.html].

Copjec, Joan, *Read My Desire: Lacan Against the Historicists.* Verso, London 1994.

Crary, Jonathan, *24/7. Schlaflos im Spätkapitalismus.* Übersetzung: Thomas Laugstien. Wagenbach, Berlin 2014.

Cunliffe, Philip, *Lenin Lives! Reimagining The Russian Revolution, 1917–2017.* Alresford, Zero Books 2017.

Dalla Costa, Mariarosa; James, Selma, *The Power of Women and the Subversion of Community.* Falling Wall Press, Bristol 1975.

Danaher, John, »Will Life Be Worth Living in a World Without Work? Technological Unemployment and the Meaning of Life«, in: *Science and Engineering Ethics* 23/1 (2017).

D'Ancona, Matthew, *In It Together: The Inside Story of the Coalition Government.* Penguin, London 2013.

Davis, Angela, *Rassismus und Sexismus. Schwarze Frauen und Klassenkampf in den USA.* Übersetzung: Erika Stöppler. Elefanten Press, Berlin 1982.

de Force, Fleur, »Internet Famous. Fleur de Force«, Channel 4, 2015.

de Man, Paul, *Allegorien des Lesens II: Die Rousseau-Aufsätze.* Übersetzung: Sylvia Rexing-Lieberwirth. Matthes und Seitz, Berlin 2012.

Derrida, Jacques, *Grammatologie.* Übersetzung: Hans-Jörg Rheinberger und Hanns Zischler, Suhrkamp, Frankfurt 1974.

– »Genese und Struktur des *Essai sur l'origine des langues*«, in: *Grammatologie,* op. cit.

– *Das Tier und der Souverän,* Bd. I. Übersetzung: Markus Sedlaczek. Passagen Verlag, Wien 2015.

Dunn, Gaby, »Get Rich or Die Vlogging. The Sad Economics of Internet Fame«, *Fusion,* 14. Dezember 2015 [http://fusion.net/story/244545/famous-and-broke-on-youtube-instagram-social-media/].

Dunne, Martin, »My Job Was Replaced by a Workfare Placement«, in: *Guardian,* 3. März 2012 [https://www.theguardian.com/commentisfree/2012/mar/03/job-replaced-workfare-placement].

Dymock, Alex, »Flogging Sexual Transgression: Interrogating the Costs of the ›*Fifty Shades* effect‹«, in: *Sexualities* 16/8 (2013), S. 880–895.

EDA Collective, »For Peaches«, in: *Twerking to Turking: Everyday Analysis volume 2,* Hrsg. v. Alfie Bown und Daniel Bristow. Zero Books, Winchester 2015.

Empson, William, *Some Versions of Pastoral.* Penguin, London 1995 [1935].

Ewen, Stuart, *Captains of Consciousness. Advertising and the Social Roots of the Consumer Culture.* MacGraw-Hill, New York 1976.

Engels, Friedrich, »Anteil der Arbeit an der Menschwerdung des Affen«, in: *MEW,* Bd. 20, Dietz, Berlin 1975, S. 444–455.

Fairbrother, Peter; Poynter, Gavin, »State Restructuring. Managerialism, Marketisation and the Implications for Labour«, in: *Competition and Change* 5 (2001).

Federici, Silvia, *Lohn gegen Hausarbeit.* Übersetzung: Pieke Biermann. P. Biermann, Berlin 1977.

»Female Erasure«, *femaleerasure.com.*

Field, Frank, »Britain's Underclass: Countering the Growth«, in: *Charles Murray and the Underclass. The Developing Debate,* Hrsg. v. David G. Green. IEA, London 1996.

Fischer, Molly, »The Great Awokening. What Happens to

Culture in an Era of Identity Politics?«, *The Cut*, 1. Oktober 2018 [https://www.thecut.com/2018/01/pop-cultures-great-awokening.html].

FISHER, MARK, *K-Punk. Ausgewählte Schriften.* Übersetzung: Robert Zwarg. Edition Tiamat, Berlin 2020.

FIRESTONE, SHULAMITH, *Frauenbefreiung und sexuelle Revolution. »The Dialectic of Sex«.* Übersetzung: Gesine Strempel-Frohner. Fischer, Frankfurt 1975.

FLETCHER, DEL ROY; WRIGHT, SHARON, »A Hand Up or a Slap Down? Criminalising Benefit Claimants in Britain via Strategies of Surveillance, Sanctions and Deterrence«, in: *Critical Social Policy* 38/2 (2017), S. 323–344.

FORD, MARTIN, *Aufstieg der Roboter.* Übersetzung: Matthias Schulz. Plassen, Kulmbach 2016.

FOUCAULT, MICHEL, *History of Madness. A History of Insanity in the Age of Reason.* Herausgeber und Übersetzer: Jean Khalfa und Jonathan Murphy. Routledge, London 2009.

– *L'histoire de la folie.* Gallimard, Paris 1972.

– *Wahnsinn und Gesellschaft. Eine Geschichte des Wahns im Zeitalter der Vernunft.* Übersetzung: Ulrich Köppen. Suhrkamp, Frankfurt 1973.

FRASE, PETER, *Four Futures. Life after Capitalism.* Verso, London/New York 2012.

FRASER, NANCY, »Contradictions of Capital and Care«, in: *New Left Review* 100 (2016).

– *Fortunes of Feminism. From State Managed Capitalism to Neoliberal Crisis.* Verso, London 2020.

FRAYNE, DAVID, *The Refusal of Work. The Theory and Practice of Resistance to Work.* Zed Books, London 2015.

FREUD, SIGMUND, *Das Unbehagen in der Kultur.* Fischer, Frankfurt 1994.

FROMM, ERICH, *Das Menschenbild bei Marx.* Übersetzung: Renate Müller-Isenburg und C. Barry-Hyams. Ullstein, Frankfurt 1988.

FUCHS, CHRISTIAN, *Digital Labour and Karl Marx.* Routledge, New York 2014.

GERTZ, NOLEN, *Technology and Nihilism.* Rowman and Littlefield, London 2018.

GIBSON, ANDREW, *Modernity and the Political Fix.* Bloomsbury, London 2019.

Giddens, Anthony, *Over to You Mr Brown. How Labour Can Win Again.* Polity, Cambridge 2007.
– *Modernity and Self-Identity. Self and Society in the Late Modern Age.* Polity, Cambridge 1991.
Gilbert, Jeremy, *Common Ground. Democracy and Collectivity in an Age of Individualism.* Pluto, London 2014.
Gilbert, Sandra M.; Gubar, Susan, *The Madwoman in the Attic. The Woman Writer and the Nineteenth-Century Literary Imagination.* Yale University Press, New Haven 1984.
Girlhood Studies *(2008-).*
Graeber, David, *Bullshit Jobs. Vom wahren Sinn der Arbeit.* Übersetzung: Sebastian Vogel. Klett-Cotta, Stuttgart 2018.
Goldman, Emma, *My Disillusionment in Russia.* Doubleday, New York 1923 [https://www.marxists.org/reference/archive/goldman/works/1920s/disillusionment/afterword.htm].
Gorz, André, *Arbeit zwischen Misere und Utopie.* Übersetzung: Jadja Wolf. Hrsg. v. Ulrich Beck. Suhrkamp, Frankfurt 1999.
Grint, Keith; Nixon, Darren, *The Sociology of Work.* Polity, London 2015.
Haider, Shuja, »Eli Valley is Not Sorry«, *popula.com*, 11. März 2019 [https://popula.com/2019/03/11/eli-valley-is-not-sorry/].
Hall, Stuart, *Selected Political Writings. The Great Moving Right Show and Other Essays.* Hrsg. v. Sally Davison, David Featherstone, Michael Rustin und Bill Schwarz. Lawrence and Wishart, London 2017.
Haraway, Donna, *Die Neuerfindung der Natur. Primaten, Cyborgs und Frauen.* Übersetzung: Carmen Hammer und Immanuel Stieß. Campus, Frankfurt 1995.
– *Simians, Cyborgs and Women. The Reinvention of Nature.* Free Association Books, London 1991.
Hardt, Michael; Negri, Antonio, *Multitude. Krieg und Demokratie im Empire.* Übersetzung: Thomas Atzert und Andreas Wirthensohn. Campus, Frankfurt 2004.
Hardt, Michael, »Affective Labor«, in: *boundary 2*, 26/2 (1999), S. 89–100.
Harvey, David, *Kleine Geschichte des Neoliberalismus.* Übersetzung: Niels Kadritzke. Rotpunkt, Zürich 2007.
– *Das Rätsel des Kapitals entschlüsseln.* Übersetzung: Christian Frings. VSA, Hamburg 2014.
Hatherley, Owen, »Work and Non-Work«, *Libcom*, 22. April 2013.

HEEKS, RICHARD, »Digital Economy and Digital Labour Terminology«, in: *Centre for Development Informatics*, working paper 70 (2017).

HENEGHAN, C.; DIETRICH, M.; BRASSEY, J.; JEFFERSON, T.; KAY, AJ, »CG Report 6: Effects of COVID-19 In Care Homes. A Mixed Methods Review« (Version 1), *ColateralGlobal,* 3. Dezember 2021 [https://s3.eu-west-2.amazonaws.com/uploads.collateral-global.org/2021/12/18235434/CG-REPORT-6_-CARE-HOMES_FINAL-2.pdf-2.pdf].

HERN, ALEX, »Tesco's Unpaid Labour Shows the Flaw at the Heart of Workfare«, *Left Foot Forward*, 16. Februar 2012 [https://leftfootforward.org/2012/02/tescos-unpaid-labour-shows-the-flaw-at-the-heart-of-workfare].

HESTER, HELEN, *Xenofeminismus.* Übersetzung: Jennifer Theodor. Merve, Leipzig 2020.

HEYES, JASON; TOMLINSON, MARK; WHITE, ADAM, »Underemployment and Well-Being in the UK Before and After the Great Recession«, in: *Work, Employment and Society* 31/1 (2017), S. 71–89.

HILL, KASHMIR, »Goodbye Big Five«, Artikelserie auf *Gizmodo* (Januar / Februar 2019) [https://gizmodo.com/c/goodbye-big-five].

HOCHSCHILD, ARLIE RUSSELL, *Das gekaufte Herz. Zur Kommerzialisierung der Gefühle.* Übersetzung: Ernst von Kardorff. Campus, Frankfurt 1990.

HOGGART, RICHARD, *The Uses of Literacy. Aspects of Working-Class Life,* London, Penguin 2009 [1957].

HORKHEIMER, MAX, »Das Ende der Vernunft«, in: *Studien zur Philosophie und Sozialwissenschaft* 9/3 (1941), S. 366–388.

HOUELLEBECQ, MICHEL, »En un peu pire«, *Radio France*, 4. Mai 2020 [https://www.franceinter.fr/emissions/lettres-d-interieur/lettres-d-interieur-04-mai-2020].

INTERNATIONALE ARBEITSORGANISATION (ILO), *Women and Men in the Informal Economy: A Statistical Picture. Third Edition,* International Labour Office, Genf (2018) [https://www.ilo.org/wcmsp5/groups/public/---dgreports/---dcomm/documents/publication/wcms_626831.pdf].

JÄGER, ANTON, »Why ›Post-Work‹ Doesn't Work«, *Jacobin*, 19. November 2018 [https://www.jacobinmag.com/2018/11/post-work-ubi-nick-srnicek-alex-williams].

Jarrett, Kylie, *Feminism, Labour and Digital Media.* Routledge, New York 2016.

Jasiewicz, Ewa, »Poverty Pay is No Alternative to Workfare: Why We're Telling Sainsbury's to Pay Up«, *Red Pepper,* 1. Juli 2012 [https://www.redpepper.org.uk/poverty-pay-workfare].

Katznelson, Ira, *When Affirmative Action was White. An Untold History of Racial Inequality in Twentieth-Century America.* Norton, New York 2005.

Keynes, John Maynard, »Wirtschaftliche Möglichkeiten für unsere Enkelkinder« [1930], in: Norbert Reuter, *Wachstumseuphorie und Verteilungsrealität. Wirtschaftspolitische Leitbilder zwischen Gestern und Morgen.* Mit Texten zum Thema von John Maynard Keynes und Wassily W. Leontief. Übersetzung: Norbert Reuter. Metropolis, Marburg 2007.

Knighton, Andrew, »The Bartleby Industry and Bartleby's Idleness«, in: *ESQ. A Journal of the American Renaissance* 53/2 (2007), S. 184–215.

Komlosy, Andrea, *Arbeit. Eine globalhistorische Perspektive. 13. bis 21. Jahrhundert.* Promedia, Wien 2014.

Kracauer, Siegfried, *Die Angestellten. Aus dem neuesten Deutschland.* Suhrkamp, Frankfurt 1971.

Kücklich, Julian, »FCJ-025 Precarious Playbour: Modders and the Digital Games Industry«, in: *The Fibreculture Journal* 5 (2005) [http://five.fibreculturejournal.org/fcj-025-precarious-playbour -modders-and-the-digital-games-industry].

Kynaston, David, *Austerity Britain, 1945–51.* Bloomsbury, London 2007.

Laboria Cuboniks, »Xenofeminismus, eine Politik für die Entfremdung« [laboriacuboniks.net/manifesto/xenofeminis -mus-eine-politik-fur-die-entfremdung/].

Lacan, Jacques, *Die Ethik der Psychoanalyse.* Hrsg. v. Jacques Alain-Miller. Übersetzung: Norbert Haas. Quadriga, Berlin 1996.

Lazzarato, Maurizio, »Immaterial Labor«, in: *Radical Thought in Italy: A Potential Politics,* Hrsg. v. Paolo Virno und Michael Hardt. University of Minnesota Press, Minneapolis 1996.

Leavis, Q. D., »Caterpillars of the Commonwealth Unite!«, in: *Scrutiny* 7 (1938), S. 203–214.

Leavis, F. R., *Nor Shall My Sword. Discourses on Pluralism, Compassion and Social Hope,* Chatto & Windus, London 1972.

LEVITAS, RUTH, *The Inclusive Society. Social Exclusion and New Labour.* Palgrave, Hampshire 2005.
LEWIS, SOPHIE, *Full Surrogacy Now: Feminism Against Family.* Verso, London 2019.
LOREY, ISABELL, *Die Regierung der Prekären*, Turia und Kant, Wien 2020.
MANDELSON, PETER, *Labour's Next Steps: Tackling Social Exclusion.* Fabian Society, London 1997.
MARGONELLI, LISA, »Inside AOL's Cyber-Sweatshop«, *Wired*, Oktober 1999 [https://www.wired.com/1999/10/volunteers/].
MARWICK, ALICE, »You May Know Me from YouTube. (Micro-) Celebrity in Social Media«, in: *A Companion to Celebrity*, Hrsg. v. P. D. Marshall und S. Redmond. Wiley, Hoboken, NJ 2015.
MARX, KARL; ENGELS, FRIEDRICH, »Die deutsche Ideologie«, in: *MEW*, Bd. 3, Dietz, Berlin 1958.
MARX, KARL, »Grundrisse«, in: *MEW*, Bd. 42, Dietz, Berlin 1958.
– *Das Kapital. Erster Teil*, in: *MEW*, Bd. 23, Dietz, Berlin 1958.
MARREN, BRIAN, *We Shall Not Be Moved: How Liverpool's Working Class Fought Redundancies, Closures and Cuts in the Age of Thatcher.* Manchester University Press, Manchester 2016.
MIES, MARIA; BENNHOLDT-THOMSEN, VERONIKA; VON WERLHOF, CLAUDIA, *Women: The Last Colony.* Zed Books, London 1988.
MITCHELL, WILLIAM; FAZI, THOMAS, *Reclaiming the State. A Progressive Vision for a Post-Neoliberal World.* Pluto, London 2017.
MOONEY, GERRY; LAW, ALEX, »New Labour, ›Modernisation‹ and Welfare Worker Resistance«, in: *New Labour/Hard Labour? Restructuring and Resistance Inside the Welfare Industry.* Hrsg. v. Gerry Mooney und Alex Law. The Policy Press, Bristol 2007.
MOORE, JASON (Hrsg.), *Anthropocene or Capitalocene?* PM Press, Oakland, CA 2016.
MORETTI, FRANCO, *Der Bourgeois. Eine Schlüsselfigur der Moderne.* Übersetzung: Frank Jakubzik. Suhrkamp, Berlin 2014.
MOROZOV, EVGENY, *To Save Everything, Click Here: Technology, Solutionism, and the Urge to Fix Problems That Don't Exist.* Penguin, London 2013.
– »Digital Socialism?«, in: *New Left Review* 116/117 (2019).
MOUFFE, CHANTAL, *Für einen linken Populismus.* Übersetzung: Richard Barth. Suhrkamp, Berlin 2018.
– *Agonistik. Die Welt politisch denken.* Suhrkamp, Berlin 2014.
MULHERN, FRANCIS, *Culture/Metaculture.* Routledge, London 2000.

MURRAY, NIC, »No Crying in the Breakroom«, in: *The Work Cure. Critical Essays on Work and Wellness.* Hrsg. v. David Frayne. PCC Books, Monmouth 2019.

NABULSI, KARMA, »Don't Go to the Doctor«, *London Review of Books,* 18. Mai 2017 [https://www.lrb.co.uk/the-paper/v39/n10/karma-nabulsi/don-t-go-to-the-doctor].

NANCY, JEAN-LUC, *Die undarstellbare Gemeinschaft.* Übersetzung: Gisela Febel und Jutta Legueil. Patricia Schwarz, Stuttgart 1988.

– *singulär plural sein,* Übersetzung: Ulrich Müller-Schöll. Diaphanes, Berlin 2004.

NGAI, SIANNE, *Our Aesthetic Categories: Zany, Cute, Interesting.* Harvard University Press, Cambridge, Massachusetts 2012.

NOBLE, SAFIYA UMOJA, *Algorithms of Oppression: How Search Engines Reinforce Racism,* NYU Press, New York 2018.

O'NEIL, LUKE, »Go Viral or Die Trying«, in: *Esquire,* 27. März 2017 [http://www.esquire.com/news-politics/a54132/go-viral-or-die-trying/].

PAYNE, ROBERT, *The Promiscuity of Network Culture. Queer Theory and Digital Media.* Routledge, London 2015.

PEIN, COREY, *Live Work Work Work Die.* Metropolitan Books, New York 2017.

PETERSEN, ANNE HELEN, »The Real Peril of Crowdfunding Healthcare«, *Buzzfeed,* 10. März 2017 [https://www.buzzfeed.com /annehelenpetersen/real-peril-of-crowdfunding-healthcare?utm_term=.ofvQJ1nM0#.urLaJ8xVr].

PERKINS, ADAM, *The Welfare Trait.* Palgrave, London 2015.

PFANNEBECKER, MAREILE; SMITH, JAMES A., »The Right has Perfected Making People Expendable – But a Coronavirus Recession Will Take it Further Than Ever«, in: *The Independent,* 13. März 2020 [https://www.independent.co.uk/voices/coronavirus-recession-budget-rishi-sunak-windrush-universal-credit-a9399581.html].

PHELPS, ROBERT, »Songs of the American Hobo«, in: *The Journal of Popular Culture* 17/2 (1983).

PITTS, FREDERICK HARRY, »Beyond the Fragment: Postoperaismo, Postcapitalism and Marx's ›Notes on Machines‹, 45 Years On«, in: *Economy and Society* 46/3–4 (2017), S. 324–345.

PIZER, DONALD E. (Hrsg.), *American Communal Utopias.* University of North Carolina Press, Chapel Hill 1997.

PORTER, ROY, »Foucault's Great Confinement«, in: *History of the Human Sciences* 3/1 (1990), S. 47–54.

POWER, NINA, »She's Just Not That Into You«, in: *Radical Philosophy* 177 (2013) [https://www.radicalphilosophy.com/reviews/individual-reviews/rp177-shes-just-not-that-into-you].

PRECIADO, PAUL B., *Testo Junkie. Sex, Drogen und Biopolitik in der Ära der Pharmapornografie*. Übersetzung: Stephan Geene. b_books, Berlin 2016.

PRICE, LEAH, *How to Do Things with Books in Nineteenth-Century Britain*. Princeton University Press, Princeton NJ 2012.

PTAK, LAUREL, »Löhne für Facebook« [http://wagesforfacebook.com].

QUADAGNO, JILL, *The Colour of Welfare. How Racism Undermined the War on Poverty*. Oxford University Press, Oxford 1994.

RICKS, CHRISTOPHER, *T. S. Eliot and Prejudice*. University of California Press, Berkeley, L. A. 1988.

RIFKIN, JEREMY, *Das Ende der Arbeit und ihre Zukunft*. Übersetzung: Thomas Steiner. Campus, Frankfurt 1995.

ROSE, JACQUELINE, »Corkscrew in the Neck«, in: *London Review of Books* 37/17 (2015) [https://www.lrb.co.uk/v37/n17/jacqueline-rose/corkscrew-in-the-neck].

ROSIN, HANNA, »Murder by Craigslist«, in: *The Atlantic*, September 2013 [https://www.theatlantic.com/magazine/archive/2013/09 /advertisement-for-murder/309435/].

ROSS, ANDREW, *Nice Work if You Can Get It: Life and Labour in Precarious Times*. New York University Press, New York 2009.

ROUSSEAU, JEAN-JACQUES, *Abhandlung über den Ursprung und die Grundlagen der Ungleichheit unter den Menschen*. Übersetzung: Philipp Rippel. Reclam, Ditzingen 2018.

SASSEN, SASKIA, *Ausgrenzungen. Brutalität und Komplexität in der globalen Wirtschaft*. Übersetzung: Sebastian Vogel. Fischer, Frankfurt 2015.

SAYEED, RICHARD POWER, *1997. The Future That Never Happened*. Zed Books, London 2017.

SCHOLZ, TREBOR, »How Platform Cooperativism Can Unleash the Network«, in: ›*Ours to Hack and to Own*‹. *The Rise of Platform Cooperativism. A New Vision for the Future of Work and a Fairer Internet*, hrsg. v. Trebor Scholz und Nathan Schneider. Or Books, New York 2016.

SEABROOKS, JEREMY, *Cut out: Living Without Welfare.* Pluto, London 2016.

SEATON, LOLA, »Green Questions«, in: *New Left Review* 115 (2019).

SENFT, THERESA, »Microcelebrity and the Branded Self«, in: *A Companion to New Media Dynamics.* Hrsg. v. John Hartley, Jean Burgess und Axel Bruns. Wiley, Malden, MA 2013.

SENNETT, RICHARD, *Der flexible Mensch. Die Kultur des neuen Kapitalismus.* Übersetzung: Martin Richter. Berlin Verlag, Berlin 1998.

SEYMOUR, RICHARD, *Corbyn. The Strange Rebirth of Radical Politics.* Verso, London 2016.

SLATER, TOM, »The Myth of ›Broken Britain‹. Welfare Reform and the Production of Ignorance«, in: *Antipode* 46/4 (2012).

SMITH, J. A., *Other People's Politics: Populism to Corbynism.* Zero Books, Winchester 2020.

– »Fake News Literary Criticism«, in: *Brexit and Literature. Critical and Cultural Responses.* Hrsg. v. Robert Eaglestone. Routledge, London 2018.

SOPER, KATE, »Other Pleasures: The Attractions of Post-Consumerism«, in: *Necessary and Unnecessary Utopias: Socialist Register 2000.* Hrsg. v. Leo Panitch und Colin Leys. Merlin, Rendlesham 1999.

– »Marxism and Morality«, in: *New Left Review* 163 (1987).

SOUTHWOOD, IVOR, *Non-Stop Inertia*, Zero Books, Winchester 2011.

– »The Black Dog«, in: *The Work Cure. Critical Essays on Work and Wellness.* Hrsg. v. David Frayne. PCC Books, Monmouth 2019.

SRINIVASAN, AMIA, »Does Anyone Have the Right to Sex?«, in: *London Review of Books* 40/6, 22. März 2018 [https://www.lrb.co.uk/v40/n06/amia-srinivasan/does-anyone-have-the-right-to-sex].

SRNICEK, NICK; WILLIAMS, ALEX, *Die Zukunft erfinden.* Übersetzung: Thomas Atzert. Edition Tiamat, Berlin 2016.

SRNICEK, NICK, *Plattform-Kapitalismus.* Übersetzung: Ursel Schäfer. Hamburger Edition, Hamburg 2018.

SOCIAL JUSTICE POLICY GROUP, *Breakthrough Britain. Ending the Costs of Social Breakdown.* London 2007 [https://www.centreforsocialjustice.org.uk/wp-content/uploads/2018/03/BBChairmansOverview.pdf].

STANDING, GUY, »Understanding the Precariat through Labour and Work«, in: *Development and Change* 45/5 (2014), S. 956–980.

– *Work after Globalization. Building Occupational Citizenship.* Edward Elgar, Northampton, MA 2009.

STIEGLER, BERNARD, *Technik und Zeit. Der Fehler des Epimetheus.* Übersetzung: Gabriele Ricke und Ronald Voullié. Diaphanes, Berlin 2009.

SUSSKIND, RICHARD UND DANIEL, *The Future of the Professions. How Technology Will Transform the Work of Human Experts.* Oxford University Press, Oxford 2015.

TAIT, AMELIA, »How Veganism Went from a Fringe Food Cult to a Multibillion-Pound Industry«, *New Statesman*, 20. März 2019 [https://www.newstatesman.com/2019/03/how-veganism-went-fringe-food-cult-multibillion-pound-industry].

TERRANOVA, TIZIANA, »Free Labor: Producing Culture for the Digital Economy«, in: *Social Text* 18/2 (2000) S. 33–58.

– »Red Stack Attack! Algorithms, Capital and the Automation of the Common«, *EuroNomade,* 8. März 2014 [http://www.euronomade.info/?p=2268].

THOMPSON, E. P., *William Morris: Romantic to Revolutionary.* Pantheon, New York 1977.

TIQQUN, *Grundbausteine einer Theorie des Jungen-Mädchens.* Übersetzung: Deutscher Arm der PI (Parti Imaginaire). Merve, Berlin 2009.

TOMŠIČ, SAMO, *The Capitalist Unconscious: Marx and Lacan.* Verso, London 2015.

TOUPIN, LOUISE, *Wages for Housework: A History of the International Feminist Movement, 1972–77.* Pluto, London 2017.

TURKLE, SHERRY, *Verloren unter 100 Freunden. Wie wir in der digitalen Welt seelisch verkümmern.* Übersetzung: Joannis Stefanidis. Riemann, München 2012.

URRY, JOHN, *What is the Future?* Polity, Cambridge 2016.

VANHEULE, STIJN, »Capitalist Discourse, Subjectivity and Lacanian Psychoanalysis«, in: *Frontiers in Psychology* 7 (2016), S. 1–14.

VIRNO, PAOLO, *Grammatik der Multitude.* Übersetzung: Thomas Atzert, ID, Berlin 2005.

WALLACE, ANDREW, *Remaking Community? New Labour and the Governance of Poor Neighbourhoods.* Ashgate, Farnham 2010.

Watkins, Jonathan et al., »Effects of Health and Social Care Spending Constraints on Mortality in England: a Time Trend Analysis«, in: *British Medical Journal Open* 7 (2017) [https://bmjopen.bmj.com/content/bmjopen/7/11/e017722.full.pdf].

Warren-Crow, Heather, *Girlhood and the Plastic Image.* Dartmouth College Press, Hanover 2014.

Watkins, Susan, »Which Feminisms?«, in: *New Left Review* 109 (2018), S. 5–76.

Weeks, Kathi, *The Problem With Work. Feminism, Marxism, Antiwork Politics and Postwork Imaginaries.* Duke University Press, Durham, NC 2011.

Williams, Raymond, »The Bloomsbury Fraction«, in: *Culture and Materialism.* Verso, London 2005.

Woloch, Nancy, *A Class by Herself. Protective Laws for Women Workers, 1890s–1990s.* Princeton University Press, Princeton, NJ 2015.

Woodcock, Jamie, *Working the Phones: Control and Resistance in Call Centers,* Pluto, London 2017.

Woolf, Leonard, *Beginning Again. An Autobiography of the Years 1911 to 1918.* Hogarth Press, London 1964.

Woolf, Virginia, *Ein eigenes Zimmer. Drei Guineen. Zwei Essays.* Übersetzung: Heidi Zerning und Brigitte Walitzek, Fischer, Frankfurt 2001.

Žižek, Slavoj, *Willkommen in der Wüste des Realen.* Übersetzung: Maximilian Probst. Passagen, Wien 2014.

Zuboff, Shoshana, *Das Zeitalter des Überwachungskapitalismus.* Übersetzung: Bernhard Schmid. Campus, Frankfurt 2018.

Zupančič, Alenka, *Der Geist der Komödie.* Übersetzung: Frank Ruda und Jan Völker. Merve, Berlin 2014.

Zweig, Stefan, *Die Welt von Gestern.* Insel, Berlin 2013.

Medienberichte

»NHS staff feel like Covid cannon fodder, not heroes, survey finds«, *BBC News,* 13. Dezember 2021 [https://www.bbc.co.uk/news/uk-england-bristol-59634523].

»5 % of Unvaccinated Adults Say They Left a Job Due to a Vaccine Requirement«, *Kaiser Family Foundation,* 28. Oktober 2021 [https://www.kff.org/coronavirus-covid-19/press-release/1-in-

4-workers-say-their-employer-required-them-to-get-a-covid-19-vaccine-up-since-june-5-of-unvaccinated-adults-say-they-left-a-job-due-to-a-vaccine-requirement/].

»A Guide to the Hostile Environment. The Border Controls Dividing Our Communities – And How We Can Bring Them Down«, *Liberty,* 15. Mai 2019 [https://www.libertyhumanrights.org.uk/issue/report-a-guide-to-the-hostile-environment/].

»4 Out of 10 PIP Claimants Do Not Appeal as it Would be Too Stressful«, *Disability Rights UK,* 10. September 2018 [https://www.disabilityrightsuk.org/news/2018/september/4-out-10-pip-claimants-do-not-appeal-it-would-be-too-stressful].

»Amid Humanitarian Funding Gap, 20 Million People Across Africa, Yemen at Risk of Starvation, Emergency Relief Chief Warns Council«, *United Nations,* 10. März 2017 [https://www.un.org/press/en/2017/sc12748.doc.htm].

»Clinton in Nevada«, *The Washington Post,* 13. Februar 2016 [https://www.washingtonpost.com/news/post-politics/wp/2016/02/13/clinton-in-nevada-not-everything-is-about-an-economic-theory/?utm_term=.be869ec17587].

»Director Asif Kapadia on His Moving New Amy Winehouse Documentary«, *Vogue,* 7. Juli 2015 [http://www.vogue.com/article/amy-winehouse-documentary-director-asif-kapadia].

Debate in the House of Lords, »Social Exclusion Unit«, *Hansard Archives,* 9. Dezember 1997 [https://hansard.parliament.uk/Lords/1997-12-09/debates/d95b17b9-4247-445c-b962-82696768e313/SocialExclusionUnit].

Podcasts

Ganz, Megan, »This American Life«, Folge 674 (2019).

Harmon, Dan, »Don't Let Him Wipe or Flush«, Harmontown-Podcast (2018).

The Point-Podcast, Folge 3 (Mai 2018).

Primärliteratur

Austen, Jane, *Stolz und Vorurteil.* Übersetzung: Ursula und Christian Grawe. Reclam, Ditzingen 2019 [1813].

Dickens, Charles, *Bleak House.* Übersetzung: Gustav Meyrink. Fischer Verlag, Frankfurt, 2010 [1853].

– *Martin Chuzzlewit.* Übersetzung: Gustav Meyrink. Holzinger, Berlin 2017.

Defoe, Daniel, *Robinson Crusoe.* Übersetzung: Hannelore Novak. Insel, Berlin 2013 [1719].

Doyle, Arthur Conan, *Die Abenteuer des Sherlock Holmes.* Übersetzung: Böcking; Geiger; Jung-Grell; Krüger-Dürr; Oeser; Polz; Spreitzer; Timmermann; Wasel. Reclam, Ditzingen 2020.

Gaskell, Elizabeth, *Norden und Süden.* Übersetzung: Christina Neth. BoD, Norderstedt 2015 [1855].

Grimm, Jacob und Wilhelm, »Frau Holle«, in: *Die Kinder- und Hausmärchen der Brüder Grimm.* Beltz, Weinheim 2012 [1812].

James, Henry, *Die Drehung der Schraube.* Übersetzung: Ingrid Rein. Manesse, München 2010.

Mann, Thomas, *Der Tod in Venedig.* Fischer, Frankfurt 1992.

Melville, Hermann, *Bartleby, der Schreiber.* Übersetzung: Jürgen Krug. Insel, Berlin 2019 [1853].

McCarthy, Cormac, *Die Straße.* Übersetzung: Nikolaus Stingl. Rowohlt, Reinbek 2007.

Stoker, Bram, *Dracula.* Übersetzung: Karl Bruno Leder. Insel, Berlin 2017.

Filme und Fernsehen

Chaiklin, Rebecca; Goode, Eric, *Tiger King* (2020).

de Force, Fleur, »Internet Famous. Fleur de Force«, *Channel 4*, 2015.

Fleck, Ryan; Boden, Anna, *Captain Marvel* (2019).

Gervais, Ricky; Merchant, Stephen, *The Office* (US) (2005).

Hanna, William; Barbera, Joseph, *The Flintstones* (1960–1966).

– *The Jetsons* (1962–1963).

Hitchcock, Alfred, *Psycho* (1960).
Jenkins, Patty, *Wonder Woman* (2017).
Kack-Brice, Patrick, *Creep* (2014).
– *Creep 2* (2017).
Kapadia, Asif, *Amy* (2015).
Peeles, Jordan, *Get Out* (2017).
Powell, Michael, *Peeping Tom* (1960).
Riley, Boot, *Sorry to Bother You* (2018).
Sorrentino, Paolo, *The Young Pope* (2016).
Weiner, Matthew, *Mad Men* (2007–2015).

Diskografie

Winehouse, Amy, *Frank* (2003).
Winehouse, Amy, *Back to Black* (2006).

Bildende Kunst

Freud, Lucian, *Benefits Supervisor Sleeping* (1995).
Veláquez, Diego, *Venus vor dem Spiegel* (Venus von Rokeby) (1647–1651).

Namensregister

(kursiv gesetzte Seitenzahlen beziehen sich auf Anmerkungen)